U0137094

龍樹六論

正理聚及其注釋

聖龍樹菩薩——造論
漢藏諸大論師——釋譯

聖龍樹菩薩六部論

大塔院寺方丈釋寂度題字

目録

本頌

釋論

本頌

中觀論頌①

聖龍樹菩薩　造

姚秦三藏法師鳩摩羅什譯

觀因緣品第一

不生亦不滅　不常亦不斷　不一亦不異　不來亦不出
能說是因緣　善滅諸戲論　我稽首禮佛　諸說中第一
諸法不自生　亦不從他生　不共不無因　是故知無生
如諸法自性　不在於緣中　以無自性故　他性亦復無

① 中觀論頌版本較多，據任杰老師對勘，以『房山石經』契丹藏本為最佳，此頌即以該本為底本，參照其餘各本校正而成。

因緣次第緣　緣緣增上緣　四緣生諸法　更無第五緣
果爲從緣生　爲從非緣生　是緣爲有果　是緣爲無果
因是法生果　是法名爲緣　若果未生時　何不名非緣
果先於緣中　有無俱不可　先無爲誰緣　先有何用緣
若果非有生　亦復非無生　亦非有無生　何得言有緣
果若未生時　則不應有滅　滅法何能緣　故無次第緣
如諸佛所說　眞實微妙法　於此無緣法　云何有緣緣
諸法無自性　故無有有相　說有是事故　是事有不然
略廣因緣中　求果不可得　因緣中若無　云何從緣出
若謂緣無果　而從緣中出　是果何不從　非緣中而出
若果從緣生　是緣無自性　從無自性生　何得從緣生
果不從緣生　不從非緣生　以果無有故　緣非緣亦無

觀去來品第二

已去無有去　未去亦無去　離已去未去　去時亦無去
動處則有去　此中有去時　非已去未去　是故去時去
云何於去時　而當有去法　若離於去法　去時不可得
若言去時去　是人則有咎　離去有去時　去時獨去故
若去時有去　則有二種去　一謂爲去時　二謂去時去
若有二去法　則有二去者　以離於去者　去法不可得
若離於去者　去法不可得　以無去法故　何得有去者
去者則不去　不去者不去　離去不去者　無第三去者
若言去者去　云何有此義　若離於去法　去者不可得
若去者有去　則有二種去　一謂去者去　二謂去法去
若謂去者去　是人則有咎　離去有去者　說去者有去
已去中無發　未去中無發　去時中無發　何處當有發
未發無去時　亦無有已去　是二應有發　未去何有發

無去無未去　亦復無去時　一切無有發　何故而分別
去者則不住　不去者不住　離去不去者　何有第三住
去者若當住　云何有此義　若當離於去　去者不可得
去未去無住　去時亦無住　所有行止法　皆同於去義
去法即去者　是事則不然　去法異去者　是事亦不然
若謂於去法　即爲是去者　作者及作業　是事則爲一
若謂於去法　有異於去者　離去者有去　離去有去者
去去者是二　若一異法成　二門俱不成　云何當有成
因去知去者　不能用是去　先無有去法　故無去者去
因去知去者　不能用異去　於一去者中　不得二去故
決定有去者　不能用三去　不決定去者　亦不用三去
去法定不定　去者不用三　是故去去者　所去處皆無

觀六情品第三

眼耳及鼻舌　身意等六情　此眼等六情　行色等六塵
是眼則不能　自見其己體　若不能自見　云何見餘物
火喻則不能　成於眼見法　去未去去時　已總答是事
見若未見時　則不名爲見　而言眼能見　是事則不然
見不能有見　非見亦不見　若已破於見　則爲破見者
離見不離見　見者不可得　以無見者故　何有見可見
見可見無故　識等四法無　四取等諸緣　云何當得有
耳鼻舌身意　聲及聞者等　當知如是義　皆同於上說

觀五陰品第四

若離於色因　色則不可得　若當離於色　色因不可得
離色因有色　是色則無因　無因而有法　是事則不然

若離色有因　則是無果因　若言無果因　則無有是處
若已有色者　則不用色因　若無有色者　亦不用色因
無因而有色　是事終不然　是故有智者　不應分別色
若果似於因　是事則不然　果若不似因　是事亦不然
受陰及想陰　行陰識陰等　其餘一切法　皆同於色陰
若人有問者　離空而欲答　是則不成答　俱同於彼疑
若人有難問　離空說其過　是不成難問　俱同於彼疑

觀六種品第五

空相未有時　則無虛空法　若先有虛空　即爲是無相
是無相之法　一切處無有　於無相法中　相則無所相
有相無相中　相則無所住　離有相無相　餘處亦不住
相法無有故　可相法亦無　可相法無故　相法亦復無

是故今無相　亦無有可相　離相可相已　更亦無有物
若使無有有　云何當有無　有無既已無　知有無者誰
是故知虛空　非有亦非無　非相非可相　餘五同虛空
淺智見諸法　若有若無相　是則不能見　滅見安隱法

觀染染者品第六

若離於染法　先自有染者　因是染欲者　應生於染法
若無有染者　云何當有染　若有若無染　染者亦如是
染者及染法　俱成則不然　染者染法俱　則無有相待
染者染法一　一法云何合　染者染法異　異法云何合
若一有合者　離伴應有合　若異有合者　離伴亦應合
若異而有合　染染者何事　是二相先異　然後說合相
若染及染者　先各成異相　既已成異相　云何而言合

異相無有成　是故汝欲合　合相竟不成　而復說異相
異相不成故　合相則不成　於何異相中　而欲說合相
如是染染者　非合不合成　諸法亦如是　非合不合成

觀三相品第七

若生是有爲　則應有三相　若生是無爲　何名有爲相
三相若聚散　不能有所相　云何於一處　一時有三相
若謂生住滅　更有有爲相　是即爲無窮　無即非有爲
生生之所生　生於彼本生　本生之所生　還生於生生
若謂是生生　能生於本生　生生從本生　何能生本生
若謂是本生　能生於生生　本生從彼生　何能生生生
若生生生時　能生於本生　生生尚未有　何能生本生
若本生生時　能生於生生　本生尚未有　何能生生生

如燈能自照　亦能照於彼　生法亦如是　自生亦生彼
燈中自無闇　住處亦無闇　破闇乃名照　無闇則無照
云何燈生時　而能破於闇　此燈初生時　不能及於闇
燈若不到闇　而能破闇者　燈在於此間　則破一切闇
若燈能自照　亦能照於彼　闇亦應自闇　亦能闇於彼
此生若未生　云何能自生　若生已自生　生已何用生
生非生已生　亦非未生生　生時亦不生　去來中已答
若謂生時生　是事已不成　云何衆緣合　爾時而得生
若法衆緣生　即是寂滅性　是故生生時　是二俱寂滅
若有未生法　說言有生者　此法先已有　更復何用生
若言生時生　是能有所生　何得更有生　而能生是生
若謂更有生　生生則無窮　離生生有生　法皆能自生
有法不應生　無亦不應生　有無亦不生　此義先已說
若諸法滅時　是時不應生　法若不滅者　終無有是事

不住法不住　住法亦不住　住時亦不住　無生云何住
若諸法滅時　是則不應住　法若不滅者　終無有是事
所有一切法　皆是老死相　終不見有法　離老死有住
住不自相住　亦不異相住　如生不自生　亦不異相生
法已滅不滅　未滅亦不滅　滅時亦不滅　無生何有滅
若法有住者　是則不應滅　法若不住者　是亦不應滅
是法於是時　不於是時滅　是法於異時　不於異時滅
如一切諸法　生相不可得　以無生相故　即亦無滅相
若法是有者　是即無有滅　不應於一法　而有有無相
若法是無者　是即無有滅　譬如第二頭　無故不可斷
法不自相滅　他相亦不滅　如自相不生　他相亦不生
生住滅不成　故無有有爲　有爲法無故　何得有無爲
如幻亦如夢　如乾闥婆城　所說生住滅　其相亦如是

觀作作者品第八

決定有作者　不作決定業　決定無作者　不作無定業
決定業無作　是業無作者　決定有作者　作者亦無業
若定有作者　亦定有作業　作者及作業　即墮於無因
若墮於無因　則無因無果　無作無作者　無所用作法
若無作等法　則無有罪福　罪福等無故　罪福報亦無
若無罪福報　亦無有涅槃　諸可有所作　皆空無有果
作者定不定　不能作二業　有無相違故　一處則無二
有不能作無　無不能作有　若有作作者　其過如先說
作者不作定　亦不作不定　及定不定業　其過先已說
作者定不定　亦定亦不定　不能作於業　其過先已說
因業有作者　因作者有業　成業義如是　更無有餘事
如破作作者　受受者亦爾　及一切諸法　亦應如是破

觀本住品第九

眼耳等諸根　苦樂等諸法　雖有如是事　是則名本住
若無有本住　誰有眼等法　以是故當知　先已有本住
若離眼等根　及苦樂等法　先有本住者　以何而可知
若離眼耳等　而有本住者　亦應離本住　而有眼耳等
以法知有人　以人知有法　離法何有人　離人何有法
一切眼等根　實無有本住　眼耳等諸根　異相而分別
若眼等諸根　無有本住者　眼等一一根　云何能知塵
見者即聞者　聞者即受者　如是等諸根　則應有本住
若見聞各異　受者亦各異　見時亦應聞　如是則神多
眼耳等諸根　苦樂等諸法　所從生諸大　彼大亦無神
若眼耳等根　苦樂等諸法　無有本住者　眼等亦應無

眼等無本住　今後亦復無　以三世無故　無有無分別

觀燃可燃品第十

若燃是可燃　作作者則一　若燃異可燃　離可燃有燃
如是常應燃　不因可燃生　則無燃火功　亦名無作火
燃不待可燃　則不從緣生　火若常燃者　人功則應空
若汝謂燃時　名爲可燃者　爾時但有薪　何物燃可燃
若異則不至　不至則不燒　不燃則不滅　不滅則常住
燃與可燃異　而能至可燃　如此至彼人　彼人至此人
若謂燃可燃　二俱相離者　如是燃則能　至於彼可燃
若因可燃燃　因燃有可燃　先定有何法　而有燃可燃
若因可燃燃　則燃成復成　是爲可燃中　則爲無有燃
若法因待成　是法還成待　今則無因待　亦無所成法

若法有待成　未成云何待　若成已有待　成已何用待
因可燃無燃　不因亦無燃　因燃無可燃　不因無可燃
燃不餘處來　燃處亦無燃　可燃亦如是　餘如去來說
可燃即非燃　離可燃無燃　燃無有可燃　燃中無可燃
以燃可燃法　說受受者法　及以說瓶衣　一切等諸法
若人說有我　諸法各異相　當知如是人　不得佛法味

觀本際品第十一

大聖之所說　本際不可得　生死無有始　亦復無有終
若無有始終　中當云何有　是故於此中　先後共亦無
若使先有生　後有老死者　不老死有生　不生有老死
若先有老死　而後有生者　是則爲無因　不生有老死
生及於老死　不得一時共　生時則有死　是二俱無因

若使初後共　是皆不燃者　何故而戲論　謂有生老死
諸所有因果　相及可相法　受及受者等　所有一切法
非但於生死　本際不可得　如是一切法　本際皆亦無

觀苦品第十二

自作及他作　共作無因作　如是說諸苦　於果則不然
苦若自作者　則不從緣生　因有此陰故　而有彼陰生
若謂此五陰　異彼五陰者　如是則應言　從他而作苦
若人自作苦　離苦何有人　而謂於彼人　而能自作苦
若苦他人作　而與此人者　若當離於苦　何有此人受
苦若彼人作　持與此人者　離苦何有人　而能授於此
自作若不成　云何彼作苦　若彼人作苦　即亦名自作
苦不名自作　法不自作法　彼無有自體　何有彼作苦

若此彼苦成　應有共作苦　此彼尚無作　何況無因作
非但說於苦　四種義不成　一切外萬物　四義亦不成

觀行品第十三

如佛經所說　虛誑妄取相　諸行妄取故　是名爲虛誑
虛誑妄取者　是中何所取　佛說如是事　欲以示空義
諸法後異故　知皆是無性　無性法亦無　一切法空故
諸法若無性　云何說嬰兒　乃至於老死　而有種種異
若諸法有性　云何而得異　若諸法無性　云何而有異
是法則無異　異法亦無異　如壯不作老　老亦不作壯
若是法即異　乳應即是酪　離乳有何法　而能作於酪
若有不空法　則應有空法　實無不空法　何得有空法
大聖說空法　爲離諸見故　若復見於空　諸佛所不化

觀和合品第十四

見可見見者　是三各異方　如是三法異　終無有合時
染與於可染　染者亦復然　餘入餘煩惱　皆亦復如是
異法當有合　見等無有異　異相不成故　見等云何合
非但可見等　異相不可得　所有一切法　皆亦無異相
異因異有異　異離異無異　若法從因出　是法不異因
若離從異異　應餘異有異　離從異無異　是故無有異
異中無異相　不異中亦無　無有異相故　則無此彼異
是法不自合　異法亦不合　合者及合時　合法亦皆無

觀有無品第十五

衆緣中有性　是事則不然　性從衆緣出　即名爲作法
性若是作者　云何有此義　性名爲無作　不待異法成
法若無自性　云何有他性　自性於他性　亦名爲他性
離自性他性　何得更有法　若有自他性　諸法則得成
有若不成者　無云何可成　因有有法故　有壞名爲無
若人見有無　見自性他性　如是則不見　佛法眞實義
佛能滅有無　如化迦旃延　經中之所說　離有亦離無
若法實有性　後則不應異　性若有異相　是事終不然
若法實有性　云何而可異　若法實無性　云何而可異
定有則著常　定無則著斷　是故有智者　不應著有無
若法有定性　非無則是常　先有而今無　是則爲斷滅

觀縛解品第十六

諸行往來者　常不應往來　無常亦不應　衆生亦復然
若衆生往來　陰界諸入中　五種求盡無　誰有往來者
若從身至身　往來即無身　若其無有身　則無有往來
諸行若滅者　是事終不然　衆生若滅者　是事亦不然
諸行生滅相　不縛亦不解　衆生如先說　不縛亦不解
若身名爲縛　有身則不縛　無身亦不縛　於何而有縛
若可縛先縛　則應縛可縛　而先實無縛　餘如去來答
縛者無有解　無縛亦無解　縛時有解者　縛解則一時
若不受諸法　我當得涅槃　若人如是者　還爲受所縛
不離於生死　而別有涅槃　實相義如是　云何有分別

觀業品第十七

人能降伏心　利益於衆生　是名爲慈善　二世果報種

大聖說二業　思與從思生　是業別相中　種種分別說
佛所說思者　所謂意業是　所從思生者　即是身口業
身業及口業　作與無作業　如是四事中　亦善亦不善
從用生福德　罪生亦如是　及思爲七法　能了諸業相
業住至受報　是業即爲常　若滅則無業　云何生果報
如芽等相續　皆從種子生　從是而生果　離種無相續
從種有相續　從相續有果　先種後有果　不斷亦不常
如是從初心　心法相續生　從是而有果　離心無相續
從心有相續　從相續有果　先業後有果　不斷亦不常
能成福德者　是十白業道　二世五欲樂　即是白業報
若如汝分別　其過則甚多　是故汝所說　於義則不然
今當復更說　順業果報義　諸佛辟支佛　賢聖所稱嘆
不失法如券　業如負財物　此性則無記　分別有四種
見諦所不斷　但思惟所斷　以是不失法　諸業有果報

若見諦所斷　而業至相似　則得破業等　如是之過咎
一切諸行業　相似不相似　一界初受身　爾時報獨生
如是二種業　現世受果報　或言受報已　而業猶故在
若度果已滅　若死已而滅　於是中分別　有漏及無漏
雖空亦不斷　雖有亦不常　業果報不失　是名佛所說
諸業本不生　以無定性故　諸業亦不滅　以其不生故
若業有性者　是即名爲常　不作亦名業　常則不可作
若有不作業　不作而有罪　不斷於梵行　而有不净過
是則破一切　世間言語法　作罪及作福　亦無有差別
若言業決定　而自有性者　受於果報已　而應更復受
若諸世間業　從於煩惱生　是煩惱非實　業當云何實
諸煩惱及業　是說身因緣　煩惱諸業空　何況於諸身
無明之所蔽　愛結之所縛　而於本作者　不即亦不異
業不從緣生　不從非緣生　是故則無有　能起於業者

無業無作者　何有業生果　若其無有果　何有受果者
如世尊神通　所作變化人　如是變化人　復變作化人
如初變化人　是名爲作者　變化人所作　是則名爲業
諸煩惱及業　作者及果報　皆如幻與夢　如炎亦如響

觀我法品第十八

若我是五陰　我即爲生滅　若我異五陰　則非五陰相
若無有我者　何得有我所　滅我我所故　名得無我智
得無我智者　是則名實觀　得無我智者　是人爲希有
內外我我所　盡滅無有故　諸受即爲滅　受滅則身滅
業煩惱滅故　名之爲解脫　業煩惱非實　入空戲論滅
諸佛或說我　或說於無我　諸法實相中　無我無非我
諸法實相者　心行言語斷　無生亦無滅　寂滅如涅槃

一切實非實　非實非非實　亦實亦非實　少實少不實
是名諸佛法　自知不隨他　寂滅無戲論　無異無分別
是則名實相　若法從緣生　不即不異因　是故名實相
不斷亦不常　不一亦不異　不常亦不斷　是名諸世尊
教化甘露味　若佛不出世　佛法已滅盡　諸辟支佛智
從於遠離生

觀時品第十九

若因過去時　有未來現在　未來及現在　應在過去時
若過去時中　無未來現在　未來現在時　云何因過去
不因過去時　則無未來時　亦無現在時　是故無二時
以如是義故　則知餘二時　上中下一異　是等法皆無
時住不可得　時去亦叵得　時若不可得　云何說時相

因物故有時　離物何有時　物尚無所有　何況當有時

觀因果品第二十

若衆緣和合　而有果生者　和合中已有　何須和合生
若衆緣和合　是中無果者　云何從衆緣　和合而果生
若衆緣和合　是中有果者　和合中應有　而實不可得
若衆緣和合　是中無果者　是則衆因緣　與非因緣同
若因與果因　作因已而滅　是因有二體　一與一則滅
若因不與果　作因已而滅　因滅而果生　是果則無因
若衆緣合時　而有果生者　生者及可生　則爲一時俱
若先有果生　而後衆緣合　此即離因緣　名爲無因果
若因變爲果　因即至於果　是則前生因　生已而復生
云何因滅失　而能生於果　又若因在果　云何因生果

若因偏有果　更生何等果　因見不見果　是二俱不生
若言過去因　而於過去果　未來現在果　是則終不合
若言未來因　而於未來果　現在過去果　是則終不合
若言現在因　而於現在果　未來過去果　是則終不合
若不和合者　因何能生果　若有和合者　因何能生果
若因空無果　因何能生果　若因不空果　因何能生果
果不空不生　果不空不滅　以果不空故　不生亦不滅
果空故不生　果空故不滅　以果是空故　不生亦不滅
因果是一者　是事終不然　因果若異者　是事亦不然
若因果是一　生及所生一　若因果是異　因則同非因
若果定有性　因爲何所生　若果定無性　因爲何所生
因不生果者　則無有因相　若無有因相　誰能有是果
若從衆因緣　而有和合者　和合自不生　云何能生果
是故果不從　緣合不合生　若無有果者　何處有合法

觀成壞品第二十一

離成及共成　是中無有壞　離壞及共壞　是中亦無成
若離於成者　云何而有壞　如離生有死　是事則不然
成壞共有者　云何有成壞　如世間生死　一時俱不然
若離於壞者　云何當有成　無常未曾有　不在諸法時
成壞共無成　離亦無有成　是二俱不可　云何當有成
盡則無有成　不盡亦不成　盡則無有壞　不盡亦不壞
若離於成壞　更亦無有法　若當離於法　亦無有成壞
若法性空者　誰當有成壞　若性不空者　亦無有成壞
成壞若一者　是事則不然　成壞若異者　是事亦不然
若謂以眼見　而有生滅者　則爲是痴妄　而見有生滅
從法不生法　亦不生非法　從非法不生　法及於非法

法不從自生　亦不從他生　不從自他生　云何而有生
若有所受法　即墮於斷常　當知所受法　若常若無常
所有受法者　不墮於斷常　因果相續故　不斷亦不常
若因果生滅　相續而不斷　滅更不生故　因即爲斷滅
法住於自性　不應有有無　涅槃滅相續　則墮於斷滅
若初有滅者　則無有後有　初有若不滅　亦無有後有
若初有滅時　而後有生者　滅時是一有　生時是一有
若言於生滅　而謂一時者　則於此陰死　即於此陰生
三世中求有　相續不可得　若三世中無　何有有相續

觀如來品第二十二

非陰不離陰　此彼不相在　如來不有陰　何處有如來
陰合有如來　則無有自性　若無有自性　云何他性有

法若因他生　是即爲非我　若法非我者　云何是如來
若無有自性　云何有他性　離自性他性　何名爲如來
若不因五陰　先有如來者　以今受陰故　則說爲如來
今實不受陰　更無如來法　若以不受無　今當云何受
若其未有受　所受不名受　無有無受法　而名爲如來
若於一異中　如來不可得　五種求亦無　云何受中有
又所受五陰　不從自性有　若無自性者　云何有他性
以如是義故　受空受者空　云何當以空　而說空如來
空則不可說　非空不可說　共不共叵說　但以假名說
寂滅相中無　常無常等四　寂滅相中無　邊無邊等四
邪見深厚者　則說無如來　如來寂滅相　分別有亦非
如是性空中　思惟亦不可　如來滅度後　分別於有無
如來過戲論　而人生戲論　戲論破慧眼　是皆不見佛
如來所有性　即是世間性　如來無有性　世間亦無性

觀顛倒品第二十三

從憶想分別　生於貪恚痴　凈不凈顛倒　皆從衆緣生
若因凈不凈　顛倒生三毒　三毒即無性　故煩惱無實
我法有以無　是事終不成　無我諸煩惱　有無亦不成
誰有此煩惱　是即爲不成　若離是而有　煩惱則無屬
如身見五種　求之不可得　煩惱於垢心　五求亦不得
凈不凈顛倒　是則無自性　云何因此二　而生諸煩惱
色聲香味觸　及法爲六種　如是之六種　是三毒根本
色聲香味觸　及法體六種　皆空如燄夢　如乾闥婆城
如是六種中　何有凈不凈　猶如幻化人　亦如鏡中像
不因於凈相　則無有不凈　因凈有不凈　是故無不凈
不因於不凈　則亦無有凈　因不凈有凈　是故有不凈

若無有净者　何由而有貪　若無有不净　何由而有恚
於無常著常　是則名顛倒　空中無有常　何處有常倒
若於無常中　著無常非倒　空中無無常　何有非顛倒
可著著者著　及所用著法　是皆寂滅相　云何而有著
若無有著法　言邪是顛倒　言正不顛倒　誰有如是事
有倒不生倒　無倒不生倒　倒者不生倒　不倒亦不倒
若於顛倒時　亦不生顛倒　汝可自觀察　誰生於顛倒
諸顛倒不生　云何有此義　無有顛倒故　何有顛倒者
若常我樂净　而是實有者　是常我樂净　則非是顛倒
若常我樂净　而實無有者　無常苦不净　是則亦應無
如是顛倒滅　無明則亦滅　以無明滅故　諸行等亦滅
若煩惱性實　而有所屬者　云何當可斷　誰能斷其性
若煩惱虛妄　無性無屬者　云何當可斷　誰能斷無性

觀四諦品第二十四

若一切皆空　無生亦無滅　如是則無有　四聖諦之法
以無四諦故　見苦與斷集　證滅及修道　如是事皆無
以是事無故　則無四道果　無有四果故　得向者亦無
若無八賢聖　則無有僧寶　以無四諦故　亦無有法寶
以無法僧寶　亦無有佛寶　如是說空者　是則破三寶
空法壞因果　亦壞於罪福　亦復悉毀壞　一切世俗法
汝今實不能　知空空因緣　及知於空義　是故自生惱
諸佛依二諦　爲衆生說法　一以世俗諦　二第一義諦
若人不能知　分別於二諦　則於深佛法　不知眞實義
若不依俗諦　不得第一義　不得第一義　則不得涅槃
不能正觀空　鈍根則自害　如不善咒術　不善捉毒蛇
世尊知是法　甚深微妙相　非鈍根所及　是故不欲說

汝謂我著空　而爲我生過　汝今所說過　於空則無有
以有空義故　一切法得成　若無空義者　一切則不成
汝今自有過　而以回向我　如人乘馬者　自忘於所乘
若汝見諸法　決定有性者　即爲見諸法　無因亦無緣
即爲破因果　作作者作法　亦復壞一切　萬物之生滅
衆因緣生法　我說即是無　亦爲是假名　亦是中道義
未曾有一法　不從因緣生　是故一切法　無不是空者
若一切不空　則無有生滅　如是則無有　四聖諦之法
苦不從緣生　云何當有苦　無常是苦義　定性無無常
若苦有定性　何故從集生　是故無有集　以破空義故
苦若有定性　則不應有滅　汝著定性故　即破於滅諦
苦若有定性　則無有修道　若道可修習　即無有定性
若無有苦諦　及無集滅諦　所可滅苦道　竟爲何所至
若苦定有性　先來所不見　於今云何見　其性不異故

如見苦不然　斷集及證滅　修道及四果　是亦皆不然
是四道果性　先來不可得　諸法性若定　今云何可得
若無有四果　則無得向者　以無八聖故　則無有僧寶
無四聖諦故　亦無有法寶　無法寶僧寶　云何有佛寶
汝說則不因　菩提而有佛　亦復不因佛　而有於菩提
雖復勤精進　修行菩提道　若先非佛性　不應得成佛
若諸法不空　無作罪福者　不空何所作　以其性定故
汝於罪福中　不生果報者　是則離罪福　而有諸果報
若謂從罪福　而生果報者　果從罪福生　云何言不空
汝破一切法　諸因緣空義　則破於世俗　諸餘所有法
若破於空義　即應無所作　無作而有作　不作名作者
若有決定性　世間種種相　則不生不滅　常住而不壞
若無有空者　未得不應得　亦無斷煩惱　亦無苦盡事
是故經中說　若見因緣法　則爲能見佛　見苦集滅道

觀涅槃品第二十五

若一切法空　無生無滅者　何斷何所滅　而稱爲涅槃
若諸法不空　則無生無滅　何斷何所滅　而稱爲涅槃
無得亦無至　不斷亦不常　不生亦不滅　是說名涅槃
涅槃不名有　有則老死相　終無有有法　離於老死相
若涅槃是有　涅槃即有爲　終無有一法　而是無爲者
若涅槃是有　云何名無受　無有不從受　而名爲有法
有尚非涅槃　何況於無耶　涅槃無有有　何處當有無
若無是涅槃　云何名不受　未曾有不受　而名爲無法
受諸因緣故　輪轉生死中　不受諸因緣　是名爲涅槃
如佛經中說　斷有斷非有　是故知涅槃　非有亦非無
若謂於有無　合爲涅槃者　有無即解脫　是事則不然

若謂於有無　合爲涅槃者　涅槃非無受　是二從受生
有無共合成　云何名涅槃　涅槃名無爲　有無是有爲
有無二事共　云何是涅槃　是二不同處　如明闇不俱
若非有非無　名之爲涅槃　此非有非無　以何而分別
分別非有無　如是名涅槃　若有無成者　非有非無成
如來滅度後　不言有與無　亦不言有無　非有及非無
如來現在時　不言有與無　亦不言有無　非有及非無
涅槃與世間　無有少分別　世間與涅槃　亦無少分別
涅槃之實際　及與世間際　如是二際者　無毫釐差別
滅後有無等　有邊等常等　諸見依涅槃　未來過去世
一切法空故　何有邊無邊　亦邊亦無邊　非有非無邊
何者爲一異　何有常無常　亦常亦無常　非常非無常
諸法不可得　滅一切戲論　無人亦無處　佛亦無所說

觀十二因緣品第二十六

衆生痴所覆　爲後起三行　以起是行故　隨行入六趣
以諸行因緣　識受六道身　以有識著故　增長於名色
名色增長故　因而生六入　情塵識和合　而生於六觸
因於六觸故　即生於三受　以因三受故　而生於渴愛
因愛有四取　因取故有有　若取者不取　則解脫無有
從有而有生　從生有老死　從老死故有　憂悲諸苦惱
如是等諸事　皆從生而有　但以是因緣　而集大苦陰
是謂爲生死　諸行之根本　無明者所造　智者所不爲
以是事滅故　是事則不生　但是苦陰聚　如是而正滅

觀邪見品第二十七

我於過去世　爲有爲是無　世間常等見　皆依過去世
我於未來世　爲作爲不作　有邊等諸見　皆依未來世
過去世有我　是事不可得　過去世中我　不作今世我
若謂我即是　而身有異相　若當離於身　何處別有我
離身無有我　是事爲已度　若謂身即我　若都無有我
但身不爲我　身相生滅故　云何當以受　而作於受者
若離身有我　是事則不然　無受而有我　而實不可得
今我不離受　亦不但是受　非無受非無　此即決定義
過去我不作　是事則不然　過去世中我　異今亦不然
若謂有異者　離彼應有今　我住過去世　而今我自生
如是則斷滅　失於業果報　彼作而此受　有如是等過
先無而今有　此中亦有過　我則是作法　方爲是無因
如過去世中　有我無我見　若共若不共　是事皆不然
我於未來世　爲作爲不作　如是之見者　皆同過去世

若天即是人　則墮於常邊　天則爲無生　常法不生故
若天異於人　是即爲無常　若天異人者　是則無相續
若半天半人　則墮於二邊　常及於無常　是事則不然
若常及無常　是二俱成者　如是則應成　非常非無常
法若定有來　及定有去者　生死則無始　而實無此事
今若無有常　云何有無常　亦常亦無常　非常非無常
若世間有邊　云何有後世　若世間無邊　云何有後世
五陰常相續　猶如燈火燄　以是故世間　不應邊無邊
若先五陰壞　不因是五陰　更生後五陰　世間則有邊
若先陰不壞　亦不因是陰　而生後五陰　世間則無邊
眞法及說者　聽者難得故　如是則生死　非有邊無邊
若世半有邊　世間半無邊　是則亦有邊　亦無邊不然
彼受五陰者　云何一分破　一分而不破　是事則不然
受亦復如是　云何一分破　一分而不破　是事則不然

若亦有無邊　是二得成者　非有非無邊　是則亦應成
一切法空故　世間常等見　何處於何時　誰起是諸見
瞿曇大聖主　憐愍說是法　悉斷一切見　我今稽首禮

精研論

聖龍樹菩薩　造
慶喜與經然譯師從梵譯藏
法尊法師從藏譯漢

敬禮文殊菩薩埵

自矜善因明　愛樂起諍競　爲除彼慢故　精研我當說

外曰：諸辯論者，共許有量、所量、疑、所為、喻、宗、支、觀察、決了、諍、言說、破、似因、捨言、似破、墮負。諸說空者，不許量等句義，無所著故。內曰：

量、所量二雜亂。

現見量、所量二雜亂，何以故？若有所量乃有量，若有量乃有所量。量因所量而成，所量因量而立；以是量即所量之所量，所量亦為量之量。相待而安立故，量、所量俱通二種，故成雜亂。

故非由自成。

若量、所量由自體成者，可名量及所量。然由觀待而有，互相生故，非由自成。復次：

有、無、俱皆非觀待。

若謂相待而成者，為有，為無，為俱？有且非待，已有故，如瓶已有，不須更待泥等。無亦非待，無故，豈兔角等亦應待耶！俱亦非待，有二過故。外曰：如無秤等則無所稱，如是若無量則無所量。內曰：

不爾，應無窮故。

汝說若無量則無所量，意圖成立其量，然應出其因，若謂以一切義皆由量成者，則諸量亦應復由他量而成，以諸量亦是一切義之所攝故。若謂量不更由量成，則失所說一切義皆由量成之宗。外曰：

量更無量，以量能成自他故，如燈。

如現見燈能照自他，如是量能成自他，故無無窮等過。內曰：

燈與闇若及，若不及，俱不能照。

燈為及闇而照？為不及而照耶？且燈非及闇而照，不相及故。燈闇定不相及，互相違故。若有燈處即無有闇，云何燈能破闇或照闇耶？若不及亦不能照，如刀不及物則不能割。

若謂如星損害此亦爾者，不然，喻相違故。

如天授等值遇凶星，為其所害或為所持。然燈所作損害於闇非有，與星所作損害云何相同？又由星等有體，於諸士夫能有作用。火、繩、水、病、蛇、疫等，唯其有體，方能為害。燈都非有，故法喻不同。又遠處燈，於闇處身根等無有損害，光於彼等無故。以是星喻不能成立不及。又若燈雖不及而能照者，則此處燈應能徧照一切山壑幽嚴之闇。然於世間未見此事，亦非所許。

論說世間，行者如獅子等共許相等爲喩。

世間者，謂凡夫乃至牧童。行者者，謂毗紐、摩醯首羅、大梵、劫毗羅、鵂鶹、廣博、安住、跋伽羅、富、伽伽羅、摩他羅等。若於法有相似心生，彼等許其為喻。彼毗紐等，唯於無光許為黑闇，說無光為闇故，義謂黑闇即無光明。如是諸餘論師亦不許闇有體。故說燈能破闇，此義不成。以是燈破闇喻不應正理。喻不成故，所喻之量亦不得成。是故能成自他之量，實不可得。復次：

燈不能自照，以無闇故。

燈亦不自照，燈中無闇何所照耶？又燈即是照，與闇相違故無闇。復次：

顛倒故，闇應自障。

說燈自照照他，云何知其非理？顛倒故，闇亦應自障。若謂闇自障者，則應無闇。誰許此說？汝許燈自照照他，依汝所許故我作此說，闇若自障，則燈非能照矣。復次：

量、所量三時不成。

為量在所量之前？為在後？為量與所量俱時有耶？若謂量在所量之前，

何所量故名之為量？所量且非有，是誰之量？復何所量耶？若謂在後，所量已有何用量為？不應未生者為已生者之量，應兔角等皆成量故。未生已生不俱有故。俱亦非理，如牛二角同時而生，說是因果不應正理。外曰：

若量、所量於三時非有，則破亦非理。

若許三時無所量等，則汝破量、所量之破，為在所破之前？為後？為同時耶？破於三時不成。無所破故，則汝言說云何可成能破？復如何破？若有破者，則與以三時觀察之量、所量有何差別？應說其理，如是所破、能破三時非有，則破亦不成。內曰：

若以有破而說量、所量亦應有，不然，先許故。

汝說以三時觀察若有破則量、所量亦成者，不然，先許故。汝先許量、所量三時不成，後見過失，畏墮負故，說破亦不成，故此說非理。

若許量、所量三時不成，與許同時辯亦終結。

天愛！汝若許量、所量三時不成，而說破、所破亦不成者，當汝欲離自過之時，豈非已許量、所量非有？汝說量、所量無故云何有破，則汝先許無量、所量乃破於破。故應於汝先許之時，辯已終結。又說若無所破則無破者，是亦不然。

於非有上亦能破妄計。

如水本非深，有妄執為深而生恐怖，餘知非深者為除彼怖而說此非深。是於非有，令心明了，亦應正理。故雖無所破，亦可敘所破而破之。又若許彼此過失相等，即於許過相等時，其辯論可告終結，以必先許而後說故。外曰：

有現量等，正通達故。

現量義可得，能正了知應不應作功德等故。餘亦如是。故量、所量是有。內曰：

縱有現量等，所量亦不成。

若有現量等，復以何為所量？若瓶是現量，即非瓶，以根境和合為現故。且如眼根有境現前乃名為現，復待空、明等緣。故瓶若是現量，復為誰之量？

其所量為何？如是由先現見火烟系屬而生比量，其比量智生時復為誰之比量？所比為何？餘亦如是。外曰：如於瓶上知瓶之覺是量，瓶是所量。內曰：

即是緣故，非知非所知。

若謂根境和合有覺生者，瓶即覺緣，故覺非量，瓶非所量。

覺非量，說是所量故。

又汝說覺是所量故。如云：『我、身、根、境、覺、意、起作、過失、後有、果、苦、解脫等皆是所量。』故二俱非有。外曰：若說量即是所量，是事可疑。由有疑故，量、所量二皆成。又疑句義是有，若於不實則無疑故。內曰：

於可得、不可得中俱無有疑，即有無故。

為於已見義疑？為於未見？為於正見義疑耶？於已見義則不應疑，於未見義亦不應疑，第三正見義亦非有，故無疑。外曰：

疑應有，不觀待差別故。

遠望未知為人為杌，遂生疑念：人耶？杌耶？若時見有鳥巢或見鹿等摩觸其身，見差別已即知是杌，疑念即息。或見搖首、掉臂等差別，則知是人。此等由觀待差別乃知，餘則生疑，故疑應有。內曰：

前已破故，觀待差別非有。

是有是無俱無有疑，前已破故，如見有鳥巢等相，即知是杌，此則非疑，以實知故。如是若見搖首等相，即知是人，此則非疑，以正知故。若俱無正知之相，即是不知，亦非是疑。不定、不解、不取、不知、不見，悉無別體，皆是不知異名，違正知故。此即是說：由觀待差別，即生正見。未見差別即是不知，若見搖首、掉臂等即非是疑，若無差別即是不知。簡言之，有差別即知，無差別則不知，由無第三差別無差別同時，故疑非有。外曰：於所為義未生定解，即於彼義有疑。內曰：

所爲義非有，即有，無故。

汝說為求彼義而有所作，是名所為，如陶師為瓶而有所作，若泥團有瓶，則所作無義。若無，亦無所作，如於散沙。外曰：

非如於沙有喻故。

如為氎故而於縷等有所作。內曰：

此亦同前。

復次：

無初、中故無後。

若不見初、中，云何見後？若無初、中即無後，故喻非有。外曰：世間行者說於何事有相似心生，是名為喻，是同法非同法故。內曰：

同法故，火非火喻。

汝說同法名喻，是事不然，何以故？火非火喻，所立、能立無差別故。設即所立為能立者，復云何成喻？

水非火喻，非同法故。

冷水為火作喻，不應正理。如云某處水冷，如火。

復次，若謂少分相同者，亦不然，如須彌與髮端。

若說少分相同為喻者，亦不爾。如須彌與髮端，其有、一、實少分相同。又世間亦不說髮同須彌。若謂多分相同者。

由前已破亦非多分相同。

多分相同亦非喻，多分同法與非同法不成故。外曰：汝無所宗，我等不與無宗者共論。內曰：

若初不成，後亦不成。

若初不成者，中、後二亦不得成。外曰：若離支則不能成立。汝不說支，專以無關戲論而破。故定應許諸支，否則不能破他。內曰：

有支無故，支亦非有。

於宗、因、喻、合、結中無有支故，亦無支相。外曰：和合中有有支。內曰：

一一中無故，和合中亦非有。

汝說和合中有有支者，是事不然。一一支中無有支故，於和合中亦無有支。復次：

有支一故，一切支皆應成一。復有餘過。

若離五支別有一有支者，應成第六。復次：

三時不成故，無有支。

又彼宗等，為已生、未生、正生？於過去、未來、現在，不堪觀察，皆非理故。有支無故，支亦非有。外曰：

此亦得成如縷。

如一縷不能系大象，多縷和合則能。故宗等中有有支。內曰：

不然，同所立故。

如生盲、石女、沙。若一石女不能生子，則百千石女和集亦不能生子。如一盲不能見物，則百千盲人亦不能見。如一沙無油，則多沙和合亦不能出油。皆無能故。若謂石女等喻義亦無違，以但一縷亦有縷之體用能系蝶等，多縷和合則能系象者。

此亦非有，不應理故。

所說有支之喻，於有支上非有，不俱有故。謂於一時不能頓說宗等，及彼諸字皆不俱有，故縷喻非理。此非理故，無支之理得成。

復次，諸支亦應有支。

若支能成諸未成義，為彼諸支已成而能成？為未成而能成？若已成而能成者，則彼由何能成而成？他復應從他成，應墮無窮。若此可不由他成，其不同何在？復違自說一切皆由支成之宗。復次：

因與宗若異、不異皆非因。

若謂宗、因非一者，則不能成，如黑不能成立白宗。若立白氎宗，因云白故，此亦非能立，同所立故。復次：

又因無別因故。

汝謂由因成立，是事不然。因應有餘因，彼復應有他因，應成無窮。若不許因更有餘因故因非有，則餘一切如因應皆無因。復次：

宗、因無故，合、結亦無。

如宗、因、喻非有，其合、結亦無。復次：

餘應無因。

若宗由因立，其喻等能立應無有因。復次：

若謂由因成立斯有何過？喻等應無義。

若謂唯由因成者，則喻等應無用，唯因即能成彼義故。復次：

因應無用。

若許喻能成立，則因應無用。外曰：立我，應有因、喻。內曰：

我不成。

汝謂我由因成立如士夫常住宗非有身故因，如虛空喻。然由因成立，即非是常無常性故。由自體非有，故無有常性，是故因等非有。外曰：汝說一切支非有，即是立宗。許有宗故，餘皆應成。內曰：

又說因時宗等非有諸字亦爾。

如支不成之相，於一切字皆應作如是觀。如『般』字、『底』字、『若』字，非同時有，故宗非有。又即『般』字，亦須由『跋』字等次第而誦故字亦非有。復從風、空、舌、齒、喉、顎、唇、勤勇等衆緣而生，此亦更互非有。外曰：若審觀察，則無間能觀，故觀察句義是有。以此有故，餘皆得成。內曰：

如疑，觀察亦爾。

為於已知義觀察？為於未知義觀察耶？於已知義，何用觀察？於未知義，何能觀察？更無第三可觀察者。外曰：了知所觀察義，名為決了。了知之因，是為正理。為了知真實義故而起觀察，是為觀察。內曰：

實、有、一等，若異、不異及俱，非正理故無決了。

如瓶，有、一、圓、紅等，為一？為異？若是一者，則於有等之中餘皆應有，如帝釋，有能，壞村。然實非爾，故非是一。若是異者，則瓶應非有，非一、非圓、非紅。若謂具有性故瓶是有者，是亦不然，若云具彼，即非彼故。以一異俱非有故，無有決了。外曰：有量能成，不違自宗，從五支生之宗，執此違品是名為諍。汝今欲破瓶等，執宗相違品，故有諍。內曰：

諍非有，能說所說無故，諍亦無。

如實、有、一等若一、若異、若俱，皆無決了，如是說瓶若與瓶是一者，則說瓶時應不更待泥團、輪水等和合即應有瓶，以說瓶時，即有瓶故。又說瓶應塞口，說火應燒唇，然不許爾。若異者，則說瓶時應不知其為瓶。若謂所說瓶等是假名者，不爾。

此是觀察勝義時故。

天愛！何聰睿乃爾！了知十六句義，便得解脫，是汝所宗。以汝宣說量等十六句義是真勝義，故具智者，敢就汝語觀察有何正理。現見所立諸句非真實義，如云天授、王護。若謂為由世間名言，便能解脫，則牧童等皆應解脫；又應智愚無所差別。復次：

現見所立諸名有多相故。

如牛亦名札彌札等，有粘性物可名和合等。復次：

世間智者，於能所說綺互相望有多種故。

如世間智者於一瞿聲詮多種義，訶黎聲亦爾。如云：『於語、方及地、光明、金剛、牛、眼、水、天九義，智者說瞿聲。徧入獅、象、蟆、龍、猴、日、月、光、劫毗羅、鸚鵡、自在，為訶黎。』或於一義立種種名。如云：『羅睺、蛇、有處徧入、牧、訶黎、侏儒人、獅子，是那羅延名。』餘準應知。此是於一能詮有種種義，於一所詮有多種名。又如有能、因陀羅、壞村、祠施、憍尸迦、百施等名同一詮事。又如無、非有、不立，但是名之差別，非勝義有。是故能詮、所詮種種雜亂，無決定故不成。復次：

若是一，應無能、所詮別。若異，應說瓶時不知是瓶。

依是例推，餘者若一、若異皆有過失，故諍非有。復次：

言說、破亦爾。

亦爾者，謂以何理破諍，即以此理而破言說與破。外曰：汝所說者皆是似因，非是正答。內曰：

同法、非同法無故似因非有。

若有似因，為是同法，為非同法耶？若是同法，即非似因。猶如真金，任何煉磨而金性不變，仍是真金，非是似金。如是因唯是因，終非似因。若非同法，亦非似因。如土非金，終非似金。如是非因，亦非似因，無因性故。似者，非真義，是真相違故。如相續變異，即諸大不調：若諸大調適，心即正知。如是觀察，似因非有。又離因及非因，更無第三者，故無似因。復次：

不錯亂者，即離錯亂。

又不錯亂自體，為有錯亂？為無錯亂？若無錯亂，則非有錯亂，不捨自性故。由有自性，故非有錯亂。若捨自性，亦非有錯亂，已無自性故。若有錯亂，亦不應理。總之，因以能成所立為性，彼性即非有錯亂。若非能成所立為性，即非是因。更無第三，故非有錯亂。外曰：

有有錯亂之因。

如無閡故因於空及業上轉於極微及瓶上不轉。內曰：

不然，彼是他故。

彼非有，是他故。謂虛空所有之無礙，於業及覺等上有不應理，生與無生相違故。此中業及覺等之無礙有生，虛空者非爾。虛空之無礙非業上有，業有生故，與無礙俱生滅故，是故虛空及無礙為他。虛空之無礙於業覺等非有，業之無礙，亦於空非有。又能立與能破：若有少許實理是能立者，則於能立，非有錯亂；能破亦爾。故無有錯亂之因。是相違則非有錯亂，是故虛空之無礙，成立常非錯亂。業等亦爾。復次：

又刹那性故。

法有滅，則立破皆不應理。若共住者，容或有因能立及能破。以滅者不共住故，因之立破皆非正理。是故有錯亂之因非有。外曰：

汝所說之一切因，皆是相違，非是有錯亂。

唯不定因是有錯亂。汝說若是能立，則於能立非有錯亂，能破亦爾，故有錯亂之因非有。然此是相違。非有錯亂。內曰：

前後生故無相違。

所說相違非有：前無相違，未有後故。於說後時亦無相違，前因無故。若二同時容有相違，然立敵問答不得同時，以不同時，故無相違。外曰：於過去時可有似因，此有故似因應有。內曰：

過去者已過去。

過去者，謂已過去。汝謂瓶為現在，泥團為過去，瓦礫為未來。當瓦未來時，則泥團與瓶時皆成過去。爾時彼等非有，此為誰之未來？若謂有現在與過去者，此亦非有，於現在時無過去故。如是於過去時亦無現在。或應一切時皆現可得。

又一切能說相皆非有故。

如世上有多種能說相，謂善構語、非善構語、俗語。如說已有者為過去，正有者為現在，當有者為未來。如是善構、非善構、俗語，皆準此應知。恐繁不述。復次：

無過去因或過去時，非可有故。

耳根所聞非過去因，已過去故。過去時亦非正理，因過去故，現在時與過去因不相系屬；若與彼相屬，即是因時，由如是等道理推求，過去時非有，因亦非有。外曰：

汝所說之一切，皆是捨言，非勝義。內曰：

不然，一切答辭皆應爾故。

此不爾，凡有答辭，一切皆成捨言故。以理觀察，一切說者之言皆可破壞，故所答應理。若不許爾，應無捨言。外曰：作百千返答是為似破，故定有似破句義。內曰：

已生、未生二俱無故，似破非有。

所言似破，為已生耶？未生耶？為正生耶？且非已生，已生故。亦非未生，猶未生故。亦非正生，無二俱故。除已生、未生外，無別正生故。外曰：汝有重語之失，於種種義皆作有，無破，更無餘相，故墮負處。內曰：

不然，前、後、一性、異性皆非有故，無重復。

若有重復，為一為異？若前後句是一，即無重復。何以故？為此而說此，即非重復，是自性故。由是自性，雖說百返亦何復之有？若云異者，亦無重復，是他性故。又剎那性故。即前聲為他，後更為餘，故無重復。復次：

墮負亦爾。

如已生、未生，二俱無故，似破非有，墮負亦爾。所言墮負，為已墮負？為未墮負？二俱非有，故無墮負。復次：

於墮負處，則無墮負，如系縛。

於墮負則無墮負，如系縛處，更無系縛，故此定非有。外曰：如所破量等，其破亦非有。內曰：若汝謂由無量等，則亦無破故，二俱非有者。

俱不許故，若彼非有，唯非有而已。說亦如是，能說非有。

一性異性二俱皆非有故，一切法皆無。由無法故，所說、能說亦皆非有，故涅槃與解脫等無有異。

民國二十八年五月十四日

譯在縉雲山那伽窟

回諍論

聖龍樹菩薩　造
後魏三藏毗目智仙共瞿曇流支譯

回諍論偈初分第一

問曰：偈言：

若一切無體　言語是一切　言語自無體　何能遮彼體
若語有自體　前所立宗壞　如是則有過　應更說勝因
汝謂如勿聲　是義則不然　聲有能遮聲　無聲何能遮
汝謂遮所遮　如是亦不然　如是汝宗相　自壞則非我
若彼現是有　汝可得有回　彼現亦是無　云何得取回
說現比阿含　譬喩等四量　現彼阿含成　譬喩亦能成

智人知法說　善法有自體　世人知有體　餘法亦如是
出法出法體　是聖人所說　如是不出法　不出法自體
諸法若無體　無體不得名　有自體有名　唯名云何名
若離法有名　於彼法中無　說離法有名　彼人則可難
法若有自體　可得遮諸法　諸法若無體　竟爲何所遮
如有瓶有氎　可得遮瓶氎　見有物則遮　見無物不遮
若法無自體　言語何所遮　若無法得遮　無語亦成遮
如愚痴之人　妄取燄爲水　若汝遮妄取　其事亦如是
取所取能取　遮所遮能遮　如是六種義　皆悉是有法
若無取所取　亦無有能取　則無遮所遮　亦無有能遮
若無遮所遮　亦無有能遮　則一切法成　彼自體亦成
汝因則不成　無體云何因　若法無因者　云何得言成
汝若無因成　諸法自體回　我亦無因成　諸法有自體
若有因無體　是義不相應　世間無體法　則不得言有

前遮後所遮　如是不相應　若後遮及並　如是知有體

回諍論偈上分第二

我語言若離　因緣和合法　是則空義成　諸法無自體
若因緣法空　我今說此義　何人有因緣　彼因緣無體
化人於化人　幻人於幻人　如是遮所遮　其義亦如是
言語無自體　所說亦無體　我如是無過　不須說勝因
汝言勿聲者　此非我譬喻　我非以此聲　能遮彼聲故
如或有丈夫　妄取化女身　而生於欲心　此義亦如是
同所成不然　響中無因故　我依於世諦　故作如是說
若不依世諦　不得證眞諦　若不證眞諦　不得涅槃證
若我宗有者　我則是有過　我宗無物故　如是不得過
若我取轉回　則須用現等　取轉回有過　不爾云何過

若量能成法　彼復有量成　汝說何處量　而能成此量
若量離量成　汝諍義則失　如是則有過　應更說勝因
猶如火明故　能自照照他　彼量亦如是　自他二俱成
汝語言有過　非是火自照　以彼不相應　如見闇中瓶
又若汝說言　火能自他照　如火能燒他　何故不自燒
又若汝說言　火能自他照　闇亦應如是　自他二俱覆
於火中無闇　何處自他住　彼闇能殺明　火云何有明
如是火生時　即生時能照　火生即到闇　義則不相應
若火不到闇　而能破闇者　火在此處住　應破一切闇
若量能自成　不待所量成　是則量自成　非待他能成
若不待所量　而汝量得成　如是則無人　用量量諸法
若所量之物　待量而得成　是則所量成　待量然後成
若物無量成　是則不待量　汝何用量成　彼量何所成
若汝彼量成　待所量成者　是則量所量　如是不相離

若量成所量　若所量成量　汝若如是者　二種俱不成

量能成所量　所量能成量　若義如是者　云何能相成

所量能成量　量能成所量　若義如是者　云何能相成

爲是父生子　爲是子生父　何者是能生　何者是所生

爲何者是父　爲何者是子　汝說此二種　父子相可疑

量非自能成　非是自他成　非是異量成　非無因緣成

若法師所說　善法有自體　此善法自體　法應分分說

若善法自體　從於因緣生　善法是他體　云何是自體

若少有善法　不從因緣生　善法若如是　無住梵行處

非法非非法　世間法亦無　有自體則常　常則無因緣

善不善無記　一切有爲法　如汝說則常　汝有如是過

若人說有名　語言有自體　彼人汝可難　語名我不實

若此名無者　則有亦是無　若言有言無　汝宗有二失

若此名有者　則無亦是有　若言無言有　汝諍有二失

如是我前說　一切法皆空　我義宗如是　則不得有過
若別有自體　不在於法中　汝慮我故說　此則不須慮
若有體得遮　若空得言成　若無體無空　云何得遮成
汝爲何所遮　汝所遮則空　法空而有遮　如是汝諍失
我無有少物　是故我不遮　如是汝無理　枉橫而難我
汝言語法別　此義我今說　無法得說語　而我則無過
汝說鹿愛喩　以明於大義　汝聽我能說　如譬喩相應
若彼有自體　不須因緣生　若須因緣者　如是得言空
若取自體實　何人能遮回　餘者亦如是　是故我無過
此無因說者　義前已說竟　三時中說因　彼平等而說
若說三時因　前如是平等　如是三時因　與說空相應
若人信於空　彼人信一切　若人不信空　彼不信一切
空自體因緣　三一中道說　我歸命禮彼　無上大智慧

回諍論釋初分第三

釋曰：論初偈言：

若一切無體　言語是一切　言語自無體　何能遮彼體

此偈明何義。若一切法皆是因緣。則是因緣因緣和合離諸因緣。是則更無一切自體。如是一切諸法皆空。如芽非是種子中有。非地非水非火非風非虛空等因緣中有。非是一一因緣中有。非諸因緣和合中有。非離因緣因緣和合餘處別有。若此等中一切皆無。如是得言芽無自體。若如是無一切自體。彼得言空。若一切法皆悉空者則無言語。若無言語則不能遮一切諸法。若汝意謂言語不空言語所說一切法空。是義不然。何以故。汝言一切諸法皆空則語亦空。何以故。以因中無。四大中無。一一中無。和合中無。因緣和合不和合中一切皆無。如是言語咽喉中無。脣舌齒根斷鼻頂等一一皆無。和合中無。二處俱無。唯有因緣因緣和合。若離如是因緣和合。更無別法。若如是者。一切言語皆無自體。若如是無言語自體。則一切法皆無自體。若此言語無自體者。唯有遮名不能遮法。譬如無火則不能燒。亦如無刀則不能割。又如無水則不能瀾。如是無語。云何能遮諸法自體。既不能遮諸法自體。而心憶念遮一切法自體。回者義不相應。又復有義。偈言：

若語有自體　前所立宗壞　如是則有過　應更說勝因

此偈明何義。若此言語有自體者。汝前所立義宗自壞。是則有過。若爾便應更說勝因。若汝意謂語有自體餘法空者。如是則違諸法空語。汝宗亦壞。又復有義。言語不離一切法數。若一切法皆悉空者，言語亦空。若言語空則不能遮一切諸法。若如是者。於六種中諍論相應。彼復云何汝不相應。汝說一切諸法皆空。則語亦空。何以故。言語亦是一切法故。言語若空則不能遮。彼若遮言一切法空則不相應。又若相應言語能遮一切法體，一切法空語則不空語。若不空遮一切法則不相應。若諸法空言語不空語何所遮。又若此語入一切中喻不相當。若彼言語是一切者。一切既空言語亦空。若語言空則不能遮。若語言空諸法亦空。以空能遮諸法令空。如是則空亦是因緣。是則不可。又若汝畏喻不相當。一切法空能作因緣。如是空語則不能遮一切自體。又復有義。一邊有過。以法有空亦有不空。彼若有過更說勝因。若一邊空一邊不空。如是若說一切法空無自體者。義不相應。又復有義。偈言：

汝謂如勿聲　是義則不然　聲有能遮聲　無聲何能遮

此偈明何義。若汝意謂聲能遮聲。如有人言汝莫作聲。彼自作聲而能遮聲。如是如是一切法空空語能遮。此我今說此不相應。何以故。以此聲有能遮彼聲。汝語非有則不能遮諸法自體。汝所立義。語亦是無諸法亦無。如是若謂如勿聲者。此則有過。偈言：

汝謂遮所遮　如是亦不然　如是汝宗相　自壞則非我

此偈明何義。若汝意謂。遮與所遮亦如是者，彼不相應。若汝說言。我語能遮一切諸法有自體者。彼不相應。此我今說。是義不然。何以故。知如是宗相汝過非我。汝說一切諸法皆空。如是汝義前宗有過咎不在我。若汝說言。汝遮所遮不相應者。是義不然。又復有義。偈言：

若彼現是有　汝何得有回　彼現亦是無　云何得取回

此偈明何義。若一切法有現可取。汝得回我諸法令空。而實不爾。何以知之。現量入在一切法數則亦是空。若汝分別依現有比。現比皆空。如是無現比。何可得現之與比。是二皆無云何得遮。汝言一切諸法空者。是義不然。若汝復謂。或比或喻。或以阿含得一切法。如是一切諸法自體。我能回者。此義今說。偈言：

說現比阿含　譬喻等四量　現比阿含成　譬喻亦能成

此偈明何義。比喻阿含現等四量。若現能成。比阿含等皆亦能成。如一切法皆悉是空。現量亦空。如是比喻亦空。彼量所成一切諸法皆悉是空。以四種量在一切故。隨何等法。若為比成亦譬喻成亦阿含成。彼所成法一切皆空。汝以比喻阿含等三量一切法所量亦空。若如是者法不可得量所量無。是故無遮。如是若說一切法空無自體者。義不相應。又復有義。偈言：

智人知法說　善法有自體　世人知有體　餘法亦如是

此偈明何義。法師說善法。善法一百一十有九。謂心一相。一者受。二者想。三者覺。四者觸。五者觀察。六者欲。七者信解脫。八者精進。九者憶念。十者三摩提。十一者慧。十二者捨。十三者修。十四者合修。十五者習。十六者得。十七者成。十八者辯才。十九者適。二十者勤。二十一者思。二十二者求。二十三者勢力。二十四者不嫉。二十五者自在。二十六者善辯才。二十七者不悔。二十八者悔。二十九者少欲。三十者不少欲。三十一者捨。三十二者不思。三十三者不求。三十四者不願。三十五者樂說。三十六者不著境界。三十七者不行。三十八者生。三十九者住。四十者滅。四十一者集。四十二者老。四十三者熱惱。四十四者悶。四十五者疑。四十六者思量。四十七者愛。四十八者信。四十九者樂。五十者不順。五十一者順取。五十二者不畏大衆。五十三者恭敬。五十四者作勝法。五十五者敬。五十六者不敬。五十七者供給。五十八者不供給。五十九者定順。六十者宿。六十一者發動。六十二者不樂。六十三者覆。六十四者不定。六十五者愁惱。六十六者求不得。六十七者荒亂。六十八者懈怠。六十九者憂憒。七十者希淨。七十一者內信。七十二者畏。七十三者信。七十四者慚。七十五者質直。七十六者不誑。七十七者寂靜。七十八者不驚。七十九者不錯。八十者柔軟。八十一者開解。八十二者嫌。八十三者燒。八十四者惺。八十五者不貪。八十六者不瞋。八十七者不痴。八十八者不一切知。八十九者放捨。九十者不有。九十一者愧。九十二者不自隱惡。九十三者悲。九十四者喜。九十五者捨。九十六者神通。九十七者不執。九十八者不妬。九十九者心淨。一百者忍辱。一百一者利益。一百二者能用。一百三者福德。一百四者無想定。一百五者不一切智。一百六者無常三昧。① 如是如是。善法一百一十有九。如彼善法善法自體。彼不善法不善法自體。如是無記無記。本性無記本性無記。欲界欲界。色界色界。無色界無色界。無漏無漏。苦集滅道苦集滅道。修定修定。如是如是見有無量種種諸法皆有自體。如是若說一切諸法皆無自體。如是無體得言空者。義不相應。此復有義。偈言：

出法出法體　是聖人所說　如是不出法　不出法自體

此偈明何義。如說出法出法自體。如是不出法不出法自體。覺分覺分自體。菩提分菩提分自體。非菩提分非菩提分自體。如是餘法皆亦如是。若如

---

① 所據底本《大正藏·中觀部》於此處有小字注文：『少十三法無處訪本』。

是見彼無量種諸法自體。而如是說一切諸法皆無自體。以無自體名為空者。義不相應。又復有義。偈言：

諸法若無體　無體不得名　有自體有名　唯名云何名

此偈明何義。若一切法皆無自體說無自體。言語亦無。何以故。有物有名。無物無名。以一切法皆有名故。當知諸法皆有自體。法有自體故不得言一切法空。如是若說一切法空無自體者。義不相應。偈言：

若離法有名　於彼法中無　說離法有名　彼人則可難

此偈明何義。若汝意謂。有法有名離法有名。如是一切諸法皆空無自體成。非物無名有物有名。此我今說。若如是者。有何等人。說離法體別有名字。若別有名。別有法者。則不得示彼不可示。如是汝心分別別有諸法別有名者。是義不然。又復有義。偈言：

法若有自體　可得遮諸法　諸法若無體　竟爲何所遮
如有瓶有泥　可得遮瓶泥　見有物則遮　見無物不遮

此偈明何義。有物得遮無物不遮。如無瓶泥則不須遮。有瓶得遮無瓶不遮。如是如是法無自體則不須遮。法有自體可得有遮。無云何遮。若一切法皆無自體而便遮言。一切諸法無自體者。義不相應。汝何所遮。若有遮體。能遮一切諸法自體。偈言：

若法無自體　言語何所遮
若無法得遮　無語亦成遮

此偈明何義。若法無體語亦無體。云何遮言。一切諸法皆無自體。若如是遮。不說言語亦得成遮。若如是者火冷水堅如是等過。又復有義。偈言：

如愚痴之人　妄取燄爲水
若汝遮妄取　其事亦如是

此偈明何義。若汝意謂。如愚痴人取燄為水。於無水中虛妄取水。有黠慧人為回彼心而語之言。汝妄取水。如是如是於無自體一切法中取法自體。為彼衆生妄心回故。說一切法皆無自體。此我今說。偈言：

取所取能取　遮所遮能遮
如是六種義　皆悉是有法

此偈明何義。若當如是有衆生者。有取所取有能取者。得言虛妄遮所遮等。如是六種義成。若六義成而說諸法一切空者。是義不然。偈言：

若無取所取　亦無有能取
則無遮所遮　亦無有能遮

此偈明何義。若汝意謂無如是過。非取所取。非能取者。彼若如是虛妄取遮。一切諸法無自體者。彼遮亦無所遮亦無能遮亦無。偈言：

若無遮所遮　亦無有能遮　則一切法成　彼自體亦成

此偈明何義。若非有遮非有所遮非有能遮。是則不遮一切諸法。則一切法皆有自體。偈言：

汝因則不成　無體云何因　若法無因者　云何得言成

此偈明何義。若一切法空無自體。如是義中說因不成。何以故。一切諸法空無自體。何處有因。若法無因一切法空以何因成。是故汝說一切法空無自體者。是義不然。偈言：

汝若無因成　諸法自體回　我亦無因成　諸法有自體

此偈明何義。若汝意謂。我無因成法無自體。如汝無因自體回成。我自體法亦無因成。偈言：

若有因無體　是義不相應　世間無體法　則不得言有

此偈明何義。若汝意謂。我有因成因無自體。若如是者無自體義則不相應。何以故。一切世間無自體者。不得言有。偈言：

前遮後所遮　如是不相應　若後遮及並　如是知有體

此偈明何義。若遮在前所遮在後。義不相應。未有所遮遮何所遮。若遮在後所遮在前。亦不相應。所遮已成遮何能遮。若遮所遮二法同時不相因緣。遮不因所遮。所遮不因遮。皆有自體故。則不得言遮。如角並生各不相因。左不因右右不因左。如是若說一切諸法無自體者。是義不然。

釋初分竟。

迴諍論釋上分第四

釋曰。如汝所說我今答汝。汝說偈言：

若一切無體　言語是一切　言語自無體　何能遮彼體

此偈。我今答。偈言：

我語言若離　因緣和合法　是則空義成　諸法無自體

此偈明何義。若彼言語。因中大中和合中無。離散中無。咽喉脣舌齒根斷鼻頂等諸處皆各有力。如是二處和合中無。若離如是因緣和合。更無別法。以如是故無有自體。無自體故我言一切皆無自體。空義則成。如此言語無自體空。諸法如是無自體空。是故汝言。汝語空故不能說空。是義不然。

又復有義。偈言：

若因緣法空　我今說此義　何人有因緣　彼因緣無體

此偈明何義。汝不能解一切法空。不知空義何能咎我。如汝所言。汝語言空語無自體。無自體故不能遮法。此法若是因緣生者。生故得言一切法空。得言一切皆無自體。以何義故。知因緣生法無自體。若法一切皆因緣生。則一切法。皆無自體。法無自體則須因緣。若有自體何用因緣。若離因緣則無諸法。若因緣生則無自體。以無自體故得言空。如是我語亦因緣生。若因緣生則無自體。以無自體故得言空。以一切法因緣生者自體皆空。如輿瓶衣蓄等諸物。彼法各各自有因緣。世間薪草土所作器水蜜乳等。將來將去及舉掌等。又復寒熱風等障中諸受用法。因緣生故皆無自體。如是如是我語因緣和合而生。如是得言無有自體。若無自體如是得言無自體成。如是空語世間受用。是故汝言無自體故汝語亦空。則不能遮諸法自體。是義不然。又復有義。偈言：

化人於化人　幻人於幻人　如是遮所遮　其義亦如是

此偈明何義。如化丈夫於異化人。見有去來種種所作而便遮之。如幻丈夫於異幻人。見有去來種種所作而便遮之。能遮化人彼則是空。若彼能遮化人是空。所遮化人則亦是空。若所遮空遮人亦空。能遮幻人彼則是空。若彼能遮幻人是空。所遮幻人則亦是空。若所遮空遮人亦空。如是如是我語言空。如幻化空。如是空語。能遮一切諸法自體。是故汝言汝語空故。則不能遮一切諸法有自體者。汝彼語言則不相應。若汝說言彼六種諍彼如是遮。如是我語非一切法。我語亦空諸法亦空。非一切法皆悉不空。又復汝說。偈言：

若語有自體　前所立宗壞　如是則有過　應更說勝因

此偈。我今答。偈言：

言語無自體　所說亦無體　我如是無過　不須說勝因

此偈明何義。我此語言。以因緣生非有自體。如前所說。自體不生故得言空。如是得言此語言空餘一切法悉皆是空。如是空故我則無過。若我說言此語不空餘一切法悉皆空者。我則有過。我不如是是故無過。理實不得語言不空餘一切法皆悉是空。我以是故不說勝因。若語不空餘一切法皆悉空者。可說勝因。是故汝言。汝諍論壞語則有過。應說勝因。是義不然。又復汝說。偈言：

若謂如勿聲　是義則不然　聲有能遮聲　無聲何能遮

此偈。我今答。偈言：

汝言勿聲者　此非我譬喩　我非以此聲　能遮彼聲故

此偈明何義。此非我喩。如何人言莫作聲者。彼自作聲以聲遮聲。聲非不空我則不爾。語言亦空遮法亦空。何以故。譬如彼聲能回此聲。我不如是。我如是說。一切諸法皆無自體。以無自體故得言空。何以故。若無體語回無自體。則一切法皆成自體。如言勿聲聲能遮聲。如是如是無自體語遮無體法。若如是遮無自體者。則一切法皆成自體。若有自體則一切法皆悉不空。我說法空不說不空。譬喻如是。偈言：

如或有丈夫　妄取化女身　而生於欲心　此處亦如是

此偈明何義。如化婦女實自體空。如或丈夫於化女身。生實有想起於欲心。彼虛妄取諸法亦爾。彼或如來如來弟子聲聞之人。為回彼人虛妄取心。或是如來神威之力。如來弟子聲聞威力。化作化人。如是如是語空如化。如化婦女無自體空。法如是空。取法自體能遮令回。如是如是以此空喻能成空義。我則相應非汝相應。偈言：

同所成不然　響中無因故　我依於世諦　故作如是說

此偈明何義。若汝或謂如勿聲者因同所成。何以故。以因不離一切諸法無自體故。非彼聲響而有自體。以因緣生故無自體。若無自體汝說聲有能遮聲者。彼義則壞。又我所說不違世諦不捨世諦。依世諦故能說一切諸法體空。若離世諦法不可說。佛說偈言：

若不依世諦　不得證眞諦　若不證眞諦　不得涅槃證

此偈明何義。如是諸法非是不空。一切諸法皆無自體。此二無異。又復汝說偈言：

汝謂遮所遮　如是亦不然　如是汝宗相　自壞則非我

此偈。我今答。偈言：

若我宗有者　我則是有過　我宗無物故　如是不得過

此偈明何義。若我宗有則有宗相。若我有宗有宗相者。我則得汝向所說過。如是非我有宗。如是諸法實寂靜故。本性空故。何處有宗。如是宗相為於何處宗相可得。我無宗相何得咎我。是故汝言。汝有宗相得過咎者。是義不然。又復汝說偈言：

若彼現是有　汝可得有回　彼現亦是無　云何得取回
說現比阿含　譬喻等四量　現比阿含成　譬喻亦能成

此偈。我今答。偈言：

若我取轉回　則須用現等　取轉回有過　不爾云何過

此偈明何義。我若如是少有法物。則須現比阿含譬喻如是四量。復有四量。我若如是取轉回者。我則有過。我既不取少法轉回。若我如是不轉不回。汝若如是與我過者。是義不然。若現等量復有量成量則無窮。汝如是義不能咎我。又復有義。偈言：

若量能成法　彼復有量成　汝說何處量　而能成此量

此偈明何義。若汝意謂量能成物。如量所量。現比阿含喻等四量。復以何量成此四量。若此四量更無量成。量自不成。若自不成能成物者。汝宗則壞。若量復有異量成者。量則無窮。若無窮者則非初成非中後成。何以故。若量能成所量物者。彼量復有異量來成彼量。復有異量成故。如是。無初。若無初者如是無中。若無中者何處有後。如是若說彼量復有異量成者。是義不然。偈言：

若量離量成　汝諍義則失　如是則有過　應更說勝因

此偈明何義。若汝意謂。量離量成。所量之物為量成者。若如是諍量成所量。汝則有過。有物量成有不量成。若如是者應說勝因。若說勝因則可得知。何者量成何者不成。汝不能示如是分別。義不相應。此我今說。如有人言。我所說量自他能成。而說偈言：

猶如火明故　能自照照他　彼量亦如是　自他二俱成

此偈明何義。如火自照亦能照他。量亦如是。自成成他。我今答彼。偈言：

汝語言有過　非是火自照　以彼不相應　如見闇中瓶

此偈明何義。彼量如火自他能成難不相應。何以故。非火自照。如初未照闇中瓶等不可得見。以火照已然後得見。如是如是。若火自照。初火應闇後時乃明。如是得言火能自照。若初火明則不得言火能自照。如是分別火自他照義不相應。又復有義。偈言：

又若汝說言　火自他能照　如火能燒他　何故不自燒

此偈明何義。若汝說言。如火自照亦能照他。如是如是自照照他。如是如是既能燒他亦應自燒。而實不見有如是事。若說彼火自他能照義不相應。又復有義。偈言：

又若汝說言　火能自他照　闇亦應如是　自他二俱覆

此偈明何義。若汝說言。火自他照能卻闇者。闇何以不自他皆覆。而實不見有如是事。若說彼火自他照者義不相應。又復有義。偈言：

於火中無闇　何處自他住　彼闇能殺明　火云何有明

此偈明何義。火中無闇火處無闇。云何名為明能破闇。若彼火中如是無闇。何處有闇火能破闇。若當無闇可破滅者。云何而得自他俱照。此我今說。若如是者非火中闇非火處闇。如是如是火自他照。彼火生時即能破闇。如是火中無闇火處無闇。如是火生能照自他。此我今說。偈言：

如是火生時　即生時能照　火生即到闇　義則不相應

此偈明何義。若火生時能自他照義不相應。何以知之。如是初火不能到闇。何以知之。若未到闇不能破闇。若不破闇不得有明。偈言：

若火不到闇　而能破闇者　火在此處住　應破一切闇

此偈明何義。若汝意謂。火不到闇能破闇者。火此處住則應能破一切世間所有處闇。何以故。俱不到故。而實不見有如是事。若俱不到。云何唯能破此處闇。不破世間一切處闇。若汝意謂。火不到闇而能破闇義不相應。又復有義。偈言：

若量能自成　不待所量成　是則量自成　非待他能成

此偈明何義。若汝意謂。量與所量如火成者。量則自成不待所量。何以故。若自成者則不待他。若待他者非自成故。此我今說。若不相待何不自成。若待於他則非自成。此我今說。若量不待所量之物為有何過。此我今說。偈言：

不待所量物　若汝量得成　如是則無人　用量量諸法

此偈明何義。若汝意謂。不待所量而量得成。則無有人用量量法。有如是過。若何等人須用量者。不待所量而得有量。若不待成彼得何過。則一切法皆不待量。若一切法不待量成。彼得何過。成得言成未成亘成。以無待故。若汝復謂。待所量物量得成者。如是四量皆有待成。何以故。若物未成云何相待。物若已成不須相待。天得未成則不待物。若已成者更不待成。如物已作無作因緣。又復有義。偈言：

若所量之物　待量而得成　是則所量成　待量然後成

此偈明何義。若所量物待量而成。是則以量成彼所量。何以故。所成非成量成所量。又復有義。偈言：

若物無量成　是則不待量　汝何用量成　彼量何所成

此偈明何義。若汝意謂。不待彼量所量成者。汝今何用求量而成。何以故。彼量義者為何所求。彼所量物離量成者。彼量何用。又復有義。偈言：

若汝彼量成　彼所量成者　是則量所量　如是不相離

此偈明何義。若汝意謂。待所量物是故有量。畏有前過。汝若如是量所量一不得相離。汝若如是量即所量。何以知之。所量成量所量即量。量成所量量所量一。偈言：

若量成所量　若所量成量　汝若如是者　二種俱不成

此偈明何義。若汝意謂。量成所量見待量故。所量成量見待所量。汝若如是二俱不成。何以故。偈言：

量能成所量　所量能成量　若義如是者　云何能相成

此偈明何義。若量能成所量之物。彼所量物能成量者。量自未成因緣不成。云何能成所量之物。又復有義。偈言：

所量能成量　量能成所量　若義如是者　云何能相成

此偈明何義。若所量物能成彼量。彼量能成所量之物。所量未成因緣不成。云何成量。偈言：

爲是父生子　爲是子生父　何者是能生　何者是所生

此偈明何義。如有人言父能生子。彼若如是子亦生父。汝今為說。何者能生何者所生。汝如是說。量成所量所量成量。汝今為說。何者能成何者所成。又復有義。偈言：

爲何者是父　爲何者是子　汝說此二種　父子相可疑

此偈明何義。前說二種所謂父子。何者為父何者為子。父子二相若相待生彼則可疑。何者為父何者為子。如是如是。若汝說此量與所量。彼何者量何者所量。此之二種若能成物可得言量。若物可成得言所量則不疑云何者是量何者所量。如是能成可得言量。如是可成得言所量。此則不疑。何者是量何者所量。偈言：

量非能自成　非是自他成　非是異量成　非無因緣成

此偈明何義。如是量非自成。現非現成。比非比成。喻非喻成。阿含亦爾非阿含成。非是自他迭互相成。現非比喻阿含等成。比非現喻阿含等成。喻非現比阿含等成。阿含非現比喻等成。非異現比譬喻阿含別有現比譬喻阿含異量來成。如量自分和合不成。自他境界和合不成。非無因成非聚集成。此之因緣如先所說。二十三十或四五六。二十三十四十五十或有六十。若汝所說以有量故得言所量。有量所量證一切法皆有自體義不相應。又復汝說偈言：

智人知法說　善法有自體　世人知有體　餘法亦如是
出法出自體　是聖人所說　如是不出法　不出法自體

此偈。我今答。偈言：

若法師所說　善法有自體　此善法自體　法應分分說

此偈明何義。若彼法師。謂彼善法有自體者。應分分說此善自體。此之善法如彼善心。善心自體如是如是。一切諸法不如是見。若如是說亦法自體義不相應。又復有義。偈言：

若善法自體　從於因緣生　善法是他體　云何是自體

此偈明何義。若善法體從於因緣和合而生。彼是他體。善法云何得有自體。如善法體餘亦如是。若汝說言如彼善法善法自體。如是不善不善體等義不相應。又復有義。偈言：

若少有善法　不從因緣生　善法若如是　無住梵行處

此偈明何義。若汝意謂。少有善法不因緣生。如是不善不善自體。無記無記自體。若當如是無住梵行。何以故。汝若如是。是則捨離十二因緣。當捨離十二因緣。是則捨見十二因緣。若如是無十二因緣。則不得見十二因緣。如其不見十二因緣。不得見法。世尊說言。若比丘見十二因緣。彼則見法。若不見法不住梵行。若離如是十二因緣。則離苦集。十二因緣是苦集故。若離苦集是則離苦。若無集者何處有苦。若無苦者云何有滅。若無苦滅當於何處修苦滅道。若如是者無四聖諦。無四聖諦則亦無有聲聞道果。見四聖諦如是則證聲聞道果。無聲聞果無住梵行。又復有義。偈言：

非法非非法　世間法亦無　有自體則常　常則無因緣

此偈明何義。若當如是離於因緣和合生者。汝得多過。以不得法及非法故。一切世間法皆不可得。何以故。因緣和合生一切法。以一切法皆從因緣和合而生。若無因緣和合生者。則一切法皆不可得。又復自體不從因緣和合而生。無因緣有則是常法。何以故。無因緣法則是常故。彼若如是無住梵行。又復汝法自有過失。何以故。世尊所說。一切有為皆悉無常。彼何自體皆悉無常。偈言：

善不善無記　一切有爲法　如汝說則常　汝有如是過

此偈明何義。若說善法有法自體。不善無記亦如是說。若如是者。汝說一切有為法常。何以故。法若無因無生住滅。無生住滅非有為法。則一切法皆是無為。若說善等一切諸法皆有自體。則一切法皆悉不空。義不相應。又復汝說偈言：

諸法若無體　無體不得名　有自體有名　唯名云何名

此偈。我今答。偈言：

若人說有名　語言有自體　彼人汝可難　語名我不實

此偈明何義。若何人說名有自體。彼人如是汝則得難。彼人說言。有體有名無體無名。我不如是說有名體。何以知之。一切諸法皆無自體。若無自體彼得言空。彼若空者得言不實。若汝有名有自體者。義不相應。又復有義。偈言：

若此名無者　則有亦是無　若言有言無　汝宗有二失
若此名有者　則無亦是有　若言無言有　汝諍有二失

此偈明何義。若此名無如是宗失。如其是有如是諍失。我宗不爾。有物有名無物無名。如是諸法有自體者。義不相應。又復有義。偈言：

如是我前說　一切法皆空　我義宗如是　則不得有過

此偈明何義。我前已說。一切法空亦說名空。汝取空名而有所說。若一切法皆無自體名亦無體。我如是說義宗無過。我不說名有自體故。又復汝說偈言：

若離法有名　不在於法中　說離法有名　彼人則可難

此偈。我今答。偈言：

若別有自體　不在於法中　汝慮我故說　此則不須慮

此偈明何義。彼不須慮汝妄難我。我則不遮諸法自體。我不離法別有物取何人取法。彼人須慮我不取法故不遮法云何有過。若我取法有自體者。則可難言汝不相應。我不如是。汝難大賒全不相當。又復汝說偈言：

法若有自體　可得遮諸法　諸法無自體　竟爲何所遮
如有瓶有泥　可得遮瓶泥　見有物則遮　見無物不遮

此偈。我今答。偈言：

若有體得遮　若空得言成　若無體無空　云何得遮成

此偈明何義。法若有者則可得遮法。若無者則不得遮。汝難我言。一切諸法皆無自體。實如汝言一切諸法皆無自體。何以知之。以汝遮法無自體成。若遮諸法無自體成。得言一切諸法皆空。偈言：

汝為何所遮　汝所遮則空　法空而有遮　如是汝諍失

此偈明何義。若一切法遮有自體。若無自體彼得言空彼空亦空。是故汝言有物得遮無物不遮。義不相應。又復有義。偈言：

我無有少物　是故我不遮　如是汝無理　枉橫而難我

此偈明何義。若我如是少有物遮汝得難我。我無物遮。如是無物我無所遮。如是無遮一切法空。如是無物遮與所遮。是故汝向如是難言何所遮者。此汝無理枉橫難我。又復汝說偈言：

若法無自體　言語何所遮　若無法得遮　無語亦成遮

此偈。我今答。偈言：

汝言語法別　此義我今說　無法得說語　而我則無過

此偈明何義。若汝說言無有言語亦成遮者。隨何等法。彼一切法皆無自體。說彼諸法無自體語。非此言語作無自體。此我今答。若說諸法無自體語。此語非作無自體法。又復有義。以無法體知無法體。以有法體知有法體。譬如屋中實無天得。有人問言。有天得不。答者言有。復有言無。答言無者語言。不能於彼屋中作天得。無但知屋中空無天得。如是若說一切諸法無自體者。此語不能作一切法無自體。無但知諸法自體無體。若汝說言。若無物者則不得言法無自體。以無語故。不得成法無自體者。義不相應。又復汝說偈言：

如愚痴之人　妄取燄爲水　若汝遮妄取　其事亦如是
取所取能取　遮所遮能遮　如是六種義　皆悉是有法
若無取所取　亦無有能取　則無遮所遮　亦無有能遮
若無遮所遮　亦無有能遮　則一切法成　彼自體亦成

此四行偈。我今答汝偈言：

汝說鹿愛喻　以明於大義　汝聽我能答　如譬喻相應

此偈明何義。汝若說此鹿愛譬喻。以明大義。汝聽我答。如喻相應。偈言：

若彼有自體　不須因緣生　若須因緣者　如是得言空

此偈明何義。若鹿愛中妄取水體。非因緣生。汝喻相當。鹿愛因緣彼顛倒見。顛倒見者以不觀察因緣而生。如是得言因緣而生。若因緣生彼自體空。如是之義如前所說。又復有義。偈言：

若取自體實　何人能遮回　餘者亦如是　是故我無過

此偈明何義。若鹿愛中取水體實。何人能回。若有自體則不可回。如火熱水濕空無障礙見此得回。如是取自體空。如是如是。餘法中義應如是知。如是等如取無實。餘五亦爾。若汝說彼六法是有。如是得言一切諸法皆不空者。義不相應。又復汝說偈言：

汝因則不成　無體云何因　若法無因者　云何得言成

汝若無因成　諸法自體回　我亦無因成　諸法有自體

若有因無體　是義不相應　世間無體法　則不得言有

此偈。我今答。偈言：

此無因說者　義前已說竟　三時中說因　彼平等而說

此偈明何義。如是大義於前已說。此則無因應如是知。如是論義前因已說遮六種回。彼前論義今於此說。又復汝說偈言：

前遮後所遮　如是不相應　後遮若俱並　如是知有體

此偈我今答。偈言：

若說三時因　前如是平等　如是三時因　與說空相應

此偈明何義。若遮此因三時言語。此先已答。應如是知。何以故。因平等故。如遮三時彼不相應。彼語亦在遮所遮中。若汝意謂。無遮所遮猶故得遮。我已遮竟。此三時因與說空人言語相應。又復云何。先已說竟。如向偈言：

我無有少物　是故我不遮　如是汝無理　枉橫而難我

若汝復謂。三時遮成。見前時因。見後時因。見俱時因。彼前時因如父以子。後時因者如師弟子。俱時因者如燈以明。此我今說。此不如是前說三種。彼三種中一一復有三種過失。此前已說。復次第遮。汝立宗失如是等自體遮成。偈言：

若人信於空　彼人信一切　若人不信空　彼不信一切

此偈明何義。若人信空。彼人則信一切世間出世間法。何以故。若人信空。則信因緣和合而生。若信因緣和合而生。則信四諦。若信四諦。彼人則信一切勝證。若人能信一切勝證。則信三寶謂佛法僧。若信因緣和合而生。彼人則信法因法果。若人能信法因法果。彼人則信非法因果。若人能信法因法果信非法因信非法果。則信煩惱煩惱和合煩惱法物。彼人如是一切皆信。如是前說彼人則信善行惡行。若人能信善行惡行。彼人則信善惡行法。若人能信善惡行法。則知方便過三惡道。彼人如是能信一切世間諸法。如是無量不可說盡。偈言：

空自體因緣　三一中道說　我歸命禮彼　無上大智慧

釋回諍論偈義已竟。

作此論者，阿闍黎龍樹菩薩摩訶薩，一切論義皆能解釋。

回諍論頌

聖龍樹菩薩　造

印度論師智藏及西藏譯師迦巴・吉祥積從梵譯藏

後由迦濕彌羅大論師扎雅阿難陀及西藏譯師枯・經祥修改

任杰由藏譯漢

頂禮童真妙吉祥

問曰：

設若一切法，無一切自性，
汝語亦無性，不能遮自性。
但語有自性，汝先立宗壞，

若彼性不同，更應說別因。①
謂如聲未出，汝所思非理，
此中由有聲，② 即是遮當生③。
謂如遮之遮，若許亦非善④，
是故汝宗相，有過於我無。
且若以現量，所緣若能遮，
由誰緣諸法，彼現量是無。⑤
比量教喩量，比教量所立，
喩量所立義，皆由現量答。

① 有說空有說不空，其性不同，故應說因的差別。
② 汝有的聲不能破諸法自性。
③ 聲未出此說聲相違。
④ 破一切法自性的語言。『若』，是能破的語。
⑤ 無所緣，破無所緣法即不合理。

異生法分位，智者於善法，①
心知善法性，餘諸法亦爾。
所有出離法，說諸法分位，
出離法自性，性非出離等。
若法無自性，是無自性名，
名亦如是無，無事② 名無故。
雖是有自性，彼於諸法無，
是故理應說，無諸法自性。
如家中無瓶，遮破見有性，
是故汝是遮，此有是自性。
謂若無自性，汝語何須遮？

① 一百一十九種善法。
② 事：依。

無語亦無遮，如是善成立。
愚者於陽燄，顛倒執爲水，
如是汝應破，於倒執非有。
設如是能取，所取及取者，
遮所遮遮者，豈不有六種。
若無有能取，無所取取者，
然能遮所遮，遮者亦非有。
若非有能遮，所遮及遮者，
則一切諸法，自性亦成立。
於汝因不成，汝因無性故，
設若有汝義，無因成非理。
於汝無正因，若立遮自性，
我亦無因者，成立有自性。
若謂有正因，法無性非理，

世間無性法，全然皆非有。
若非有自性，能遮若在先，
後所遮非理，後同① 亦非理。

答曰：

若我語無因，無緣聚各異，
成立諸法空，即無自性故。
諸法因緣生，說彼名空性，
若彼因緣生，說爲無自性。
如化者所化，幻者所幻人，
能遮由幻生，此遮亦如是。
我語無自性，故於我宗同，

① 同時。

然性無不同，不應說別因。①
謂如聲未出，汝著非此喻，
由聲能遮聲，此者非如是。
若由無自性，謂遮無自性，
若遮無自性，自性當成立。
復有化士夫，於女妄執女，
由化起倒執，此能遮如是。
又此因所立，同故聲非有，
不許名言諦，我所不能說。②
若我少有宗，故於我有過，
若於我無宗，唯於我無過。③

---

① 語言空，其他法空，無有不同性。
② 如云：不依名言諦，不說勝義諦，不依勝義諦，不能證涅槃。
③ 然我全無宗，故我法無過。

若由現等義，少許有所得，
所立或所遮，無故無責難。
設由汝等義，由量善成立，
汝說彼諸量，如何說成立。
設若由餘量，立者過無窮，
然彼非初立，非中亦非後。
設若無有量，立彼說者過，
若彼不同性，應說差別因。
如火照他體，自體亦如是，
如是諸量者，成立自他體。
彼說者相違，猶如闇室瓶，
不見無所緣，火非能照自。
若由汝言說，火能照自體，
然火猶如他，亦能燒自體。

設若汝言說，火照自他體。①
如火闇亦然，成障自他體。
若火能燒他，火中則無闇，
若能照除闇，如是爲能照。
火將生能照，說者理非眞，
因火將生時，唯不與闇遇。
或雖火未遇，若能除闇者，
凡是此處火，除諸世界闇。
若從自量成，不待諸所量，
汝之量成立，不待他自成。
不待所量義，汝之量成立。
如是此諸量，任何都不成。

① 原頌：火能照自體，然由火如他，亦成燒自體。

若許觀待成，於彼有何過，
未成不待他，已成是能成。
觀待所量已，若是當成①量，
則不待諸量，所量當成立。
若不待諸量，亦能成所量，
故彼等若成，何須汝量成。
設若汝之量，觀待所量成，
如是定當遮，汝量及所量。
然汝成立量，所量當成立，
立所量成量，汝二俱不成。
若量成所量，由彼等所量，
所立彼等量，彼等如何成。

① 成：立。

若所量成量，亦由彼等量，
彼等量所立，彼等如何成。
若由父生子，父亦由子生，
謂彼父所生，說彼誰生誰。
說彼等二種，由取父子相，
故於彼我疑，說誰父誰子。
諸量非自成，亦非互相成，
非由他量成，非所① 非無因。
智知法分位，由是諸善法，
說是善法性，善分辯所說。
設若諸善法，即是善法性，

① 非所：非由所量。

如是依緣生，他法何成自。①
若一切善法，少許有自性，
不依因緣生，應不住梵行。
無因成常故，一切法成常，
法非法亦無，世間名言無。
不善無記法，出離過亦爾，
故汝諸有爲，當成無爲性。
若謂有自性，名者說爲有，
如是汝所答②，我不說名有③。
若於無名無，何有或是無，
若有或亦無，汝宗二俱失。

① 他法在自己面前如何成。
② 如由名回答，長行頌。
③ 我不說名有自性。

一切法性空，如前已廣說，
是故宗亦無，何責難可尋。
且若有自性，說彼法是無，
此疑雖非理，汝自召彼疑。
設若是遮有，空性善成立，
於諸法無性，汝由何能遮。
汝若於空性，遮空性不空，
然謂是遮有，說者豈非失。
所遮無所有，我不遮一切，
是故謂能遮，汝說皆誹謗。
無語亦無遮，無語不成立，
能知語謂無，此中非遣生。
汝說鹿愛喻，大諍義已說，
隨彼喻應理，抉擇應聽聞。

若執有自性，不成因緣生，
若持因緣生，彼豈非空性。
若執有自性，彼執誰遮迴，
餘諸理如是，故無彼責難。
由鹿愛喻遮，立時先說竟，
前已說無因，回答相同故。
前說三時因，回答同彼故，
汝三時正因，說空性應理。
於誰有空性，彼有一切義，
誰無有空性，彼無有一切。
佛說空緣起，中道第一義，
最勝無等佛，於彼稽首禮。

《回諍論釋》，住初地極歡喜地聖者那嘎竹那造。由古印度論師智藏及西藏譯師吉祥積譯藏。

一九八三年六月於北京法源寺

七十空性論

聖龍樹菩薩　造
勝友與智軍論師譯藏
法尊法師由藏譯漢

敬禮曼殊室利智慧薩埵

生住滅有無，以及劣等勝，佛依世間說，非是依眞實。 一

生、住、滅、有、無、劣、等、勝，是等一切，佛唯依世間名言故說，非依真實。問：如現說我等，此豈非有？後① 有無我慧轉，故定應有我。答：

無我非無我，非故無可說。一切所說法，性空如涅槃。 二

何以故？問：汝說一切諸法皆自性空者，為依國王教勑而說？為有通達

① 『後』字另本作『復』。

一切法皆性空之正理耶？答：

一切法自性，於諸因緣中，若總若各別，無故說爲空。 三

一切諸法之自性，於諸因緣中，或於因緣和合，或於隨一法上，悉皆非有，故說一切諸法自性都空。①

有故有不生，無故無不生，違故非有無，生無住滅無。 四

法若已有則不從因生，已有乃名有故。無，亦不從因生，以無故。有無相違亦不得生，不相順故。如有無相違，其非有非無又豈能生？是相違法故。生無故，住、滅亦無。問：佛說有三有為相，謂生、住、滅，又說生時有生，故有為法定應有生。答：

已生則不生，未生亦不生，生時亦不生，即生未生故。 五

且已生則非所生，何以故？已生故。故已生者則非所生。又未生者亦非所生，何以故？尚未生故。諸未生者則非所生。離生作用、勢力，自體非有，故

---

① 另本此處有『復次』二字。

非所生。又正生時亦非所生，何以故？此即已生及未生故。若是已生、未生，仍如前說，非是所生：其已生者已生訖故非是所生；其未生者尚未生故、離生用故、無勢力故、及無體故，非是所生。由離已生、未生，無別第三生時，故亦非所生。復次：因不成故亦無生。何以故？

有果具果因，無果等非因，非有無相違。三世亦非理。 六

若有果者，具足果故說名為因。若無彼果，則同非因。若非有果非無果，則成相違，有無應不俱故。又於三世因亦非理，何則？因若在前，因為誰因？因若在後，何用因為？若因果同時，此同時所生之因果，誰為誰因？誰是誰果？如是三世因亦非理。問：有一、二、多等數，數應理故，非一切法皆空①；若有諸法，此數乃有，故一切法非皆是空。答：

無一則無多，無多亦無一，以是一切法，緣起故無相。 七

若無一者則無有多，多若無者一亦非有，故諸法皆是緣起；以緣起故即為

① 此句另本順序為『數應理故，非一切法皆空，有一、二、多等數』。

無相。問：經中廣說緣起能有苦果，諸傳教者亦說一心中有及多心有。答：

緣起十二支，有苦即不生，於一心多心，是皆不應理。八

經說十二緣起有苦果者，此即無生，以於一心中有、多心中有不應理故。何則？若一心者，則因果俱生；若多心者，則前支已滅，應非後支之因。俱非理故，緣起即無生也。何故無生？以諸緣起因無明生，佛說無明緣顛倒起，而彼顛倒自性空故。何以故？

非常非無常，亦非我無我，凈不凈苦樂，是故無顛倒。九

言無常者，謂非有常；常若無者，即無能治之無常。餘三亦爾，故無顛倒。復次：

從倒生無明，倒無則不有，以無無明故，行無餘亦無。十

若無四倒，則無從彼所生之無明；無明無故，則不起諸行；餘支亦爾。復次：

離行無無明，離無明無行，彼二互爲因，是故無自性。十一

自若無自性，云何能生他，以緣無性故，不能生於他。十二

若離諸行，無明則不生；若無無明，亦不生諸行。此二互為因生故，皆無自性。若自無自性，云何能生他？是故自體不成之諸緣，非能生他。復次：

父子不相即，彼二亦非離，亦復非同時；有支亦如是。十三

父非是子，子亦非父，非相離而有，復非同時。如父子不成，十二緣起當知亦爾。復次：

夢境生苦樂，彼境亦非有，如是緣起法，所依緣亦無。十四

如夢中實無依境所生之苦、樂，亦無彼所依境。如是因緣所生諸法及所依之緣，悉皆非有。問：

若諸法無性，應無勝劣等，及種種差別，亦無從因生。十五

是故汝說諸法皆無自性，不應正理。答：

有性不依他，不依云何有？不成無自性，性應不可滅。十六

若謂諸法有自性者，應非依他之法。若謂雖不依他可有法者，故① 曰不

①『故』字另本做『破』字。

依云何有，謂不依他則不成法。若謂雖不依他亦成法者，則應不成無性；性若是有，應不滅壞，終不成無。問：緣自性、他性、無性之心非無所依，故性不空。答：

自他性及滅，無中云何有，故自性他性，性無性皆倒。 十七

無者，謂非有義。於此無中，豈可說有自性、他性及以滅壞？是故自性、他性、有性、無性皆顛倒攝。問：

若諸法皆空，應無生無滅，以於性空中，何滅復何生。 十八

若謂諸法皆自性空，則應無生無滅。汝說性空而有生滅，然於自性空中有何可滅及可生耶？答：一切法皆唯是空。何以故？

生滅非同時。無滅則無生。應常有生滅。無生則無滅。 一九

生滅非同時者，謂生滅不同時有。若謂唯有生者，破曰無滅則無生，謂無滅中生不應理，以無無常性則無有生故。又應常有生滅者，謂應常有生與無常性。若謂無常性恆隨法轉，於生、住時不起作用，要至滅時方滅其法者，破曰無生則無滅，謂無生時滅亦非有。若無滅，則無滅相之無常性，以無滅者，說是無

常性不應理故。故唯應有滅也。若謂即唯有滅。答：①

無生時無滅。不從自他生，是故生非有，無生則無滅。二十

於無生時，應無有滅。彼生非從自、他生，由此生非有。非有生者，即不生也。無生則無滅者，謂無生者則無彼生之滅，故彼滅即非有。復次：

有生性應常，無者定成斷，有生墮二失，是故不應許。廿一

若有生性應墮常過，至無生時定有斷滅之失。以說有生性犯上二過，故不應許有彼生也。問：

相續故無過，法與因已滅②。此如前不成，復有斷滅過。廿二

生與滅是相續故，無有常斷二失，與因力已，其法乃滅。答：生滅非同時，我前已說，故許相續，如前不成。又汝相續，亦應有斷滅失。問：

佛說涅槃道，見生滅非空。此二互違故，所見爲顛倒。廿三

---

① 另本無此『答』，而於『滅』後有一『者』字。

② 另本作『與因已法滅』。

由見生滅，佛說涅槃之道，非為空性故。答：此非見無生，是見生滅故。又見生與滅相違，見滅與生相違，彼生滅二互相違故，故見生滅知成錯亂。依生乃有滅，依滅乃有生，故唯是空。問：

若無有生滅，何滅名涅槃。自性無生滅，此豈非涅槃。廿四

若無生無滅①，何所滅故而名涅槃？答：若性無生無滅，豈非即是涅槃耶！復次：

若滅應成斷，異此則成常，涅槃非有無，故無生與滅②。廿五

若謂滅是涅槃，則應成斷。若是不滅，則應成常。是故涅槃非有、無性，無生無滅是涅槃。問：滅應是有，是常住故。答：

滅若常住者，離法亦應有。離法此非有，離無法亦無。③廿六

若滅常住者，應離法有滅；復應無依。然此非理。復次：若離法及無法，

---

① 此句，另本作『若性無生滅』。
② 另本作『故無生無滅』。
③ 另本此下有一括號，內云『無法謂實無體性之法』。

俱無有滅。云何應知？

能相與所相，相待非自成，亦非展轉成，未成不能成。 廿七

能相待所相而立，所相亦待能相而立，離此，不能自成。亦非展轉成者，謂互不成。由此理故，能相、所相二俱不成。此自未成之能相、所相，亦不能成諸法。復次：

因果受受者，能見所見等，一切法準此，皆當如是說。 廿八

問：諸時論者說有三世，① 故時應有。答：

不住相待故，亂故無體故，無性故三時，非有唯分別。 廿九

時不成，何以故？不安住故。時不安住，作不住想。若不住者，則不可取。不可取者，云何施設？故時不成。又相待故，謂互相觀待而立：由依過去成立現、未，依待現現在成立過、未，依待未來成立過、現：由是相依② 而立故時不

① 另本作『諸時論者說有三時』。

② 另本作『由此相待』。

成。又即此時觀待現在說名現在，觀待未來則是過去，觀待過去則是未來；如是雜亂故時不成。又無自體故，由自體不成故時亦不成。又無性故，時亦非有。要先有性，其時乃成，偏求彼性全無自體，故時亦非有性，唯分別耳。問：如說一切有為皆具生、住、滅三相，與此相違是名無為，故有、無為皆應是有。答：

由無生住滅，三種有爲相，是故爲無爲，一切皆非有。 卅十

所說生、住、滅諸有為相，若審觀察皆不應理，故彼非有。由彼無故，有為、無為都無所有。縱許有為，若審觀察，不應理故，說為非有。何以故①？

滅未滅不滅，已住則不住，未住亦不住，生未生不生。 卅一

此當問彼：為已生者生？抑未生者生？若已生者是則不生，何以故？已生故。未生者亦不生，何以故？尚未生故。即此生法為已住者住？抑未住者住？若已住者是則不住，已住故。未住者亦不住，何以故？未安住故。又彼為

① 另本作『何故非有』。

已滅者滅？抑未滅者滅？俱不應理。設許有為，若以此三次第觀察皆不應理，故無有為。有為無故，無為亦無。復次：

有爲與無爲，非多亦非一，非有無二俱，此攝一切相。 卅二

若審① 觀察，有為與無為非多、非一、非有、非無、非亦有亦無。應知此中此二法之一切相悉已盡攝。問：

世尊說業住，復② 說業及果，有情受自業，諸業不失亡。 卅三

世尊於經中多門宣說業及業果，復說諸業非無有果，更說諸業皆不失壞，及說有情各受自業：故業及業果決定是有。答：

已說無自性，故業無生滅，由我執造業，執從分別起。 卅四

如前已說業無自性，故彼無生亦無有滅。頌言由我執造業，故業是我執所起。此執復從分別而生。復次：

① 本論中全部『審』字另本皆作『諦』字，後準此知，恕不一一列舉。

② 『復』字另本作『師』字。

業若有自性，所感身應常，應無苦異熟，故業應成我。 卅五

若業是有自性，則從彼業所感之身應是真實，應成恆常自性。彼業應無苦異熟果，彼業常住，故應成我；以無常為苦，苦即無我故。由業無自性，故業無生，由無生故，即無有失。復次：

業緣生非有，非緣亦無有；諸行如幻事，陽燄尋香城。 卅六

業從緣生，即非是有；從非緣生，更不得有。何以故？由諸行如尋香城、幻事、陽燄，故業無自性。復次：

業以惑為因，行體為惑業，身以業為因，此三皆性空。 卅七

業從煩惱因生，諸行從業及煩惱為因而生，身從業因而生，是故此三皆自性空。

無業無作者，無二故無果，無果無受者，是故皆遠離。 卅八

如是，若以正理觀察：果無自性，則業非有；若無有業，作者亦無；若無

業及作者，則亦無果①；若無有果，即無受者；是故皆成遠離。復次：

若善知業空，見眞不造業，若無所造業，業所生非有。 卅九

由見真故，善能了知業自性空，不復造諸②業。若無彼業，則從業所生者亦悉非有。問：為全無耶？抑少有耶？答：可有。如何而有？

如佛薄伽梵，神通示化身，其所現化身，復現餘變化。 四〇

佛所化且空，何況化所化，一切唯分別，彼二可名有。 四一

作者如化身，業同化所化，一切自性空，唯以分別有。 四二

如佛世尊以神通力示現化身，其所化身復現其餘之化身。當知業亦如是。如來所化自性且空，况彼化身所化餘身耶？如是二事唯以分別可名為有。其業亦爾。復次：

若業有自性，無涅槃作者，無則業所感，愛非愛果無。 四三

① 此另本作『則果亦無』。

② 另本無此『諸』字。

若謂業有自性者，有自性則定① 無涅槃。亦應無作業者，何以故？即無作者，亦有業故。若有② 自性者，則業所感之愛非愛果亦皆非有。問：經廣說有，云何言無耶？答：

說有或說無，或說亦有無，諸佛密意說，此難可通達。 四四

經中有處說有，有處說無，亦有處說亦有亦無。諸佛密意語言，於一切種不易通達。問：此中說色是大種生故有，餘非色諸法亦應是有。答：

色從大種生，則從非眞生，非從自性生。彼無非他生。 四五

若說色是大種所造，色則從非真實生。從非真者，謂非從自，是故色非從自性生。問：是事實爾，非從自性生，是從他生，以諸大種是他故。破曰：彼無非他生，謂色非從他生。何以故？以彼無故。彼無，即他無。云何他無？謂自性不成故從他非理：說無從他生固非理，說無之他亦非理故。復次：大種

① 『定』字另本作『是』字。
② 『有』字另本作『無』字。

非有故。若說大種從相生，彼相在大種前，不應正理。若無能相，則所依①之大種亦不得成。復次：

一中非有四，四中亦無一，依無四大種，其色云何有。 四六

由四中無一、一中無四故，依止無體之四大種，其色如何得有耶？無者，謂非有也。復次：

最不可取故。由因因亦無，從因緣生故。有無因非理。 四七

最不可取故，色即非有。何以故？由最不可取故。色是最不可取，若無可取，云何是有！若謂由因，因即緣色之心。若有緣色之心，則能成彼色，以若無境，則心不生，由此心為因，故知有色。答②：由因，因亦無。因亦無者，③因非有也。何以故？從因緣生故。其為因之心從因緣生，故彼非有。又有無因

---

① 『依』另本作『相』。
② 『答』字另本作『破曰』。
③ 『者，』另本作『，謂』。

非理！若謂色是有，而無成立有色之因，亦非正理。謂因非有，非①正理也。復次：

若謂能取色，則應取自體，緣生心無故，云何能取色②。 四八

若說能取色者，則應取自體。然以自體能取自體，未見此事。從緣所生之心由自性③空故無體，彼云何能取無色？問：經說過去色、未來色，故取色應有。答：

若剎那生心，不取剎那色，云何能通達，過去未來色。 四九

此約剎那色心而破。剎那生心尚不能取剎那生色，况能通達過去及未來之色！以非有故，不應通達。云何者，是除遣義。由此理趣，色最不可取。又雖許顯色、形色，然說取色亦不應理。何以故？

顯色與形色，異性終非有，不應取彼異，許同是色故。 五〇

①『非』字另本作『乖』字。
②另本作『何能取無色』。
③『性』字另本作『體』字。

若顯色、形色有異者，取彼二為異，容應正理。然許顯、形同是色法，故不應理。復次：

眼識非在眼，非色非中間，彼依眼及色，偏計即顛倒。 五一

若審觀察：眼識非眼中有，非色中有，亦非彼二中間而有。偏計依眼及色有彼生者①，即是顛倒。問：眼等諸處是有，眼所見等亦有，謂眼見色、耳聞聲等。答：

若眼不自見，云何能見色，故眼色無我，餘處亦同爾。 五二

若眼不見自性，云何能見於色？由不自見，亦不見色，故說眼無我，即無自性。又色亦無我，如不可見，即非是色。餘處亦爾。以此次第②，則餘諸處皆成無我，即無自性。問：眼能自見，非是識見。何以故？識是能取故。由能取細色等，故名曰識。眼能自見，眼以清淨大種為體，此即眼之自性。能取此者，

① 另本作『依眼及色計，有彼生者』。
② 另本此下有『類推』二字。

是識；如是能見①顯色、形色等諸色差別者亦唯是識。是故汝說若眼不自見云何能見色，不應正理。答：是事不然。何以故？

眼由自性空，復由他性空。色亦如是空。餘處空亦爾。 五二

眼由依他起故名空，即眼是依他而成，凡依他成者即自性不成，故眼是自性空；眼由自性空者，自性即自體也。若許有他性，亦非正理。何以故？自性若無，豈復有他性？他性亦無，故是他性空。又言他性空者，他即是識，即是眼由識空之異名；何以故？以眼無知故，若無知者，則不應有識性，故亦是他性空。又識亦即是空也。由何知空？以識是依他起故。云何依他？謂識依所知等而有。凡是依他有者即無自性，故識無自性；是故說識能取細色等，不應正理。色亦如是者，謂與彼相同。如眼是自性、他性空，色亦是自性、他性空。云何色是自性、他性空耶？如前已說一切法自性於一切非有；若審觀察，一切

①『見』字另本作『取』字。

諸①法皆非有，即是一切法皆無自性之異名。空者，即不可得之異名也。又由緣起故，亦說名空。如色由大種為因而成，是依他成，凡依他成者，則非自性成，故色是自性空。亦是他性空：色之他為眼及識，眼與識是有境，色即是境，境非有境，故他性空。又識屬內，色是所行是外非內，故亦是他性空。亦爾者，

① 此處另本無此「諸」字。

謂如色由自性、他性空，如是餘處亦由自性、他性空。①復次：

若觸俱一起，則餘者皆空，空不依不空，不空不依空。 五四

若時一處與觸俱起，則餘者皆空。是空則不依不空，不空亦不依空。復次：

三非有自性，不住無和合，則無彼性觸，是故受亦無。 五五

---

① 此第五十三頌釋文，與另本文字及順序差別均較大，另本文字如下：『亦爾者，謂如色由自性、他性空，如是餘處亦由自性、他性空。色是自性、他性空。又由緣起故，亦說名空。如色由大種為因而成，是依他成，凡依他成者則非自性成，故色是自性空。亦是他性空：色之他為眼及識，眼與識是有境，色即是境，境非有境，故他性空。又識屬內，色是所行，是外非內，故亦是他性空。由何知空？以識是依他起故。云何依他？謂識依所知等而有。凡是有者即無自性，故識無自性。是故說識能取細色等，不應正理。色亦如是者，謂與彼相同。如眼是自性，他性空，色亦是自性、他性空。云何色是自性、他性空耶？如前已說，一切法自性，於一切非有。若審觀察一切法皆非有，即是一切法皆無自性之異名。空者，即不可得之異名也。眼由依他起故名空，即眼是依他而成，凡依他成者即自性不成，故眼是自性空。眼由自性空者，自性即自體也。若許有他性亦非正理。何以故？自性若無，豈復有他性？他性亦無，故是他性空。又由他性空者，他即是識，即眼由識空之異名。何以故？以眼無知故。若無知者，則不應有識性，故亦是他性空。又識亦即是空也。』

三非有者，謂彼無①。於不住自性中則無和合。和合無故，則無彼性觸，謂無從彼所生之觸。由無觸故，受亦無。復次：

依止內外處，而有心識生，是故識非有，如幻如燄空。 五六

由依內外處而有識生，故識非有。如幻事、如陽燄，其性本空。若作是念：有識、有識者。亦不應理。何以故？

由依所識生，是故識非有，識所識無故，亦無有識者。 五七

識依所識而生，故識非有。由所識、能識俱非有故，識者亦無。問：如說一切無常；以說一切無常故，即顯不空。答：

一切無常者，非常無有常，常無常依性，其性豈能有。 五八

一切無常者，當知意說非常或無有常。若有性者，可說常或無常。其性豈能有，謂無有也。問：貪、瞋、痴應有，經中廣說故。答：

愛非愛顛倒，緣生貪瞋痴，是故貪瞋痴，非由自性有。 五九

---

① 此下另本有一『也』字。

從愛緣、非愛緣、顛倒緣生貪、瞋、痴，故貪、瞋、痴非由自性而有。復次：

於彼起貪欲，瞋恚或愚痴，皆由分別生，分別非實有。 六〇

於一境上起貪、瞋、痴，故貪、瞋、痴① 並由分別而生。分別非實有故，分別所生貪、瞋、痴等② 亦非實有。云何非實？

所分別無故，豈有能分別，以是緣生故，能所別皆空。 六一

所分別全無。若無所分別，豈有能分別？由緣生故，所分別自性空，能分別亦自性空。復次：

四倒生無明，見眞則非有：，此無故行無，餘支亦如是。 六二

由見真實故，不復從四倒而生無明。由此無明無故，則不生諸行，如是餘支③ 亦不生。復次：

依彼有此生，彼無此不有，有性及無性，爲無爲涅槃。 六三

---

① 另本無『故貪、瞋、痴』四字。
② 另本無此『等』字。
③ 另本無此『支』字。

若依彼而生此，則此從彼生，彼無此亦非有。有性、無性寂滅及有為、無為寂滅，即是涅槃。復次：

諸法因緣生，分別爲眞實，佛說即無明，發生十二支。 六四

謂於緣起法貪著、顧戀、分別、執持。復次：

見眞知法空，則不生無明，此即無明滅，故滅十二支。 六五

行如尋香城、幻事及陽燄、水泡與水沫、夢境旋火輪。 六六

如實了知諸法性空，即不生無明，此即無明滅；無明滅故，十二支悉滅。何以故？若審觀察，諸行如幻、如陽燄、如尋香城等，是故性空。善了知此①，則無明不起，即無明滅，故十二支皆當息滅。復次：

無少自性法，亦非無有法②，以從因緣起，法無法皆空。 六七

若審推求，③全無少許有自性法，亦無少許無法。法與無法皆因緣生，故

① 另本作「若善了知此」。
② 另本作「亦非有無法」。
③ 另本於「全無少許」前有「於勝義中」四字。

悉是空。復次：

以此一切法，皆是自性空，故佛說諸法，皆從因緣起。六八

由一切法皆自性空，故佛說諸法皆是緣起。復次：

勝義唯如是，然佛薄伽梵，依世間名言，施設一切法。六九

於勝義中，一切緣起諸法皆自性空，唯此而已。然佛世尊依止世間名言如實施設種種一切諸法。復次：

不壞世間法，眞實無可說，不解佛所說，而怖無分別。七〇

於世間諸法不破不壞，於真實中則全無法可說。由未了知緣起勝義，不達如來所說，故諸愚夫於無立、無相、無分別① 而起恐怖。復次：

依彼有此生，世間不可壞，緣起即無性，寧有理唯爾。七一

世間說依於彼法有此法生，此世間理不可破壞。然凡緣生即無自性，若無自性，何能說有？決定如是！復次：

① 另本於『無分別』下有一『中』字。

正信求眞實，於此無依法，以正理隨求，離有無寂滅。七二

若成就正信勤求真實，於此所說都無所依之法，能以正理隨求、隨欲者，則能遠離有性、無性而得寂滅。復次：

了知此緣起，遮遣惡見網，斷除貪瞋痴，趣無染涅槃。七三

七十空性論終。

民國二十八年四月十三日譯在世苑漢藏院那伽窟。

此據藏文論藏中智軍譯龍猛菩薩自釋本而譯，其中頌文與後童勝、盛稱、經然諸大師之譯本稍有出入，容暇重校。①

---

① 自『民國二十八年』以下至『重校。』諸文《現代佛學》上均未刊錄，據另本補。

六十正理論頌

聖龍樹菩薩　造
日稱論師由梵譯藏
觀空法師講授并校正修改
任杰由藏譯漢

誰於生滅等，以此理斷除；說緣起能王，於彼稽首禮。
誰之慧遠離，有無而不住；彼通達緣義，甚深不可得。
且生諸過處，無見已破除；應聽由正理，亦破除有見。
如愚者分別，法若成實有；法無則解脫，何因不允許。
由有不解脫，由無住三有。徧知有無事，聖者得解脫。
未見眞實性，執世間涅槃。諸證眞實者，不執世涅槃。

生死與涅槃，此二非實有。徧知三有性，即說爲涅槃。
有爲生已壞，安立彼爲滅；如是諸正士，說如幻事滅。
由毀壞成滅，非徧知有爲；彼於誰現起，如何說證滅。
設若蘊未滅，惑盡非涅槃；何時彼亦滅，爾時當解脫。
無明緣生法，眞智照見前；生或滅亦可，盡都不可得。
現法即涅槃，亦所作已辦。設若法智後，於此有差別；
有爲法極細，誰計自性生。彼即非智者，不見緣起義。
盡煩惱比丘，生死已還滅；有始然正覺，何因未曾說。
有始則決定，爲見所執持。諸緣起生法，如何有始終。
先已生如何，後復變爲滅。離前際後際，趣向如幻現。
何時幻像生，何時當成滅；知幻體不愚，不知幻徧愛。
諸法如陽燄，以智現見者，則不爲前際，後際見所損。
若誰於有爲，計實有生滅；彼等即不知，緣起輪所行。
依彼彼緣生，即非自性生；既非自性生，如何說性生。

由因盡息滅，乃說名爲盡；非有自性盡，如何說性盡。
若無少法生，即無少法滅。說生滅之道，是有所爲義。
由知生知滅，知滅知無常；由知無常性，正法亦通達。
諸於緣生法，遠離生滅相；彼等了知者，越渡見有海。
異生執實我，有無顛倒過；爲惑所轉者，是自心欺誑。
智者於有爲，無常欺誑法；危脆空無我，是見寂滅相。
無處無所緣，無根無住者；無明因所生，離初中後際。
如芭蕉無實，如乾達婆城；痴闇城無盡，諸趣如幻現。
此梵等世間，顯現爲諦實；於聖說彼妄，除彼豈有餘。
世間無明闇，隨順愛流行；與離愛智者，見如何相同。
於求眞性者，初說一切有；通達義無貪，然後說寂滅。
不知寂滅義，但聞空性聲；不修福德業，損害彼劣夫。
說諸業果有，衆生亦眞實；了知彼體性，然後說無生。
諸佛隨需要，而說我我所；蘊處及界等，亦隨需要說。

說大種色等，正屬識中取，了知彼當離，豈非邪分別。
唯涅槃眞實，是諸佛所說，謂餘非顚倒，智者誰分別。
何時意動搖，爾時魔行境，若於此無過，有何不應理。
世間無明緣，是佛所說故，此世謂分別，有何不應理。
無明若滅時，行等亦當滅，無明妄分別，如何不了知。
諸法因緣生，無緣則不住，無緣故即滅，如何計彼有。
設若說有師，執法爲實有，安住自宗道，於彼毫不奇。
依止諸佛道，說一切無常，興諍執實有，彼極爲希奇。
於此彼隨一，觀察不可得，諍論此彼實，智者誰肯說。
諸有不依止，執我或世間，嗚呼是被常、無常等見奪。
許諸法緣生，又許實有性，常等過於彼，如何不生起。
許諸法緣生，猶如水中月，非眞亦非無，不由彼見奪。
許諸法實有，當起貪瞋見，受劇苦暴惡，從彼起諍端。
彼爲諸見因，無彼惑不起，故若徧知者，見惑皆蠲除。

由誰了知彼，謂見緣起生，緣生即不生，一切智所說。
爲倒知所伏，非實執爲實，執著諍論等，次第從貪生。
彼諸聖者等，無宗無諍端，諸聖旣無宗，他宗云何有。
若計有所住，曲惑毒蛇纏，誰之心無住，不爲彼等纏。
諸有住心者，惑毒何不生，何時住中間，亦被惑蛇纏。
如童執實有，於影像起貪，世間愚昧故，系縛境籠中。
聖者於諸法，智見如影像，於彼色等境，不墮事泥中。
異生貪愛色，中間即離貪，徧知色體性，具勝慧解脫。
執淨起貪愛，反之則離貪，已見如幻士，寂滅證涅槃。
倒想起熱惱，煩惱諸過失，通達有無體，知義即不起。
有住則生貪，及離貪欲者，無住諸聖者，不貪離貪非。
諸思維寂滅，動搖意安靜，煩惱蛇擾亂，劇苦越有海。
以此之善根，回向諸衆生，集福智資糧，願得福智身。

一九六二年十一月二日譯於中國佛學院藏文系中觀研究室

中觀寶鬘論頌

聖龍樹菩薩　造
龍幢和巴操論師從梵譯藏
觀空法師講授并校正修改
仁光法師從藏譯漢

頂禮至尊諸上師

明增上生決定善品第一

解脫一切障，衆德莊嚴者，有情唯一友，敬禮一切智。
爲王修法故，說唯一善法。誰是正法器，則能成辦法。

先增上生法，後生決定善，由得增上生，次生決定善。
增上生即樂，定善謂解脫，成辦此二因，略說即信慧。
具信故依法，具慧故正知，二中慧爲主，信是彼前導。
諸不由欲瞋，怖痴而越法，說彼是具信，決定善勝器。
誰能善觀察，身口意諸業，恆饒益自他，說彼爲智者。
不殺不盜取，不邪淫妄言，離間粗惡語，綺語正防止。
遠離貪欲心，瞋恚及邪見，此十白業道，翻此爲黑業。
不飲酒凈命，無害意敬施，供應供修慈。略說法如是。
若唯苦逼身，決不生善法，未除損惱他，益他亦非有。
施戒忍光明，正法大坦途，若弃習苦行，如牛行險道。
趣生死曠野，劇苦衆生樹，煩惱蛇纏身，長遠於中行。
殺生壽短促，害他損惱多，偷盜乏資財，邪淫多怨敵。
妄言招誹謗，兩舌親乖離，粗語聞惡聲，綺語言失信。
貪欲摧所求，瞋恚多恐怖，邪見生惡執，飲酒心狂亂。

不施感貧窮，邪命逢欺誑，驕生卑種族，嫉故少威德。
由忿形貌丑，不問智者愚。此果在人道，先當往惡趣。
諸不善異熟，如前所宣說·，一切善業報，翻彼而生起。
貪瞋痴及彼，所生業不善·，無貪瞋痴等，所生業是善。
不善感諸苦，惡趣亦如是·，由善感樂趣，諸生中安樂。
當從身語意，遮諸不善法，應常修善行，故說此三法。
由此法解脫，地獄鬼傍生，且能得人天，王位圓滿樂，
定無量無色，感梵天等樂。略說增上生，因果法如是。
諸決定善法，細深智者見，離聞諸異生，生怖是佛說。
我無當非有，我所現未無，凡夫聞此畏，智者怖永盡。
一切諸衆生，皆是從我執，我所執而有，佛唯利彼說。
說有我我所，勝義中顛倒，由於如實智，不見此二故。
我執生諸蘊，我執義中妄，若種子本妄，所生云何眞。
由見蘊不實，我執則斷除，我執既斷已，後不起苦蘊。

譬如依淨鏡，雖現自貌影，此影眞實性，少分亦非有。
如是依諸蘊，雖能起我執，亦如自貌影，全無眞實性。
如不依淨鏡，不現自貌影，若不依諸蘊，我執亦如是。
聖者阿難陀，證得如是義，得淨法眼已，爲諸比丘說。
何時有蘊執，爾時有我執，由我執有業，由業而有生。
三道生死輪，無初中後轉，猶如旋火輪，彼此互爲因。
彼自他及俱，三世不見故，即能盡我執，業及生亦爾。
如是見因果，生盡眞實性，即不思世間，實有及斷無。
愚人若聞此，能盡諸苦法，於無畏處瞋，不知故生怖。
涅槃中無彼，汝若不怖畏，此處說無彼，汝何故生怖。
解脫無我蘊，設許如是者，此處除我蘊，汝云何不喜。
涅槃尚非無，何當是有法。有無執俱盡，當知名涅槃。
略則無見者，謂撥無業果，非福惡趣因，經說名邪見。
略則正見者，謂信有業果，福是樂趣因，經說名正見。

由知有無寂，超越福非福，彼離善惡趣，佛說名解脫。
由見生苦因，遠離於無見，由見滅苦因，亦不許有見。
前生及俱生，非因實因無，假立與眞實，生皆不許故。
此有故彼有，如由長有短，此生故彼生，如由燈有光。
有長故有短，非從自性有，如無有燈故，光亦不能生。
見從因生果，此世間如是，許從戲論生，不成無見者。
滅非戲論生，即成眞如性，不許非有見，離二得解脫。
遠處所見色，近見更明瞭，陽燄設是水，云何近不見。
猶如諸遠者，見世間實有，近者則不見，無相如陽燄。
陽燄現似水，其實並非水，如是蘊似我，非我非實有。
計陽燄爲水，是故往彼處，執水後變無，此是愚痴者。
如是如陽燄，謂世間有無，此執即痴闇，有痴不解脫。
無見墮惡趣，有見生善道，如實知正義，不依二解脫。
如實正知故，不許有成無，無見者若成，何非有見者。

若言由破有，義即屬於無，如是由破無，何故不屬有。
諸不許全無，不行心亦無，依菩提道故，何說彼墮無。
說我蘊實有，世間數論師，勝論裸形前，試問離有無。
故應知佛法，不死眞甘露，離有無甚深，是不共正法。
滅生無去來，剎那亦不住，超越三世體，世間豈實有。
由世間涅槃，無實去來住，故彼二眞理，何當有差別。
由無有住故，生滅非實有，則生住滅三，云何有自性。
法若常變異，豈是非剎那，設是無變異，云何轉成餘。
一分或一切，盡故成剎那，未見不同故，此二俱非理。
剎那無不變，云何有故物，恆故非剎那，故物云何成。
剎那有後際，亦應觀初中，三剎那體故，世剎那非住。
初中後三際，如剎那應思，初中後三者，非由自他成。
異分故非一，無分全非有，一無多亦無，有無無也無。
由壞或對治，有亦可變無，有本非有故，壞對治何成。

因此由涅槃，滅世間不成。世間有邊耶？問時佛默然，
如是甚深法，非器前不說。故智者了知，佛是一切智。
如是定善法，甚深無執著，諸圓滿佛陀，一切智所說。
怖畏無住法，衆生深喜住，未越有無邊，諸無智受損。
怖畏非怖處，自損亦損他。王莫爲彼損，應當如是行。
爲王不受損，故依出世軌，不落二正教，如實而宣說。
超越福非福，甚深解釋義，自他怖無住，因此未領納。
士夫非地水，非火風及空，非識非一切，何者是士夫。
士夫六界合，故非是實有，如是一一界，合故亦非實。
蘊非我及無，亦非互相依，蘊非薪火雜，是故我何有。
三大種非地，非互依非離，餘各亦如是，故大如我妄。
地水火及風，一一無自性，三無一亦無，一無三亦無。
若三無一無，一無三亦無，各各非自有，合豈自性生。
若各各自有，無薪何無火，動礙及攝持，水風地亦然。

餘無火亦無，三大何自有，三大與緣生，亦不應相違。
一一有自性，如何相待有，一一無自性，彼豈相待有。
若一一無性，一有餘亦有，不雜非共住，雜則非各有。
諸大非各有，豈各有自相，無各無偏多，自相唯世俗。
色香及味觸，亦是同此理。眼識與色等，無明、業及生，
能作所作作，數相應因果，時和長短等，名有名如是。
地水火及風，長短粗細性，善等智前滅，是能仁所說。
識不可指出，無邊偏主前，地水火及風，住處不可得。
此中長與短，粗細善不善，名及色等法，一切皆寂滅。
由不知彼故，識未見本有，知彼故識前，後見是寂滅。
此一切行法，是識火之薪，由具分別光，燃燒即寂滅。
無知故先計，後了知眞如，有既不可得，無云何可得。
色體唯名故，虛空亦唯名，無大何有色，故唯名亦無。
亦應當思惟，受想行及識，如大種及我，故六界無我。

雜說品第二

如剝芭蕉樹，支分盡無實，士夫析六界，無實亦同彼。
一切法無我，是諸佛所說，故爲王抉擇，六界等無我。
如是我無我，實有不可得，是故佛盡遮，我無我二見。
佛說見聞等，非實亦非虛，違品亦非有，故彼二非實。
如是勝義中，世間離實妄，因此佛不許，有無是實有。
如是一切法，全非自性有，佛不記有邊，無邊及二俱。
無量佛過去，未來及現住，度生俱胝數，密意住三世。
盡故住三世，非是增長因，佛如何不記，彼前際有邊。
於異生秘密，即彼甚深法，世間如幻化，是佛教甘露。
猶如幻化像，雖現似生滅，然在事實上，無生亦無滅。
此爲幻世間，雖現似生滅，然於勝義中，生滅皆非有。

譬如幻化像，無來亦無去，唯心愚痴爾，實則無所住。
世間如幻化，無來亦無去，唯心愚痴爾，實則無所住。
超越三世體，唯名言安立，諸法有或無，世間非實有。
佛即由此因，於有邊無邊，二俱四句中，不授記非餘。
此身不凈相，粗及現量境，恆常顯現者，心中尚不住。
況正法無住，極細難通達，甚深非現量，心豈能易入。
此法甚深故，衆生難悟解，故佛成道時，默然不說法。
若倒知此法，能損諸無智，由如是無見，沉沒不凈坑。
若邪執此義，愚起智者慢，誹謗具粗獷，倒首墮無間。
若不善飲食，致招諸衰損，善食獲長壽，無病力安樂。
如是倒執者，亦當獲衰損，善知得安樂，及無上菩提。
是故應弃捨，毀謗和無見，爲成諸義利，殷重求正知。
若不知此法，即隨我執轉，而集善惡業，致感苦樂趣。
何時若未知，遣除我執法，爾時應殷重，修施戒忍法。

業前思善法，中後亦具法，如此行國王，現後世無損。
由法獲稱樂，現及死無怖，後世樂增長，故應常依法。
法是正規律，由法世間喜：，世間喜樂故，現後無欺誑。
若非法定律，世間即憎惡：，由世憎惡故，現後不安樂。
無義惡趣道，欺他生劇苦，此等錯亂慧，豈是義利明。
若唯欺誑他，如何具正義？由此百千生，唯成自欺爾。
欲令怨懊惱，捨過依功德，由王得自利，怨敵亦不喜。
布施及愛語，利行與同事，以此攝世間，亦攝持正法。
若王說實語，令生堅固信。如是說妄語，極能令不信。
無欺是實語，違心非眞實，利他是實語，不利則爲妄。
王有諸過失，施明能映蔽，如是由慳吝，能壞彼衆德。
寂靜甚深故，能生殊勝敬，由敬具威信，故應修寂靜。
具慧心難奪，堅不隨他轉，亦不被欺誑，故王應修慧。
諦、施、寂靜、慧，王具此四法，如四種妙法，爲人天讚嘆。

直言意清净，慧悲無垢染，與此人作伴，慧法常增長。
說益語者難，聽者亦復難，逆耳知有益，速行者更難。
因此雖逆耳，有益宜速行，醫病慈愛我，苦藥亦應服。
命無病王位，恒念是無常，須應具精進，專一修正法。
若見定當死，死後罪招苦，暫時雖安樂，亦不應作罪。
有時見無怖，有時見有怖，若於一心安，汝何不畏餘。
由酒世間譏，誤事亦耗財，痴迷行非事，故應常斷酒。
賭博生貪憂，瞋諂誑掉舉，妄綺惡語因，故應常斷除。
貪愛女人者，多計女身净，實則思女身，全無一毫净。
口是唾齒垢，諸不净器具，鼻流濃涕洟，眼出泪眵處。
腹中糞尿聚，及是肺肝器，愚未見不净，貪著女人身。
有類由不知，貪不净美瓶，世人痴無智，愛女人如是。
身境極臭穢，本是離貪因，世人若愛彼，以何引離欲。
猶如豬極貪，屎尿嘔吐器，一類愛糞尿，嘔吐處亦爾。

身城是不净，出生之穴孔，愚人於彼處，計爲生樂因。
汝見屎尿等，一一爲不净，於彼合集身，如何生悅意。
由精血混合，不净種子生，知是不净身，於此何生貪。
由彼不净聚，濕皮所纏裹，若與彼同臥，如同不净眠。
身色好及丑，年老或青春，女身皆不净，汝從何生貪。
糞團雖色美，極新及形好，於彼不應貪，女色亦如是。
內腐外皮裹，此腐臭尸體，所現極丑惡，如何未曾見。
皮非如糞穢，是如衣云者，猶如糞堆皮，如何能令净。
糞穢所滿瓶，外飾亦應厭，身是不净體，糞滿何不厭。
若汝厭糞穢，香鬘及飲食，本净令成穢，此身何不厭。
如於自或他，糞穢起厭惡，自他不净身，云何不厭惡？
如女身不净，汝自身亦然。故於內外體，非應離貪耶？
九孔流不净，自雖常浣濯。不知身不净，對汝說何益。
諸於不净身，裝飾作讚頌，奇哉謬且愚，奇哉士所耻。

無知闇所蔽，衆生多如此，爲欲事興諍，如衆犬爭糞。
搔癢生樂受，無癢更安樂，如是世欲樂，無欲更安樂。
汝若如是觀，雖未成離欲，然由欲漸薄，於女不起貪。
短壽怖及苦，地獄之主因，由暴惡畋獵，故應常斷殺。
如不净涂身，惡蛇流毒涎，依誰令有情，生怖者暴惡。
大雨雲起時，諸農民生喜，如是依誰人，有情喜者善。
故應捨非法，不懈依正法，欲自及世間，得無上菩提，
菩提心爲本，堅固如山王，大悲徧十方，不依二邊智。
大王若欲用，大士卅二相，莊嚴汝身者，諸事應諦聽。
善事塔供處，聖者及尊宿，吉祥手足輪，莊嚴成轉輪。
王於所受法，常堅固受持，由此當得成，安足之菩薩。
由布施愛語，利行及同事，感吉祥手指，密網連接紋。
由施妙飲食，及極豐盛故，感手足柔軟，身高手及足，
雙肩與後頸，滿故七處高。不害救死犯，感身嚴修直，

長壽手纖長，足跟寬廣等。闡揚正受法，感吉祥妙色，
足踝骨不現，毫毛向上嚴。於明及工業，敬受並授人，
感阿勒耶腨，及聰利大慧。若他求己財，不捨誓速施，
感臂圓體健，爲世間導師。親友若乖違，正直作和解，
感吉祥陰藏，向內而隱沒。施舍宅臥具，舒適且美妙，
感純淨無垢，極光滑金色。施無上權位，如理順師長，
感一孔一毛，白毫莊嚴面。說和雅愛語，隨順他善說，
汝感臂膊圓，上身如獅子。承事諸病人，痊感臂頭圓，
自己安穩住，得最上妙味。引導順法事，汝頂髻善住，
如諾瞿陀樹，縱廣量相等。由長時宣說，諦實和軟語，
王當得舌相，廣長具梵音。由恆常相續，說諸諦實語，
兩頰如獅子，吉祥他難勝。由恭敬承事，隨順正理行，
感齒極潔白，整齊平正相。由長時串習，實語無離間，
感齒具四十，整齊且細密。由無貪瞋痴，慈心視有情，

得眼青且光，睫順如牛王。如是略說因，及三十二相，
應知彼即是，大士獅子相。隨形好八十，由慈等流生，
餘恐文辭繁，故未爲王說。一切轉輪王，雖有此諸相，
淨嚴及明顯，不逮佛一分。轉輪王所有，相及隨形好，
說由於能王，一分淨心生。經百俱胝劫，專積諸善根，
亦不能出生，佛一毛孔相。日光與熒等，唯少許相同，
佛相與輪王，相同亦如是。

攝菩提資糧品第三

從不思議福，出生佛妙相，大乘教中說，王應如是聽。
諸獨覺所生，學無學所生，世間所生福，如世間無量。
以此福十倍，感一毛孔相，佛一一毛孔，與彼福相等。
生一切毛孔，所有諸福德，以彼之百倍，感一隨形好。

所有福國王，成一隨形好，如是至八十，所生福亦爾。
感八十隨好，所有福德聚，此等之百倍，成一大士相。
三十二相因，是大福德聚，以此等千倍，感毫如滿月。
白毫相福聚，億倍共合集。能感無見頂，救怙之頂相。
如無見頂福，百億俱胝倍。當知能感得，具十力法螺。
彼福雖無量，如說與十方，世界等無餘，略說爲有量。
由於色身因，如世界無量，所以法身因，云何成有量。
一切因雖小，能感廣大果，佛具無量因，果有量難思。
一切佛色身，從福資糧生，大王佛法身，由智資糧生。
因此二資糧，即是成佛因，如是應常依，此福德智慧。
由說正理教，令得安慰因，於成菩提福，不應生懈怠。
如十方空地，水火風無邊，如是許具苦，有情亦無邊。
彼無邊有情，菩薩由大悲，從諸苦拔濟，令安住佛位。
彼心堅住者，未眠或眠時，從正誓受起，雖有時放逸。

有情無邊故，常積無邊福，由彼無邊因，證佛果不難。
諸住無量時，爲無量有情，求無量菩提，作無量善法。
菩提雖無量，由四無量聚，無須經長時，如何不能得。
由無邊福德，及無邊智慧，身心所有苦，迅速得消除。
罪感惡趣身，生饑渴等苦，彼止惡修福，他生則無苦。
由痴生心苦，貪瞋怖欲等，彼因無依慧，速離諸心苦。
所有身心苦，不能損惱故，直至世間盡，度生如何厭。
有苦時雖短，難忍何況長，無苦而安樂，時無邊何妨。
彼既無身苦，心苦云何有，悲愍世間苦，由此長住世。
成佛時雖長，具慧不怯弱，爲盡過德圓，此應常勵力。
貪瞋痴等過，知已應全斷，無貪瞋痴德，知已殷重依。
由貪墮餓鬼，瞋恚感地獄，痴多趣傍生，翻此生人天。
捨過取功德，是增上生法，由智盡諸執，是決定善法。
佛像及佛塔，殿堂應廣造，廣設諸臥具，殊勝應具備。

衆寶之所造，佛像極莊嚴，又應善繪畫，坐寶蓮花上。
正法比丘僧，應殷重護持。金及寶瓔珞，供佛塔等上，
金銀花金剛，珊瑚及珍珠，帝青吠琉璃，藍寶等供塔。
供養說法師，利養承事等，作諸喜悅事，六法敬依止。
事師及敬聽，服事和問訊，及諸菩薩前，常恭敬供養。
汝莫於外道，恭敬供養禮，無知由彼緣，於有過生愛。
能仁經及論，書寫施經紙，諸筆及墨等，亦應先惠施。
於國起學校，聘諸教授事，給田固基業，願增長智因。
爲除老幼病，有情之苦惱，醫生剃髮師，給田令安居。
造旅舍花園，橋池聚會廳，渠衣食草薪，令諸巧慧作。
於村城伽藍，修建雅亭館。諸缺水道中，應爲置水渠。
病無依苦逼，下姓或貧窮，常悲愍攝受，撫育敬彼等。
應時新飲食，啖食谷果等，乞求諸物人，未給不先用。
靴傘濾水囊，及拔刺器具，針綫與扇等，安置涼亭中。

三果和三辛，酥蜂蜜眼藥，消毒置涼亭，書咒及藥方。
涂身足首油，嬰兒床及粥，妙瓶刀斧等，請置涼亭中。
芝麻米及谷，飲食糖油汁，净水灌滿缸，陰涼處布施。
螞蟻窩穴門，置食物水糖，及諸谷米堆，常令堪信施。
食前與食後，亦常施餓鬼，犬螞蟻鳥等，隨宜施飲食。
侵害饑饉年，損害和瘟疫，被敵戰敗域，隨世廣攝受。
農夫受苦惱，應給種飲食。殷重蠲賦稅，田糧亦減少。
救濟債累者。免稅及減稅。住諸門苦惱，亦應善解除。
自境或他境，群賊須平息。貨潤須平衡，價值令合理。
群臣所稟白，自當全了知，有益世人者，一切應常作。
如有利己者，汝常殷重爲，如是利他事，汝應殷重作。
如地水火風，藥草林木等，於一須臾間，可令他享受。
若行七步頃，起心捨諸物，菩薩所生福，如虛空無量。
童女身端嚴，賜與諸求者，由此得正法，總持陀羅尼。

釋迦佛往昔，施八萬童女，具一切莊嚴，及諸資生具。
種種色光華，衣服莊嚴具，香鬘受用物，慇施諸乞者。
諸缺乏法義，生極苦惱者，若立即惠與，無施能勝此。
若於何有益，毒亦可布施，於他若有損，妙食不應施。
如人被蛇咬，說斷指有益，佛說若利他，不樂亦應爲。
於正法法師，汝應勝承事。恭敬聽聞法，亦恆行法施。
莫愛世間語，應樂出世言。如自生功德，亦應令他生。
聞法無厭足，攝義應分析。於師修供養，常恭敬陳白。
莫讀順世論，遠離諍執慢。自德不讚嘆，仇德應宣揚。
莫攻他要害，及不以惡心，舉發他過非。恆應觀己過。
他由何種過，常爲智者責，自應斷彼盡，亦應遮止他。
他害莫瞋恚，應念宿業感，爲後不受苦，自應離諸過。
不希望報酬，於他作饒益。有苦唯自受，樂與求者共。
雖具天圓滿，亦不應驕傲，窮困如餓鬼，亦不應怯弱。

由說眞實語，自死失王位，亦應常說彼，不說其他語。
如所說而行，誓願應堅持，由此具吉祥，地上成勝量。
汝恒於一切，應善觀察行，由見眞實義，故不隨他轉。
法生王位樂，偏諸十方界，大名蓋當生。群臣盡敬服。
死緣極衆多，活緣唯少許，此等亦死緣，故當常修法。
如此恒修法，自與諸世間，心得喜悅者，即以此爲佳。
由法睡時樂，醒時亦安穩。由內無過咎，夢中亦見樂。
虔誠孝父母，敬事族姓尊，善受用忍施，軟語無離間。
實願盡壽行，感得天王已，後仍爲天王，故應修彼法。
每日三時施，三百罐飲食，不及須臾頃，修慈福一分。
人天等慈愛，彼等亦守護，意喜身多樂，無毒刀損害。
無勞事得成，當生梵世間，設未能解脫，得慈法八德。
若令諸有情，發堅菩提心，常得如山王，堅固菩提心。
由信離無暇，由戒生善趣。由修習空性，即得不放逸。

無諂具正念。思惟增聰睿。恭敬證法義。護法具智慧。
由不障聞法，及行法施者，當與佛値遇，所求亦速得。
無貪成法事。無慳增受用。無慢感尊主。忍法獲總持。
由施五精華，乃施無怖畏，諸魔不能侵，具殊勝大力。
佛塔供燈鬘，闇處置火炬，燈中施油類，能獲淨天眼。
供養佛塔時，敬獻妙音樂，鐘及螺鼓等，能得淨天耳。
不擧他過失，不說缺支等，常護惜他心，當感他心智。
施履及車騎，攙扶羸弱人，乘騎奉師長，智者得神變。
爲法建伽藍，憶念法文義，由淨心施法，故得宿命通。
諸法無自性，如實正了知，得第六神通，諸漏永斷盡。
爲解脫有情，眞如智等具，修悲以潤澤，成最勝勝者。
由種種淨願，成佛淨剎土。以寶獻能王，得放無量光。
由此知業果，相應義如是，常利益有情，即是汝自利。

國王規則品第四

忍不忍難知，故王行非法，或作非理行，給養者於王，
多加讚美故，益無益難覺，若對任何人，逆耳益難說。
況於大地王，我比丘何言，爲令汝喜悅，及愍衆生故，
逆耳若有益，我一定啓白。佛說對弟子，實柔具義合，
悲愍應時言，故今說此語。堅定若宣說，無瞋諦實語，
如滌垢妙水，可聽聞受持。我爲汝宣說，現後有益者，
知已應修行，自他有益事。由昔施來求，事成若不施，
忘恩起貪著，後難獲義利。如世間路糧，無資不能負，
施乞雖不念，後世獲百倍。願常發大心，歡悅作大事，
由作廣大業，定感廣大果。大王應當作，劣者難思事，
法事三寶依，得名稱吉祥。若作何法事，他身毛不豎，
死後無善譽，王不作爲上。作諸廣大事，全離驕生喜，

諸劣者息慢，至一切財盡。汝弃一切物，無主尋去處，
唯有如法行，來至汝面前。先王諸財富，雖屬新王有，
然能得先王，法樂名稱否。有財此世樂，施感他生樂，
不用施損失，唯苦何有樂。臨終諸惡臣，輕汝重新王，
諸欲慈愛者，無權不行施。故在有權時，速捨爲法事，
常住死緣中，猶如風中燈。諸先王所建，法事天廟等，
一切善制度，應如昔保護。彼不害善行，住戒慈新來，
實語忍無諍，常處精進行。盲病劣無依，窮苦缺支節，
切勿遮彼等，平等獲飲食。具法無希求，或住他王境，
亦盡力攝受，隨宜善處理。一切法事主，應委精進人，
不侵蝕聰智，如法不損傷。明規具法親，净貼心不瞋，
上姓稟性賢，知恩委大臣。能捨無貪勇，柔和適當用，
堅常不放逸，具法委將軍。法軌清净作，識事了經義，
如法平柔和，委老宿爲首。王每月於彼，聽一切收支，

聽已即應於，法事作權衡。汝王位爲法，不求名五欲，
因此有勝果，反之果無義。人王現世間，多互相損害，
如是汝應聽，政法不相違。智者宿上姓，知理能畏罪，
善良見重要，汝應常招納。罰系打罵等，雖屬應執行，
汝以悲心潤，恆常賜攝受。於造極重罪，一切諸有情，
王亦應常起，悲愍饒益心。於造極惡者，尤應起悲心，
彼等自受損，大士悲愍處。一日或五日，放諸弱小囚，
餘亦隨所應，勿全不釋放。汝思不放誰，即生非律儀，
從彼非律儀，相續積罪惡。何時囚未放，爾時剃髮師，
沐浴及飲食，醫藥令安樂。如欲不肖子，成爲可造材，
悲心行治罰，非瞋非爲財。極瞋行惡人，觀察善知已，
不殺不損害，驅擯出境等。所轄諸境內，派專使視察，
恆念不放逸，願作順法事。自於功德處，善施敬承事，
廣大隨順行，餘亦如理施。王樹忍陰涼，恭敬花繁盛，

善施果廣大，民衆鳥來栖。若王性好施，有威衆亦喜，
如豆蔻胡椒，所包沙糖丸。若依理觀察，汝王位不失，
亦不成非理，離非法成法。王位從正法，非前世帶來，
攜至後世故，不應行非法。王位如貨物，若苦價相傳，
則將無成就，願王努力行。王位如貨物，若王價相傳，
則應當更換，願王努力行。雖得四洲地，轉輪王安樂，
許身及與心，唯此二樂爾。身所生樂受，僅苦逼變壞，
心樂想自性，唯分別而已。世間一切樂，唯苦逼變壞，
及唯分別故，彼樂非眞樂。洲境處及家，乘椅衣臥具，
飲食及象馬，女人等受用。何時生樂心，爾時稱彼樂，
餘由心不緣，爾時境非境。眼等五種根，緣五種境時，
若無分別執，不知何者樂。何時色等境，爲一根緣知，
爾時不緣餘，爾時無境故。諸根只能緣，過去境行相，
意緣起分別，便執爲樂想。此由某一根，而緣某一境，

境無根亦無，根無境亦無。如說依父母，後乃有子生，
如是依眼色，後乃說識生。境唯過及未，不越此二故，
彼有根無境，則現亦無境。如由眼錯亂，妄見旋火輪，
如是由諸根，緣現境亦爾。諸根及諸境，許是大種性，
大種別無境，此等無實境。若大種各異，無薪應有火，
和合當無相，其餘如是知。大種二相中，無境合無境，
和合境無故，色亦無實境。識受想及行，一切亦如是，
別體無境故，勝義中境無。於苦變壞位，起眞樂我慢，
如是樂變壞，起眞苦我慢。由於無自性，斷除樂受愛，
以及離苦愛，是故見解脫。由何心能見，依名言中說，
無心所無心，無境不許俱。如彼眞實性，知衆生無實，
如無因之火，無住得涅槃。菩薩亦如此，求圓滿菩提，
彼唯由大悲，受生至菩提。如來從大乘，示菩薩資糧，
於彼愚痴者，極瞋興毀謗。不知德與失，或想德爲失，

或於德起瞋，而誹謗大乘。知損他是過，利他爲功德，
仍誹謗大乘，說於德起瞋。不顧自利故，一味喜利他，
大乘德根源，瞋彼遭焚燒。具信由惡取，另方由瞋恚，
具信尚說焚，況餘瞋背者。醫方中所說，以毒能攻毒，
如是以小苦，除大苦何妨。諸法意前導，說意爲上首，
饒益心利他，雖苦豈無益。作現苦後利，何況爲自他，
引廣大利樂，此法是常規。若捨小安樂，能見大安樂，
願王見大樂，而捨小安樂。設若不捨彼，醫師爲病愈，
而給諸苦藥，病滅不應瞋。見爲損害者，智者見有益，
了知總別者，諸論極稱讚。大乘經中說，先具大悲行，
及無垢凈慧，有心誰謗彼。於廣大甚深，懶惰己未修，
由痴謗大乘，實爲自他怨。施戒忍進禪，智慧悲爲體，
此即是大乘，有何錯誤語。由戒施利他，進忍行自利，
定慧解脫因，總攝大乘義。自他利解脫，總則佛聖教，

六度中全有，因此是佛語。佛說菩提道，福智資糧體，
此即是大乘，諸痴盲不忍。德如虛空量，說佛德無量，
因此於佛陀，大乘說當忍。聖者舍利弗，猶不知戒蘊，
故佛大功德，無量何不忍。大乘說無生，餘說盡空性，
盡無生義同，是故應忍許。空性法身體，若如理觀察，
二乘於智者，如何不相等。如來密意說，非易了知故，
說一乘三乘，存置護自身。由置不造惡，瞋毀集非善，
故欲愛自者，不應瞋大乘。彼小乘經中，未說菩薩願，
諸行及回向，豈能成菩薩。加持成菩提，故佛未曾說，
此義較佛勝，定量更有誰。加持四聖諦，及順菩提道，
共諸聲聞行，佛果由何勝。安住菩提行，彼經未曾說，
大乘中說故，智者應受持。如諸聲明師，先教學字母，
如是佛爲他，先說堪忍法。或者爲遮止，衆罪而說法，
或爲成福德，或者依二法。或二俱不依，分別怖深法，

爲修菩提者，說空悲心要。是故諸智者，應捨憎大乘，
爲成辦菩提，尤應起淨信。由信解大乘，及依彼說行，
成無上菩提，兼得一切樂。施戒忍辱法，特爲在家說，
大悲心要法，願依教修習。由世不馴服，王位若乖法，
爲法及名稱，汝即應出家。

菩薩共學品第五

復次出家者，初應敬學處，
於別解律儀，多聞善抉擇。次知微細罪，諸事應斷除，
所說五十七，應精進了知。忿令心擾亂，隨彼行名恨，
覆謂覆諸惡，惱於惡堅執。誑謂極虛妄，諂心曲爲性，
嫉憂苦他德，慳於捨怖畏。無慚及無愧，於自他不羞，
傲謂不恭敬，怒爲瞋所損。憍高舉放逸，不能修諸善。

慢相有七種，當分辨解說。此中慢相者，劣己劣等等，
劣計勝或等，是故名爲慢。於劣計己勝，是名爲過慢。
於勝而計勝，名爲慢過慢，猶如瘡上疱，有極大過患。
五取蘊本空，於彼等愚昧，計我起執著，故名爲我慢。
未得果計得，故名增上慢。稱讚造惡業，智者知邪慢。
謂我無作爲，輕毀自己者，名爲卑劣慢，是略說彼等。
矯爲利敬故，僞現根防護，媚爲利敬故，先說柔軟語。
側面求所得，稱讚他財物，方便求利故，當面譏謗他。
欲以利求利，讚嘆先所得。說過即一一，說他人過失。
無勤不觀察，由病緣意昧。徧貪自資具，由貪生懈怠。
自與他異想，由三毒遮障。若不起作意，於心不觀察。
於隨順法者，懈怠不恭敬。於師非佛想，許是惡異生。
耽著小纏縛，從欲貪而生。徧著謂從欲，生起大纏縛。
貪謂於己物，具貪欲之意。耽著他財物，名爲非理貪。

貪所斷女色，讚頌非法貪。惡欲無功德，現德相矯詐。
大欲謂極貪，違少欲知足。得欲謂欲他，知己具功德。
不忍於損害，及苦等不忍。無規於闍黎，師長事不敬。
教誨心不樂，不敬順法語。親眷尋思者，於親起慈貪。
如是於方處，生愛讚其德。不死尋思者，於死怖不慮。
順了別尋思，欲令他了知，自有何德相，爲他作師長。
貪愛他尋思，於他起貪愛。由彼損害心，思利己損他。
不喜無堅固。欲合渾濁意。懶惰無精進，身遲緩懈怠。
變由煩惱緣，令身語變化。不思食過量，令身不安樂。
心最下劣性，是說心怯弱。欲貪於五欲，起貪欲希望。
害心我伴仇，三時非理疑，損害他人心，皆從九因起。
身心沉重故，離作業昏沉。睡眠掉舉者，身心不寂靜。
悔於惡作悔，後生諸憂苦。於諦三寶等，懷二心曰疑。
菩薩應斷除，勤戒尤應斷。已離彼等過，功德等易依，略說菩薩德，謂布施持戒，忍辱與精進，靜慮智悲等。
施謂捨自財，尸羅爲益他，忍辱遠離瞋，精進總持善。
禪一境無惑，慧抉擇諦理，悲於諸有情，悲愍一味慧。
施受用戒樂，忍光澤進威。禪寂慧解脫，悲成一切義。
此七等無餘，由波羅蜜多，得不思議境，爲世間依怙。
如聲聞乘中，說聲聞八地，如是大乘中，說菩薩十地。
彼等初歡喜，菩薩歡喜故，三結永斷除，生如來種姓。
彼所感異熟，施度極殊勝，能動百世界，作閻浮提王。
第二名離垢，身語意十業，清淨無垢故，任運住彼等。
此所感異熟，戒度極殊勝，作吉祥七寶，利生轉輪王。
三地名發光，智放寂靜燄，起靜慮神通，永盡貪瞋故。
此所感異熟，忍辱行殊勝，作帝釋天王，能遣諸欲貪。
第四名燄慧，發正智燄故，一切菩提分，增上修習故。
此所感異熟，作夜摩天王，善能破一切，薩迦耶見等。

第五極難勝，諸魔難勝故，善知聖諦等，微細深義故。
此所感異熟，作睹史天王，能破諸外道，煩惱惡見處。
第六名現前，佛法現前故，由修止觀力，得滅及增廣。
此所感異熟，作化樂天王，聲聞不能奪，能滅諸我慢。
第七名遠行，由數遠行故，刹那刹那中，能趣入滅定。
此所感異熟，作自在天王，現證聖諦故，爲勝阿闍黎。
第八童眞地，不動無分別，不動身語意，行境不思議。
此所感異熟，千主大梵王，抉擇諸法義，聲緣不能奪。
九地名善慧，如王太子位，得無礙智解，故此名善慧。
此所感異熟，二千主梵王，有情心所問，羅漢等無奪。
第十名法雲，降正法雨故，菩薩得諸佛，光明灌頂故。
此所感異熟，爲凈居天王，無量智境主，殊勝大自在。
如是彼等十，菩薩十地說。佛地與彼異，廣大不可量，
此處但略說，與十力相應。彼力又一一，如衆生無量，

諸佛德無量，如方隅虛空，及地水火風，僅略說彼相。
若佛因僅此，則不見無量，於佛德無量，難生決定信。
在佛像塔前，或餘處亦可，於此二十頌，一日三時誦。
於諸佛正法，僧衆及菩薩，恭敬皈依已，頂禮堪供者。
消滅諸罪業，廣修衆福德，諸有情福善，一切皆隨喜。
我頂禮合掌，請轉妙法輪，直至有衆生，諸佛久住世。
我以所作福，已作及未作，願一切有情，皆發菩提心。
願有情無垢，根圓離無暇，正行得自在，正命悉具足。
願諸有情等，手中具財寶，諸資具無量，盡生死無竭。
願一切女人，恒爲勝丈夫，一切有情明，戒足願成就。
願有情妙顏，端形大威光，見者悅無病，得大力長壽。
成方便善巧，願諸苦解脫，安住三寶中，佛法財具足。
修慈悲歡喜，離惑住等捨，施戒忍精進，靜慮慧莊嚴。
諸資糧圓滿，相好極顯明，不思議十地，願不斷進行。

我亦以彼德，及餘而莊嚴，遠離一切過，於有情勝慈。
有情意所求，諸善修圓滿，願恆常斷除，諸衆生苦惱。
諸世間異生，爲怖所懊惱，願但聞我名，遠離大恐懼。
見念聞我名，諸異生凈信，離錯住眞實，定圓滿菩提。
願一切生中，五神通隨行，願於諸有情，恆常作利樂。
諸世間異生，欲作衆罪業，願彼等無損，恆時頓遮止。
如地水火風，藥及曠野樹，願衆生恆常，隨意而受用。
於生如愛命，隨彼極愛我，衆罪咸歸我，我善施衆生。
何時有有情，未得解脫者，我雖得菩提，誓願住三有。
上所說福德，設彼有形體，恆河沙世界，亦不能容受。
彼是世尊說，此中亦有因，饒益衆生界，無量者同彼。
如是我爲汝，總攝說是法，汝如愛護身，恆常作愛護。
爲愛彼法義，即是愛己身，若欲益所愛，彼由法能成。
如我依止法，依如法修行，如修行依慧，如慧依智者。

清淨慈具慧，由辯說饒益，誰懷疑衰損，彼必失自利。
善知識德相，略攝應了知，知足具悲戒，有斷煩惱慧。
彼若教誨汝，汝應知恭敬。法規圓滿修，當得殊勝果。
衆生諦軟語，安祥嚴可畏，有理不輕毀，自在應善說。
調伏離隨眠，威嚴心寂靜，無掉亦無怠，無諂決定作。
決定如滿月，光輝如秋日，淵深如大海，堅固如山行。
解脫諸過患，以衆德莊嚴，諸有情受用，一切智願修。
此法不唯獨，專爲國王說，亦爲餘衆生，隨應饒益說。
令自及他等，成正等菩提，國王對此論，應日日思惟。
具戒敬上師，忍辱無嫉妒，離慳不希求，利他財具足。
饒益貧乏者，勝非勝持捨，正法常住持，求無上菩提。

釋論

中觀根本般若論頌疏·正理海·科判

聖龍樹菩薩　造頌
宗喀巴大師造疏
任杰譯漢

釋觀緣品十四頌第一

大科分二：

甲一，釋前導分五：

乙一，需要尋求真性而尋求的軌則

乙二，造論者之殊勝

乙三，所造論典之建立

乙四，信受甚深法之利益①
乙五，示甚深法堪為誰說之器
甲二，趣入正釋分三：
乙一，名義
乙二，論義分三：
丙一，從佛說緣起離八邊門禮讚大師分二：
丁一，總義分三：
戊一，於此語義有論之所詮等理
戊二，於差別事上具有八差別法之理
戊三，斷諍分二：
己一，斷滅等無自性之諍
己二，斷滅等數及次第之諍

① 或云功德。

丁二，支分義①

丙二，緣起離八邊之理分二：

丁一，排列修持品文之次第分二：

戊一，正理所破即由能執心而所取境分二：

己一，正義

己二，於所破簡別之理

戊二，論文如何顯示滅彼執之支分

丁二，釋各品文義分三：

戊一，示緣起自性空分二：

己一，正義分二：

庚一，略示二無我分二：②

---

① 此科是否版本有錯，尚待他本校正之。

② 在初二品中。

辛一，觀因果作用已破法有自性分三：

壬一，釋品文分二：

癸一，破所生果中之生有自性分二：

子一，破四邊生分二：

丑一，破生之宗分二：

寅一，正義

寅二，餘義分二：

卯一，明二種破之相

卯二，思維彼二是何正因的所立宗分二：

辰一，明無遮因為所立宗

辰二，斷諍分二：

巳一，斷以理智成立無自性為有之諍

巳二，斷若以理智成立無自性則成為諦實之諍丑二，破生之正理分二：

寅一，破自生之正理分三：

卯一，自宗建立

卯二，他宗有過之理

卯三，他宗有過於自宗無過之因由

寅二，破他生等之正理分二：

卯一，破三邊生

卯二，由破四邊生斷成立義之諍

子二，斷破他生違教之諍分二：

丑一，安立違教之諍

丑二，斷違教

癸二，破能生因中之緣有自性分三：

子一，總破緣有自性分二：

丑一，從能作門破計為緣①分二：

寅一，破由能成辦生的作用執為緣

寅二，破由能生果執為緣

丑二，破由作業故執為緣

子二，別破四緣有自性分四：

丑一，破因緣的相

丑二，破所緣緣的相

丑三，破等無間緣的相

丑四，破增上緣的相

子三，示其他總破之理分三：

丑一，以生果之因由而破緣中有自性

丑二，破緣與非緣成辦果有自性

① 破由能作故執為緣。

丑三，破緣與非緣決定有自性

壬二，類知了義經①

壬三，示品名②

釋觀去來品二十五頌第二

辛二，觀去來作用已破補特伽羅實有自性分三：

壬一，釋品文分二：

癸一，廣釋分二：

子一，別破所作③及作者中有作用分四：

丑一，觀所作已而破分二：

① 如《寶生經》，52頁。

② 此乃攝義。

③ 所作：業。

寅一，總破三時④中有作用

寅二，別破正去時中有作分二：

卯一，安立前方②

卯二，破彼前方之理③分二：

辰一，去時有去二語一有去義，一即無去義

辰二，若兩語都有去的意義即成太泛的過失

丑二，觀作者已而破分三：

寅一，破有去者去的所依

寅二，總破三異名之補特伽羅去

①道。

②此是牒諍。

③此是答難。

寅三，別破去者所去
丑三，觀有作用之能立已而破分五：
寅一，破有初去的發足
寅二，破有去處的時間
寅三，破有不去的住①
寅四，破最後返回
寅五，破有住之能立②
丑四，觀作用已而破分二：
寅一，觀去者與去一異已而破
寅二，觀去者住立事上有否第二作用已而破
子二，總破所作及作者中有作用

① 住：對治。
② 能立：因。

癸二，略結

壬二，類知了義經①

壬三，攝義示品名

釋觀根品八頌第三

庚二，廣釋二無我分五：

辛一，別釋法無我及補特伽羅無我分二：

壬一，釋法無我分二：

癸一，釋蘊處界三法上無我分三：

子一，破處上法我分三：

丑一，釋品文分二：

① 見《廣大游戲經》、《三昧王經》、《寶積經》。

寅一，安立前宗①

寅二，破彼宗② 分二：

卯一，破見的三法有自性分二：

辰一，能見者分二：

巳一，破眼是見者分二：

午一，由眼不見自之正因而破分三：

未一，立因

未二，斷不定過

未三，略結

午二，觀見的作用及聯系不聯系而

---

① 此是牒諍。

② 此是示答。

破

巳二，破我或識是見者

辰二，破所見的事及見的作用

卯二，由如是理類知餘法

丑二，類知了義經①

丑三，攝義示品名

釋觀蘊品九頌第四

子二，破蘊上法我分三：

丑一，釋品文分三：

寅一，破色蘊有自性分二：

① 見《轉有經》、《優波離問經》。

卯一，破有異體因果

卯二，破因中有果無果及因果相似與不相似

寅二，由彼正理類知餘法

寅三，辯論和講解時答問者之軌則

丑二，類知了義經①

丑三，攝義示品文

釋觀界品八頌第五

子三，破界上法我分三：

丑一，釋品文分二：

① 了義經：《般若心經》。聲聞經即《雜阿含》卷十，《虛空藏三昧經》《三昧王經》。

寅一，破六界有自性分二：
卯一，破空界有自性分三：
辰一，破空界上的能相所相分三：
巳一，破所相分二：
午一，破隨性相分二：
未一，觀前後已破隨相
未二，觀有性相無性相已破隨相
午二，示破所相
巳二，破性相
巳三，總結
辰二，破有體無體實有分二：
巳一，正義
巳二，斷諍
辰三，總結

卯二，由彼正理類知餘界

寅二，呵責有無邊見

丑二，類知了義經①

丑三，攝義示品名

釋觀貪貪者品十頌第六

癸二，破有我之能立分三：

子一，破有所依雜染分三：

丑一，釋品文分三：

寅一，破貪欲與貪者有自性分二：

卯一，破前後生分二：

① 了義經：可從前經了知。

辰一，破貪欲之前有無貪者

辰二，破貪者之前有無貪欲

卯二，破同時生分二：

辰一，由無觀待破同時

辰二，於一異破同時分二：

巳一，總破一異同時

巳二，別破異同時分三：

午一，由不成為異則不成同時

午二，若成為異則無需要同時

午三，若觀待異為同時則顯示彼此互依

寅二，總結

寅三，由此正理類知餘法

丑二，類知了義經①

丑三，攝義示品名

釋觀生住滅品三十四頌第七

子二，破生住滅三相有自性分三：

丑一，釋品文分二：

寅一，述前宗②

寅二，破彼宗③ 分三：

卯一，破有為相有自性分二：

辰一，破總相分二：

① 了義經：《三昧王經》，90頁。

② 此是牒諍。

③ 此是答難。

巳一，總破三相分三：

午一，觀察是否有有為已而破

午二，觀個別與聚合已而破

午三，觀有無餘相已而破分二：

未一，出過

未二，破救分二：

申一，破第一救分二：

酉一，牒救

酉二，破救

申二，破第二救分二：

酉一，牒救

酉二，破救分二：

戌一，破喻分二：

亥一，由救損害宗而破

亥二，由示因不定而破分三：

一，示正義

二，安立前說之引證

三，釋引證經義

戊二，破義

巳二，別破分三：

午一，破生有自性分三：

未一，觀三時所生已而破分三：

申一，破共同① 與差別② 生
分二：
酉一，總破三時生
酉二，別破正生
申二，斷諍分二：
酉一，斷破三時生之諍
酉二，斷破生為正生之諍
申三，破許正生
未二，觀有無亦有亦無已而破
未三，觀是否正滅二時已而破
午二，破住有自性分三：

① 共同：總。
② 差別：別。

未一，觀三時已而破
未二，觀是否為正滅已而破
未三，觀有無其他能住已而破
午三，破滅有自性分三：
未一，觀滅已而破之軌則分五：
申一，觀三時已而破
申二，觀是否住已而破
申三，觀自他分位已破分二：
酉一，正義
酉二，斷諍
申四，觀有體無體已而破
申五，觀有無其他能滅已而破
未二，他過於自不同之因由
未三，破許滅無因分二：

申一，《明句論》中所說

申二，《六十正理釋》中所說

辰二，破別相

卯二，由此正理破無為有自性

卯三，斷違教之諍

丑二，類知了義經①

丑三，攝義示品名

釋觀作者及業品十二頌第八

子三，破業因與作者有自性分三：

丑一，釋品文分三：

① 了義經：《三昧王經》，113頁。

寅一，破業因與作者有自性分二：
卯一，破順品的作用有自性分二：
辰一，破初二句作用分二：
巳一，建立宗
巳二，示能立因分二：
午一，第一宗之能立因分二：
未一，應有誰亦不作業而破
未二，應有全無作業的作者而破
午二，第二宗之能立因分二：
未一，應成為無因而破
未二，述彼所許有違害
辰二，破第三句作用
卯二，破違品的作用有自性分二：
辰一，破一一作者作一一違品

辰二，破違品各有二種作用

寅二，在名言中安立業與作者之理

寅三，由此正理類知餘法

丑二，類知了義經①

丑三，攝義示品名

釋觀本住品十二頌第九

壬一，釋補特伽羅無我分二：

癸一，破補特伽羅有自性分三：

子一，釋品文分二：

① 了義經：《優波離問經》，119頁。

丑一，牒諍①

丑二，答難② 分三：

寅一，破取者有自性分二：

卯一，破他觀察之我分三：

辰一，破取者在一切所取之前而有分二：

巳一，由所取在前無有施設取者之因而破

巳二，由取者在前無有（施設）所取之所依而破

辰二，破取者在一一所取之前而有分

① 牒諍：述前宗。

② 答難：破彼宗。

二：

巳一，牒諍

巳二，答難

辰三，破一切所取之先有取者之能立因

卯二，自宗於名言中安立補特伽羅之理分

二：

辰一，安立我之理

辰二，斷諍

寅二，破所取有自性

寅三，斷取者無自性之諍

子二，類知了義經①

子三，攝義示品名

① 了義經：如觀去來品所引之經，126頁。

釋觀火薪品十六頌第十

癸二，破補特伽羅有自性之能立因分二：

子一，破能立之喻分三：

丑一，釋品文分三：

寅一，破火與薪有自性分三：

卯一，用前未說之理而破分二：

辰一，破自性一

辰二，破自性異分二：

巳一，破自性異之所立宗分二：

午一，若由自性異則不待薪分二：

未一，正破分二：

申一，如無薪生火

申二，應成為恒常燃燒

未二，斷不定過

午二，若由自性異則不與薪合會分二：

未一，正義

未二，斷不定過

巳二，破自性異之能立因分二：

午一，破觀待之能立因分三：

未一，觀三時已而破觀待分二：

申一，破觀待前後時

申二，破觀待同時

未二，觀察有無觀待法已而破觀待

未三，破觀待與不觀待二者

午二，破現見之能立因

卯二，用前已說之理而破

卯三，總結

寅二，由此正理類知餘法

寅三，為破彼執呵責其見

丑二，類知了義經①

丑三，攝義示品名

釋觀前際後際品八頌第十一

子二，破補特伽羅有自性之因②分二：

丑一，破有生死作用的因分三：

① 了義經：《三昧王經》，133頁。

② 因：能立。

寅一，釋品文分二：
卯一，破流轉有自性分二
辰一，破流轉有初中後三分
辰二，破生死前後同時分三：
巳一，略示
巳二，廣釋分二：
午一，破前後際分二：
未一，破生在前
未二，破老死在前
午二，破同時
午三，略結
卯二，由此正理類知餘法

寅二，類知了義經①
寅三，攝義示品名

釋觀自作他作品十頌第十二

丑二，破有所依苦之因分三：
寅一，釋品文分二：
卯一，破苦有自性分二：
辰一，立宗
辰二，示能立因分二：
巳一，破苦由自他個別作分三：
午一，觀待苦破由自他個別作分

① 了義經：《寶雲經》，140頁。

二：

未一，觀待苦破由自作

未二，觀待苦破由他作

午二，觀待補特伽羅破由個別作分二：

未一，破由補特伽羅自作

未二，破由補特伽羅他作

午三，示由自他個別不作之餘能立因

巳二，破苦由自他共作和無因作

卯二，由此正理類知餘法

寅二，類知了義經①

---

① 了義經：《三昧王經》，144頁。

寅三，攝義示品名

釋觀行品八頌第十三

辛二，示有為法自性空分二：

壬一，破有為法有自性分三：

癸一，釋品文分三：

子一，以他宗共許之教釋無自性

子二，斷除不應如是解說之諍

子三，破對經義之異釋分二：

丑一，示誤解經義之理

丑二，破彼誤解經義之能立因分二：

寅一，破變異為有自性之能立因分二：

卯一，由自性與變異二者相違而破

卯二，由無有變異有自性而破

寅二，破空性為有自性之能立因分二：

卯一，正義

卯二，斷與教相違之諍分二：

辰一，釋經文義

辰二，示經義所說之依據

癸二，類知了義經①

癸三，攝義示品名

釋觀和合品八頌第十四

壬二，破有為有自性之能立因分三：

① 了義經：可由上一品經類知，150頁。

癸一，破和合有自性分三：

子一，釋品文分二：

丑一，破和合有自性分二：

寅一，立宗

寅二，示能立因分二：

卯一，示由異無自性破和合有自性分三：

辰一，總安立

辰二，餘理類知

辰三，成立因分二：

巳一，立因

巳二，斷過分二：

午一，斷不定過

午二，斷不成過

卯二，觀察一異已破和合有自性

丑二，示由彼理亦遮合時有自性

子二，類知了義經①

子三，攝義示品名

釋觀自性品十一頌第十五

癸二，破因緣生起為我所作有自性分三：

子一，釋品文分二：

丑一，破有為法有自性分二：

寅一，破有自性之能立因分三：

卯一，正義分二：

辰一，示有自性即不需要因緣而相違

① 了義經：《優波離問經》，155頁。

辰二，明自宗的自性相

卯二，示由此理遮其餘三邊

卯三，破執呵見

寅二，示有自性即違教理分二：

卯一，違教

卯二，違理

丑二，示許有自性者不離邊執

子二，類知了義經①

子三，攝義示品名

釋觀縛解品十頌第十六

① 了義經：《三昧王經》，163頁。

癸三，破縛解有自性分二：

子一，正義分三：

丑一，釋品文分三：

寅一，破流轉涅槃有自性分二：

卯一，破流轉有自性分二：

辰一，破所取蘊流轉分二：

巳一，破流轉常

巳二，破流轉無常

辰二，破能取者有情流轉分二：

巳一，破離蘊異體的有情流轉

巳二，破離蘊自他俱不可說的補特伽羅流轉

卯二，破涅槃有自性

寅二，破縛解有自性分二：

卯一，總破縛解有自性

卯二，別破分二：

辰一，破系縛有自性

辰二，破解脫有自性

寅三，斷造作唐勞無益過

丑二，類知了義經①

丑三，攝義示品名

釋觀業品三十三頌第十七

子二，破縛解有自性之能立因分三：

丑一，釋品文分二：

① 了義經：《伏魔經》，171頁。

寅一，牒諍分二：

卯一，建立善不善分二：

辰一，善不善心的建立

辰二，業差別的建立分二：

巳一，總示

巳二，廣釋分二：

午一，於二業分為三業

午二，於三業分為七業

卯二，離斷常之理分二：

辰一，疑問

辰二，斷諍①之理分二：

巳一，由許相續離斷常分二：

① 斷諍：答難。

午一，正離斷常之理分二：
　未一，立喻
　未二，結合義
午二，識別十善業道
巳二，由許不失壞法離斷常分二：
午一，破他宗所答
午二，自答分三：
　未一，總示
　未二，廣釋分四：
　　申一，界差別與自性
　　申二，一切所斷
　　申三，生起之理
　　申四，滅法之理
　未三，總結離斷常

寅二，示答分三：

卯一，業無自性故離斷常

卯二，破業有自性分二：

辰一，示能破有自性分二：

巳一，若常則有非造作過分二：

午一，正出過

午二，破彼所許分二：

未一，與論義相違

未二，與世間共許相違

巳二，有異熟無窮過

辰二，破有自性之能立因分二：

巳一，破業有自性之能立因

巳二，破業及煩惱二者有自性之能立因

巳三，破業有自性之其他能立因

卯三，引喻示業雖無自性而有作用

丑二，類知了義經①

丑三，攝義示品名

釋觀我法品十二頌第十八

辛三，趣入真性之軌則分三：

壬一，釋品文分五：

癸一，趣入真性之理分二：

子一，抉擇真性見分二：

丑一，破我有自性分二：

① 了義經：《寶積經》中化現二比丘事，182頁。

寅一，欲求解脫初作觀察之軌則

寅二，抉擇無我見之軌則分二：

卯一，破我與蘊自性一

卯二，破我與蘊自性異

丑二，亦示破我所有自性

子二，由修真性① 滅除過患之次第分二：

丑一，滅除過患之次第分三：

寅一，破薩迦耶見之軌則

寅二，斷諍

寅三，由取盡則生盡之理

丑二，得解脫之軌則

癸二，斷違教之諍分二：

① 真性：無我。

子一，正斷違教之諍

子二，真性於誰亦不可説之因由

癸三，導入真性之次第

癸四，真性之體相分二：

子一，諸聖者之真性的相

子二，世間人之真性的相

癸五，示於真性定須修習

壬二，類知了義經①

壬三，攝義示品名

釋觀時品六頌第十九

① 了義經：《父子相會經》，193頁。

辛四，示時自性空分二：

壬一，破時有自性分三：

癸一，釋品文分三：

子一，總破三時有自性分三：

丑一，觀不觀待過去二時破有自性分二：

寅一，破觀待過去有自性

寅二，破不觀待過去有自性

丑二，由此正理類知餘二時

丑三，類知餘三法類

子二，別破自他部所許分二：

丑一，破他部所許的時

丑二，破自部實有師所許的時

子三，在名言中安立三時之軌則

癸二，類知了義經①
癸三，攝義示品名

釋觀和合品二十四頌第二十

壬二，破時有自性之能立因分二：
癸一，破時是生果的俱有緣分三：
子一，釋品文分三：
丑一，破果是從和合因緣生分三：
寅一，破果在和合之先而生分二：
卯一，破果從和合親生分二：
辰一，破和合中有生與無生

---

① 了義經：《象力經》，199頁。

辰二，破和合中有性與無性

卯二，破果從和合相續已而生

寅二，破果與和合同時生

寅三，破果在和合之後而生

丑二，破果從二因而生分二：

寅一，破因果一體宗

寅二，破因果異體宗分二：

卯一，破由因生果的和合作用有自性分七：

辰一，破由因滅與住生果

辰二，破由因現見不現見生果

辰三，破由因和合與不和合生果

辰四，破由果空與不空之因生果

辰五，破果空與不空由因生果

辰六，破由自體一、異之因生果

辰七，破因有自性無自性生果

卯二，破因性有自性

丑三，破果從因緣和合再生

子二，類知了義經①

子三，攝義示品名

釋觀成壞品二十一頌第二十一

癸二，破時是果成壞的因分三：

子一，釋品文分二：

丑一，破生滅有自性分二：

① 了義經：《廣大游戲經》、《般若經》。

寅一，破生滅有自性的所立宗分三：

卯一，觀察生滅是否俱有已而破分三：

辰一，立宗

辰二，示能立因分二：

巳一，破滅生是否俱有

巳二，破生滅是否俱有

辰三，略結彼義

卯二，觀察生滅依何有已而破分三：

辰一，生滅有完全不完全之所依而破

辰二，破生滅有親所依

辰三，破生滅有空不空之所依

卯三，觀察生滅是否一異已而破

寅二，破生滅有自性的能立因分二：

卯一，示現見非能立因

卯二，示彼能立因分二：
辰一，破成壞自己從同不同類生
辰二，破有為法從自他生
丑二，示若許生滅有自性應有斷常的過失分三：
寅一，若許有為法有自性當成為斷常之軌則
寅二，如是所許斷過破答分二：
卯一，許有自性已離斷常軌則
卯二，破彼所答分二：
辰一，雖許相續亦不能離斷常過失
辰二，示相續即非有自性
寅三，結破彼等義

子二，類知了義經①
子三，攝義示品名

釋觀如來品十六頌第二十二

辛五，示三有相續自性空分二：
壬一，破如來有自性分三：
癸一，釋品文分四：
子一，破如來有自性分三：
丑一，破取者有自性分三：
寅一，破如來有實體
寅二，破依蘊假施設名有自性分二：

① 了義經：《三昧王經》，214頁。

卯一，破依蘊假施設如來有自性分四：
辰一，若依蘊假施應非有自性
辰二，破答彼二不相違
辰三，若自法不成則他法不成
辰四，是故成立如來無自性
卯二，破如來、蘊、取者及所取有自性
寅三，總結
丑二，破所取有自性
丑三，總結
子二，示如來非生邪分別之處
子三，示執邪分別的過失
子四，由此理類知餘法

癸二，類知了義經①

癸三，攝義示品名

釋觀顛倒品二十七② 頌第二十三

壬二，破煩惱有自性分三：

癸一，釋品文分二：

子一，破煩惱有自性分五：

丑一，以緣起因破

丑二，以所依無自性的因破分二：

寅一，以我無所依的因破

① 了義經：《智慧光明莊嚴經》，221頁。

② 或作二十五。

寅二，以心無所依的因破

丑三，以因無自性的因破

丑四，以所緣無自性的因破

丑五，以其餘的因無自性的因破分二：

寅一，破貪瞋的因有自性

寅二，破痴的因有自性分四：

卯一，破顛倒有自性分三：

辰一，破執常倒有自性

辰二，破執無常不倒有自性

辰三，破唯有執取有自性

卯二，破有顛倒者有自性分三：

辰一，由具法無自性而破具者有自性

辰二，破顛倒的所依有自性

辰三，破顛倒由自性生

卯三，觀察有無顛倒境已而破

卯四，示如是破除其義重大

子二，破彼之能立因——斷煩惱的方便有自性

癸二，類知了義經①

癸三，攝義示品名

釋觀聖諦品四十頌第二十四

己二，斷諍分二：

庚一，觀聖諦分二：

辛一，釋品文分二：

壬一，牒諍分二：

① 了義經：《意樂堅固問經》，228頁。

癸一，生滅等不合理之諍分三：

子一，四諦作用不合理之諍

子二，住果向不合理之諍

子三，三寶不合理之諍

癸二，業果等不合理之諍

壬二，答難分四：

癸一，示他部所説是未通達真性之諍分二：

子一，他宗所立之過於自宗無有之軌則分三：

丑一，無有過失之因由分二：

寅一，示未通達三法之諍

寅二，示如是與諍是未通達二諦分五：

卯一，示未通達二諦體性分二：

辰一，釋根本教法之詞義

辰二，決定釋論義分三：

巳一，釋世俗諦分三：

午一，釋世俗與諦的名義

午二，世俗諦的相

午三，世俗諦的差別

巳二，釋勝義諦分三：

午一，釋勝義與諦義

午二，釋勝義諦的相分二：

未一，正義

未二，斷諍分二：

申一，斷如所有見不合理之諍

申二，斷盡所有見不合理之諍

午三，釋勝義諦的差別

巳三，釋二諦數決定

卯二，若不知二諦即不能了知經義

卯三，佛說二諦的所為
卯四，倒執二諦的過患
卯五，由二諦甚深難知故佛最初不說法之理由
丑二，正示無有過失
丑三，不僅無過反而利益之軌則
子二，於立過者自己有過之理分三：
丑一，於立過者有過之因由
丑二，於自過執為他過
丑三，示彼等諸過
癸二，示自部所許空義即緣起義
癸三，若不如是所許一切建立皆不應理之軌則分六：
子一，不能建立四諦及所知境等

子二，不能建立知四諦及四果

子三，不能建立三寶

子四，不能建立作者及業果

子五，不能建立世間名言

子六，不能建立出世間名言

癸四，若見緣起真性即見四聖諦真性

辛二，攝義示品名①

釋觀涅槃品二十四頌第二十五

庚二，觀涅槃分三：

辛一，釋品文分二：

①《靜慮吝惜經》中說見緣起性空即見四真性，254頁。

壬一，牒諍

壬二，答難分四：

癸一，示有為法有自性宗涅槃不合理

癸二，明自宗涅槃

癸三，破他宗所說分三：

子一，破涅槃有四邊分三：

丑一，破許涅槃法有無各各邊分四：

寅一，破許涅槃有邊

寅二，破許涅槃無邊

寅三，建立永斷二邊之涅槃

寅四，佛呵責二邊見的軌則

丑二，破許亦有邊亦無邊

丑三，破許非有邊非無邊

子二，示證涅槃者無有四邊

子三，成立生死與涅槃義分二：

丑一，成立生死涅槃平等性

丑二，立破無記見

癸四，如是破除斷違教之諍

辛二，類知了義經①

辛三，攝義示品名

釋觀十二有支品十二頌第二十六

戊二，由未通緣起與通達緣起而有流轉與還滅之理分二：

己一，釋品文分二：

庚一，流轉緣起分二：

① 了義經：《梵天請問經》，265頁。

辛一，能引因果

辛二，能成因果

庚二，還滅緣起

己二，攝義示品名

釋觀見品三十頌第二十七

戊三，若通達緣起則惡見自息分三：

己一，釋品文分二：

庚一，說明十六種惡見

庚二，由通達緣起則不住惡見的理由分二：

辛一，通達名言中緣起如影像則不住惡見分四：

壬一，破依前際所生的第一類四見分二：

癸一，破過去時生與不生二見分二：

子一，破過去時有生見分二：

丑一，正破

丑二，破已總結

子二，破過去時無生見

癸二，略結示餘二見亦不合理

壬二，示破依後際所生的第一類四見

壬三，破依前際所生的第二類四見分二：

癸一，破初二常無常邊見

癸二，破後二邊見

壬四，破後際所生的第二類四見分二：

癸一，破初二具有不具有邊的邊見

癸二，破後二邊見

辛二，通達勝義中息滅一切戲論則不住惡見

己二，類知了義經①

己三，攝義示品名

丙三，隨念大師恩德而申敬禮

乙三，結尾義

① 了義經：《稻杆經》，277頁。

中論略義①

聖龍樹菩薩　造頌
宗喀巴大師造疏
觀空法師譯漢

觀緣品略義

此品略義有三，即說明對於所破的是如何執法和以正理破除之後結論如何，以及如何建立因緣及果。玆約言之：

由種生芽及從薪起火等作用，當眼見耳聞之時，若認為因果二法，不僅是唯名安立，而且執為彼名言所安立境之能生、所生，是有自性者，即是對於所破起執之行相。

① 以《現代佛學》雜志為底本。

彼所執境，若許為有，則應觀察：果之生起與因緣法，是自性一？還是自性異？如是觀已，即從果的方面，破所生有自性。又應觀察：因中有果？還是無果？此是從因的方面破能生有自性。總的說明：若有自性，則因緣及果，都不能建立，即以說明破有自性為主。要之，其所以說明破有自性為主者，由於對因果等法，執有自性，是從無始時來，串習所致，欲破除之，非常困難。又彼自性，若已破除，則於無自性上，建立因果，極為容易。因此自宗不以說明於名言中建立因果作用為主。

此中破時，純用自生、他生等方式，觀察名言所安立的境是如何有已而破。此亦只是破彼『非唯名言所安立的生』①，不破『生』者，義甚明顯。因此在各品中於所破上，大半未加簡別語②，而加簡別語者亦有多處。一處已加，則易了知，其餘未曾明加之處，亦須例加，其理同故。《明句》③中

① 即有自性的生。

② 簡別語：即『非唯名言所安立的』或『有自性的』等。

③ 《明句》：月稱論師所著的中論釋。

說明『無滅亦無生』等與經中所說有滅等義不相違者，此中是說生滅等法，非無漏智所緣境體，只破『勝義生』，不破『世俗生』。又對經中所說從四緣生之密意，亦如是釋。破所緣緣，亦是破『勝義中有』，不破『世俗中有』等等。於所破上，加簡別語，最為明顯。加的處所亦多。因此在釋文義時，對於未加簡別之處，不可誤解。又《百論釋》① 中亦說：『有人認為此種觀察方式，是破一切生，即是說明有為無生者，那末，彼生等法，不成如幻，而成如石女兒，如此推度一切，即成沒有緣生之過。為免此種謬解，不說如石女兒，而說如幻。』此中所說，極為明顯。又《明句》中引《楞伽經》云：『我依無自性生，密意說一切法無生。』

若能破除有自性之因果，即成唯名安立，及唯由名言所安立之因果。如《佛護釋》② 中第一品初說：『所云生者，唯就「名言中」說。』又於品末亦

① 《百論釋》：月稱論師著。

② 《佛護釋》：佛護論師所著的中論釋。

說：『所云生者，唯是「名言中有」。』由見若許有自性，則因果不能成立；而有損益①作用之因果，誰亦不能否認其有。既不能立為有自性，故許為唯由名言之所安立，方為合理。

由於對所生、能生執有自性之積習極為深厚，故於破此執後，唯於名言所安立中，安立因果，心中固覺不慣；但應思維，安立之法只有二種：前者②若不應理，就應依據後者③安立，故須令心趨向這一方面。有人認為既有所生、能生，就有因果義，若說是唯名安立者即不應理云云。此種想法，不應道理。因為『唯』字，既不遮遣有非名之義，亦不遮遣量所成立之義。又『唯名安立中有』一語，雖說明絕對沒有非由名言所安立的有，然亦非說凡是名言所安立的一切皆有。

由此觀之，從內外因緣而生諸法，如由種子而生芽等，及依根、境而起

①損益：苦樂。
②前者：有自性的。
③後者：唯名言安立的。

識等，隨取一個比較明顯的例子，觀察己心是如何執取。次從果品及因品中隨拈一法，用破『有自性』之正理，破除其餘一切自性。若有少許未破，即被此執所縛，不得解脫。再於因果等法見為是唯名安立，而起損益①作用之因果不能說為沒有。故從唯假安立之因而生果是有的，今執此等為有自性，實是顛倒。如此思已而生定解。然而對於因果緣起的定解不應破壞。若謂自宗不立因果，只是就迷亂識前有，立為『世俗中有』者，則是極大錯誤的損減之見。

觀去來品略義

首須了知對於去者和所去處，及去的動作等，如果認為不是唯由名言安立為有，而是有自性者，即是實執之行相。

次應思維，如彼所執之境，是否實有？若認為有，即被此品眾多理門之

① 損益：苦樂。

所破斥，於此應當引生定解。但是，依多種觀察以理破除的，亦只為令得了知：若執有自性，則作和所作，以及作者等皆不能成立之故，而非為說明去來等無。

若欲如此通達，須將此中所說『於去來等一切名言執為有自性』之心而換成為『自性空故彼等作用皆能成立』之意。於此正理須生定解。如云：『由作者及作，當知其餘法』，『明句』釋曰：『由破有自性之去及去者已，當知唯是互相觀待而有。』亦可作為『依去有去者，依去者有去，唯此能成事，未見有餘因。』①

先於現見之粗去來等如實了知已，次當結合從前世到此世來，及從此世往他世去都無自性之理發生定解。又應以此正理，推知其餘諸法，生時無所從來，滅時亦無所去。對於一切作用，亦應如是了知。由此可使觀察真理之

---

① 此偈是宗喀巴大師將第八品中『依業有作者，依作者有業，唯此能成事，未見有餘因』一偈中之業及作者，換為去及去者。意在使人由破業及作者有自性之理已，推知去來等法，亦皆無自性，其理相同。

慧，逐漸擴大，以至在行住坐臥一切威儀中皆能見為猶如幻化。

觀根品略義

首須了知：若謂既於六境立為所取、六根立為能取，六補特伽羅立為取者，則彼等諸法非唯由名言之所安立，而是有自性的。如斯執著，即是對於所破起執之行相。

復次思維：如果真是如彼所執，則所作、能作，以及作者，皆不能安立，如此品正理之所抉擇而生定解。又觀彼十八法都無自性，見彼彼法皆是如幻而現的能作、所作、作者之想，不須策勵即可生起。故應了知眼等一切建立，唯如幻有之義，最為合理。

復次以正理觀察者，只是推求眼等諸法有無自性，並非總觀諸法有無。因此，若是觀察未得，僅破有自性，決定不是破除眼等。此義亦如『百論釋』云：『或謂眼等若是沒有，如何安立眼等諸根是業異熟體？答曰：我們何曾破業異熟體耶？問者又云：既破眼等，如何不是破異熟體？答曰：我們觀察，唯是推求自性。所以我們此處只破諸法有自性，不破眼等緣起是業異熟，正由彼有，說為異熟，故彼眼等一定是有。』此中指示出對於齊此當破、齊此不破之界限，非常明顯。

此中說『有』的軌則，亦如說『依眼有見者，依見者有眼，唯此能成事，未見有餘因』，並應由此正理，推知其餘諸法。

由上各品所說之理，雖亦能破『處』是實有，但為通達破眼等有自性之不共正理而說此品。對於其餘諸品，亦應如是了知。由此正理，能使觀察真理之慧，得到無限運用。如在受用六境時，一切皆如幻化士夫受用諸境的見解，即可生起。

觀蘊品略義

此品說明蘊的因果，若非唯名安立而象實執所執是有自性者，① 以正理

① 此處略去『云何』二字。

抉擇之時，彼因果等法，皆不能安立。

復次思維，唯名安立之上能夠建立四大種和所造色，以及觸、受等一切法。使了知顯品之心與了知空品之心，成為互相幫助的緣起正理。於此正理，應當修習。

觀界品略義

經中所說界等所相、能相，以及有體、無體等法，若非唯名言安立而是有自性者，①以正理抉擇之時，彼能相、所相等法，皆不能安立。復次②思，於唯名言所安立上之能相、所相、有體、無體等法，皆能安立。應當依此軌則，於二諦義，引生定解。

觀貪、貪者品略義

① 此處略去『云何』二字。
② 此處略去『應』字。

此品說明能貪、所貪、貪者三雜染法，以及所信、能信、信者三清淨法，若象實執所執而有自性者，①以正理抉擇之時，彼等一切名言，皆不能成立。於此正理，應生定解。

次思彼等名言，定應承認其有。於有自性上既不能安立，則唯有於『自性空』上安立一切法，最為合理。②於緣起義，應當引生定解。並可如上所說換為『依貪有貪者』等句，承認其有。

觀生、住、滅品略義

生、住、滅等如果不是唯名言安立為有，而象實執所執是有自性者，③以正理觀察之時，彼生等三法，都不能安立。應於此理，引生定解。

復次思維，於唯名言上安立彼等諸法，皆能成立。以及一切有為法雖是

---

① 此處略去『云何』二字。

② 此處略去『如是』二字。

③ 此處略去『云何』二字。

自性本空，而現為彼法者，皆能見為如幻如夢而有。於此等義，應當修學。

觀作、作者品略義

此中說明作及作者等法，若非唯由分別心之所安立，而象實執所執是有自性者，則作者及作都不能安立。當知此二，唯是互相觀待而有。

觀本住品略義

如云彼身之取者是此補特伽羅，或曰此補特伽羅之所取是彼身等法。所謂取者、所取，若非唯由名言安立，而象實執所執是有自性者，①所取和取者之名言，皆不能安立。於此等義生定解已，又當思維唯由名言安立緣起法上，取者及所取，理能成立。

觀火薪品略義

① 此處略去『云何』二字。

者。有用火與薪為例，對於我、我所和因、果以及支、有支等法，安立一異當思此等是從有自性而安立呢？還是從名言而安立？次用此品所說正理觀察之時，了知若如前者①，則所燒、能燒等名言，皆不能安立。即於此等法上，破除實執，若如後者②，則彼等一切名言，皆能成立。應於緣起義，起堅定解。

觀前際、後際品略義

輪回者之補特伽羅和輪回事之生、老死，以及因、果等法，若有自性，則生、死等名言，都不能安立。因此當知經中所說輪回者及彼在輪回中生死相續等事，都是依唯名言安立而說，極為合理。

觀自作、他作品略義

或謂內外諸法，應是有的。若無自作等四，彼等又從何有呢？答曰：如

① 前者：『有自性』。
② 後者：『從名言』。

就觀察彼等有無自性來說，則苦等諸法，若有自性，必須於自作等四種方式中任隨一種方式而有。然依此品所說正理觀察之時，都不可得。因此定知苦等諸法，皆無自性。但由顛倒執為有自性。若欲推求苦等世俗緣起建立，則須放弃自作等四種方式，而如第八品所說，應當承認唯由緣起而有。如云：『別人許苦等，是自作、他作、共作及無因，汝說是緣起。』又《佛護釋》云：『或謂若無苦等，佛陀為何對迦葉說，「以有苦故，說我知苦見苦？」答曰：誰說無苦？我豈未說：「若是自作者，則不從緣起？」故說苦等是緣起法，不是自作等。』因此，即由是緣起故之理由，正破自作，兼破他作。在二釋①中都如是說。又由此理，破除其作及無因生亦極明顯。是故決定應當承認緣起因果次第。

此中說明破有自性已，即於無自性上一切作用，皆能成立。本論從始至終，都應如是了知，極為重要。如果認為對於因果緣起次第，也用觀察勝義

① 二釋：『佛護』、『明句』二釋。

中有無之理而破除者，必執自宗不承認有因果。故云對此等人，暫時不能說『細無我理』，須用『粗無我義』而引導之。

觀行品略義

此中所說『虛妄』，是指本無自性而現為有自性之義。又於此『虛妄』法上，一切作用，皆能成立。因此『虛妄』之義，不是說一切作用皆空。變異及無常等義，亦是如此。彼『虛妄』法，由遮實有，故說為空。雖非實有，然亦不是沒有。諸求解脫者，由緣何法修行，能淨諸障，當知此即道之所緣，極為應理。

觀會合品略義

諸法會合、具有、和合，以及聚集等，若有自性，則彼等法，都不能安立。於無自性上，彼等一切建立，皆極應理。應於此二諦法，生堅定解。

觀自性品略義

總則有體、無體，別則自體、他體，以及諸法真性、本體等，若有自性，則都不能安立。故唯於無自性上，彼一切建立，乃為合理。應當於二諦之理，生起決定知見。

觀縛解品略義

生死、涅槃，以及為煩惱之所系縛和斷煩惱之解脫等，若有自性，則都不能成立。如此通達之後，於彼等法，不執實有。復次思維，唯由名言所安立者，彼等一切皆為合理。應於此緣起深義，生堅定解。

觀業品略義

此品對於作者、業、煩惱和彼等之果，以及受用彼果等事，由諸正理破其有自性已。了知如果是有自性，則彼等建立，皆不應理。又應通達彼等諸法，皆如夢幻而有。

觀我法品略義

此品說明對於前後各品所抉擇的甚深義理，把它總攝起來①受持的方法。因此，當知由甚深正見所抉擇的一切，都可攝為是說明我、法二者皆無自性已，應如此中所說而受持之。

觀時品略義

過去已生和未來當生，以及現在生已未滅等三時，皆無自性。只有在無自性上，彼等一切才能成立。應當如是思維，使對於二諦所生定解，逐漸堅固。

觀聚集品略義

《佛護釋》云：『或謂若無時及因果、聚集等，更有何法？因此，彼唯是說「一切皆無」而已。答曰：不然。此中只說於時等法，若執為有自性者即不應理；依緣起安立而有者，彼等皆能成立。』如此所說，當知時及因果、

① 此處略去『作為』二字。

聚集等法，若如『實事師』① 許為有自性者，應當破除；由於自性本來無故。凡依因緣而生的緣起有法，一概不破。

觀成壞品略義

生滅及生死等次第相傳的三有相續之法，如果認為有自性者，即可用觀察真性之理而破除之。但是亦不可說彼等為名言中無。因此，彼等諸法，只有在『自性空』上，才能成立。應於此正理，引生定解。

觀如來品略義

諸法若有自性，則如來以及如來所說之正法，皆不能安立。只有在自性空的緣起法上，一切安立，才為合理。因此安立如來、皈依處等，亦唯有依此理安立，方為正確。

---

① 實事師認為諸法自性為勝義有。

觀顛倒品略義

若有自性，則從可意境等與① 分別尋思而生煩惱，及由計常等而成不成顛倒之差別，以及斷煩惱等，皆不能成立。只有於『自性空』上，彼等一切才能成立。須令自心，於此正理，引生定解。

觀聖諦品略義

中觀師說，世出世法，全無自性。他宗聞者興問難云：如此，則汝宗中對於世及出世一切諸法，皆成不可安立？答曰：觀察之時，如此破除。由於以理觀察之時無有塵許自性可得。故在他宗確有不能安立此是此非等過失；自宗不但沒有此等過失，而且對於一切建立，皆能如理成立，是為此品主要所詮。然如此中『空義』，即是『緣起義』；破除諸法作用，不是空義。此種分析，最為重要。如果對於中觀正理具有勝解的聰慧之士，當照此軌則而

① 與：底本如此，但有人疑當為『興』字之誤植。

說。

觀涅槃品略義

諸法若有自性，則斷彼所斷和得涅槃等都不能成立。唯有於『自性空』上，彼等一切方能成立。於此應當如實了知。

觀十二有支品略義

對於緣補特伽羅及法緣起而起我執的二種無明，是如何執著二種我的俱生無明之行相，先須認識清楚。次知此中所說一切正理，皆是破除二種無明所執的二種我，以及通達二無我見的正因。又於獲得徹底通達無我之正見後，應從聞思修三，盡力使成為緣起還滅門。

觀見品略義

諸具大乘種姓者，深為大悲之所激發，對於長被三苦所逼迫的一切有情，生起『我當救出苦海令住佛地』之心。為度彼等故，先須發起自己求得無上菩提，以願菩提心為體的堅固誓願。次見若不修學六波羅蜜行，則此誓願，亦難成就。因此依照儀軌正受行菩提心已，擔荷修學菩薩廣大之行。又見以修學六度為主的首要行持，即是遠離二邊之中道。是故應如聖者①論中所說以理抉擇了義之方法，而求洞澈實際真理的正見。又思若沒有止，單憑通達真性之正見，亦不能斷煩惱，故進而求止。得止之後，應當勵力勤修正見，並如此中所說以見抉擇了義軌則而受持之。如斯次第，應如《菩提道次第》中所說，茲不重述。此諸法之真性了義，不僅為到彼岸乘之所需要，即金剛乘次第中亦須唯如此論所說求見之方法而得了義。因為二種大乘，對於真實性的義理，毫無差別故。

譯後記：宗喀巴大師根據佛護、月稱二大論師所作的《中論釋》而制《中論疏》，這部疏已成為西藏佛教學者學習龍樹菩薩中觀宗的主

---

① 聖者：此處指聖龍樹菩薩。

要論典。全書共十四卷，以疏釋《中論》二十七品論文，每品疏文都分為『釋品文』、『引經證』、『示略義』三段。茲將每品疏文中的『略義』譯出，冠以『中論略義』，供研究中觀宗義者的參考。譯誤之處，希望讀者指正！

中觀根本慧論文句釋寶鬘論①

聖龍樹菩薩　造頌
僧成大師釋
觀空法師講授并校正修改
任杰譯漢

科判

① 宗喀巴大師對龍樹菩薩的《中觀根本慧論》造《正理海》大疏，僧成大師以《正理海》文字浩瀚，初學者有望洋之嘆，因而就《正理海》大疏提綱挈要，撮取它的文句玄旨以成《寶鬘論》。中國佛學院的學員釋常浩（文革中還俗後名任杰），在他的親教師觀空法師指導之下譯出，全文最初發表在《現代佛學》雜志上。

中論文句釋科分四：

觀緣品第一

甲一，名義

甲二，翻譯敬禮

甲三，正釋論文分三：

乙一，從佛説緣起離八邊門禮讚大師

乙二，釋緣起離八邊之理分三：

丙一，示緣起自性空分二：

丁一，正示分二：

戊一，略示二無我分二：

己一，觀察因果作用已破法有自性分二：

庚一，破所生果中之生有自性分二：

辛一，破四邊生
辛二，破他生違教之諍分二：
壬一，斷諍
壬二，答難
庚二，破能生因中之緣有自性分三：
辛一，總破緣有自性分二：
壬一，破由能作故執為緣分二：
癸一，破由能成辦生的作用執為緣
癸二，破由能生果執為緣
壬二，破由作業故執為緣
辛二，別破四緣有自性分四：
壬一，破因緣的相
壬二，破所緣緣的相
壬三，破等無間緣的相

壬四，破增上緣的相

辛三，示其他總破之理

觀去來品第二

己二，觀去來作用已破補特伽羅實有自性分二：

庚一，廣釋分二：

辛一，別破所作及作者中有作用分四：

壬一，觀所作已而破分二：

癸一，總破三時中有作用

癸二，別破正去時中有作用分二：

子一，牒諍

子二，答難分二：

丑一，去時有去二語一有去義，一即無去義

丑二，若兩語都有去的意義即成太泛的過失

壬二，觀作者已而破

壬三，觀有作用之能立已而破分五：

癸一，破初去的發足

癸二，破去的時間

癸三，破不去的住

癸四，破返回

癸五，破有住之能立

壬四，觀作用已而破分二：

癸一，觀去者與去一異已而破

癸二，觀有否第二作用已而破

辛二，總破所作及作者中有作用

庚二，略結

觀根品第三

戊二，廣釋二無我分五：

己一，別釋法無我及補特伽羅無我分二：

庚一：釋法無我分二：

辛一，破蘊處界三法上有我分三：

壬一，破處上法我分二：

癸一，牒諍

癸二，示答分二：

子一，破見的三法分二：

丑一，破能見者分二：

寅一，破眼是見者

寅二，破我或識是見者

丑二，破所見的事及見的作用

子二，由如是理類推餘法

觀蘊品第四

壬二，破蘊上法我分三：

癸一，破色蘊有自性分二：

子一，破異體因果

子二，破因中有果無果及因果相似與不相似

癸二，由彼正理類知餘法

癸三，辯論和講解時答問者之軌則

觀界品第五

壬三，破界上法我分三：

癸一，破空界有自性分三：
子一，破空界上的能相所相
子二，破有體無體
子三，總結
癸二，由彼正理類知餘法
癸三，呵責有無邊見

觀貪貪者品第六

辛二，破有我之能立① 分三：
壬一，破能依雜染分三：
癸一，破貪與貪者有自性分二：

① 能立：因。

子一，破前後生

子二，破同時生

癸二，總結

癸三，由此正理類知餘法

觀生住滅品第七

壬二，破生住滅三相有自性分三：

癸一，破有為有自性分二：

子一，破總相分二：

丑一，總破分三：

寅一，觀察是否有為已而破

寅二，觀個別與聚合已而破

寅三，觀有無餘相已而破分二：

卯一，出過

卯二，破救分二：

辰一，破第一救

辰二，破第二救分二：

巳一，牒救

巳二，破救分二：

午一，破喻

午二，破義

丑二，別破分三：

寅一，破生有自性分三：

卯一，觀三時已而破

卯二，觀有、無、亦有亦無已而破

卯三，觀是否正滅時已而破

寅二，破住有自性

寅三，破滅有自性分五：

卯一，觀三時已而破

卯二，觀是否住已而破

卯三，觀自他分位已而破

卯四，觀有體無體已而破

卯五，觀有無其他能滅已而破

子二，破別相

癸二，由此正理破無為有自性

癸三，斷違教之諍

觀作者及業品第八

壬三，破業因與作者有自性分三：

癸一，破業與作者有自性分二：

子一，破順品的作用

子二，破違品的作用

癸二，名言中安立業與作者之理

癸三，由此正理類知餘法

觀本住品第九

庚二，釋補特伽羅無我分二：

辛一，正釋分二：

壬一，牒諍

壬二，答難分三：

癸一，破取者有自性分三：

子一，破取者在一切所取之前而有

子二，破取者在一一所取之前而有

子三，破一切所取之先有取者之能立

癸二，破所取有自性

癸三，斷諍

觀火薪品第十

辛二，破補特伽羅有自性之能立分二：

壬一，破能立之喻分三：

癸一，破火薪有自性分三：

子一，用前未說之理而破分二：

丑一，破自性一

丑二，破自性異分二：

寅一，破所立宗分二：

卯一，應不觀待

卯二，應不合會

寅二，破能立因

子二，用前已說之理而破

子三，總結

癸二，由此正理類知餘法

癸三，為破彼執呵責其見

觀前際後際品第十一

壬二，破補特伽羅有自性之因① 分二：

癸一，破有生死作用的因分二：

子一，破流轉有自性分二：

① 因：能立。

丑一，破流轉初中後三分
丑二，破生死前後同時分分三：
寅一，總示
寅二，廣釋分二：
卯一，破前際
卯二，破同時
寅三，略結
子二，由此正理類知餘法

觀自作他作品第十二

癸二，破有苦之因分二：
子一，正破苦有自性分二：
丑一，立宗

丑二，示因分二：

寅一，破自他各別作

寅二，破自他共作和無因作

子二，由此正理類知餘法

觀行品第十三

己二，示有為法自性空分二：

庚一，正示分三：

辛一，以他宗共許之教成立

辛二，斷諍

辛三，破對經義之異釋分二：

壬一，破誤解經義

壬二，破彼誤解經義之能立分二

癸一，破變異為有自性之能立

癸二，破空性為有自性之能立

觀和合品第十四

庚二，破有為有自性之能立分三：

辛一，破和合有自性分二：

壬一，正破分二：

癸一，立宗

癸二，立因分二：

子一，由異無自性破和合有自性

子二，觀察一異已破和合有自性

壬二，示由彼理亦遮合時有自性

觀自性品第十五

辛二，破因緣生起有自性分二：

壬一，破有為法有自性分二：

癸一，破能立分三：

子一，正破能立的理

子二，示由此理遮其餘三邊

子三，破執呵見

癸二，示違教理分二：

子一，違教

子二，違理

壬二，示許有自性者不離邊執

觀縛解品第十六

觀業品第十七

辛三，破縛解有自性分二：

壬一，正破分三：

癸一，破流轉涅槃有自性分二：

子一，破流轉有自性

子二，破涅槃有自性

癸二，破縛解有自性分二：

子一，總破

子二，別破分二：

丑一，破系縛有自性

丑二，破解脫有自性

癸三，斷造作唐勞無益過

壬二，破縛解有自性之能立分二：
癸一，牒諍分二：
子一，建立善不善
子二，離斷常之理分二：
丑一，疑問
丑二，答難分二：
寅一，由許自續離斷常
寅二，由許不失法離斷常分二：
卯一，破他宗所答
卯二，自答分三：
辰一，略示
辰二，廣釋
辰三，總結

癸二，示答分三：

子一，業無自性故離斷常

子二，破業有自性分二：

丑一，示能破分二：

寅一，若常則有非所作過

寅二，有異熟無窮過

丑二，破彼之能立

子三，引喻示業雖無自性而有作用

觀我法品第十八

己三，趣入真性之軌則分五：

庚一，正示分二：

辛一，抉擇見

辛二，由修① 滅除過患之次第分二：

壬一，滅除過患之次第

壬二，得解脫的軌則

庚二，斷違教之諍

庚三，導入真性之次第

庚四，真性之體相

庚五，示於真性定須修習

觀時品第十九

己四，示時自性空分二：

---

① 此處略去『無我』二字。

庚一，正示① 分二：

辛一，總破時有自性

辛二，別破自他部所許

觀和合品第二十

庚二，破時有自性的能立分二：

辛一，破時是果的俱有緣分三：

壬一，破果從因緣和合生分三：

癸一，破果在和合之後而生

癸二，破果與和合同時生

癸三，破果在和合之先而生

① 此處略去『時自性空』四字。

壬二，破果唯從因生分二：

癸一，破因果體一

癸二，破因果體異分二：

子一，破因生果的作用有自性

子二，破因有自性

壬三，破果從因緣和合再生

觀成壞品第二十一

辛二，破時是果成壞的因分二：

壬一，破生滅有自性分二：

癸一，破所立分三：

子一，觀察是否俱有已而破

子二，觀察依何有已而破

子三，觀察是否一異已而破
癸二，破能立分二：
子一，示現見非能立
子二，示彼能立分二：
丑一，破成壞從同不同類生
丑二，破有為法從自他生
壬二，示若許生滅有自性應有斷常的過失

觀如來品第二十二

己五，示三有相續自性空分二：
庚一，破如來有自性分四：
辛一，正示分三：
壬一，破取者有自性分二：

癸一，破如來有實體
癸二，破依蘊有自性分二：
子一，正破
子二，破取者和所取有自性
壬二，破所取有自性
壬三，總結
辛二，示如來非生邪分別之處
辛三，示執邪分別的過失
辛四，由此理類知餘法

觀顛倒品第二十三

庚二，破煩惱有自性分二：
辛一，正破分五：

壬一，以緣起因破
壬二，以所依無自性的因破
壬三，以因無自性的因破
壬四，以所緣無自性的因破
壬五，以其餘的因無自性的因破分二：
癸一，破貪瞋的因有自性
癸二，破痴的因有自性分三：
子一，破顛倒有自性
子二，破有顛倒者有自性
子三，觀察有無顛倒境已而破

辛二，破救

觀聖諦品第二十四

丁二，斷諍分二：

戊一，觀聖諦分二：

己一，牒諍

己二，答難分四：

庚一，示未通達緣起之諍分二：

辛一，正示分二：

壬一，示如是興諍是未了達三法

壬二，示未通達二諦分五：

癸一，示二諦的體性

癸二，若不知二諦即不能了知經義

癸三，佛說二諦的所為

癸四，倒執二諦的過患

癸五，二諦甚深難知故佛最初不說法之理由

辛二，示自宗能建立他宗不能建立的差別

庚二，示空即緣起義

庚三，他宗一切建立皆不應理分三：

辛一，不能建立四諦及知苦等

辛二，不能建立三寶和作用等

辛三，不能建立世間和出世間的名言

庚四，若見緣起真性即見四聖諦真性

觀涅槃品第二十五

戊二，觀涅槃分二：

己一，牒諍

己二，答難分四：

庚一，示他宗不能建立涅槃

庚二，明自宗所許涅槃

庚三，破涅槃實有分三：

辛一，破涅槃有四邊分四：

壬一，破許有邊

壬二，破許無邊

壬三，破許亦有邊亦無邊

壬四，破許非有邊非無邊

辛二，破證涅槃者有四邊

辛三，成立生死與涅槃義

庚四，斷諍

觀十二有支品第二十六

丙二，由未通達緣起與通達緣起而有流轉與還滅之理分二：

丁一，流轉緣起

丁二，還滅緣起

觀見品第二十七

丙三，若通達緣起則惡見自息的理由分二：

丁一，說明十六種惡見

丁二，通達緣起則不住惡見的理由分二：

戊一，通達名言中緣起如影像則不住惡見分三：

己一，破依前際後際所生的第一類四見

己二，破依前際所生的第二類四見

己三，破依後際所生的第二類四見

戊二，通達勝義中息滅一切戲論則不住惡見

乙三，念大師恩德而申敬禮

甲四，結尾義分二：

乙一，由何阿闍黎作

乙二，由何譯師翻譯

正文

觀緣品第一

法界空中恆放出，辨法是非正法光，
徧知所知淨智燄，衆生方慧蓮花友，
盡所有際作勝火，燃燒三有諸稠林，
破除疑闇勝日輝，願日親教恆增勝。
貪離而飾妙莊嚴，瞋斷而持鋒利劍，
痴盡而捧妙經函，敬禮勝者妙吉祥。
誰身衆寶所莊嚴，如綠寶山星羅布，
觀者無厭悅意母，敬禮本尊綠度母。

奪雪山光非尊身，衆生服之甘露乳，
梵音和雅非尊語，是攝他意之鐵鉤，
現見諸法非尊意，大慈悲愍寶藏母，
具彼衆德非妙音，敬禮唯一佛母尊。
善說恆河匯衆流，卻無自滿驕慢過，
不為名聞風動搖，事業波鬘恆蕩漾，
淺識烏鴉雖遠離，明智群鵝常依止，
成辦諸龍智者願，無分別海恆敬禮。
能仁八功德水經，充滿龍樹智慧海，
出生中論白花園，作盛開敷禮月稱。
善慧日光除障闇，光大聖教蓮花園，
功德無等宗喀巴，隨念師恩信毛豎。
從師善說正理海，攝取文義成寶鬘，

金綫連綴貫串已，願為智者慧項飾。①

釋中觀慧論分四：一、名義；二、翻譯敬禮；三、正釋論文；四、結尾義。

甲一、名義

梵語巴甲，藏語喜饒②；梵語納瑪，藏語謝甲瓦③；梵語瑪得瑪嘎，藏語鄔瑪④；梵語嘎日嘎，藏語徹勒唔傑巴⑤，合為『中觀根本慧論頌』。

甲二、翻譯敬禮

---

① 以上四十句頌是僧成大師論前讚禮頌：首讚禮釋迦佛二頌，次讚禮妙吉祥菩薩一頌，第三讚禮救度佛母一頌，第四讚禮妙音佛母二頌，第五讚禮龍樹菩薩二頌，第六讚禮月稱菩薩一頌，第七讚禮宗喀巴大師一頌，第八造釋宗旨一頌。

② 即漢語『慧』。

③ 即漢語『名為』。

④ 即漢語『中』。

⑤ 即漢語『頌』。

敬禮聖者妙吉祥童子。

甲三、正釋論文分三：一、從佛說緣起離八邊門禮讚大師；二、釋緣起離八邊之理；三、念大師恩德而申敬禮。

乙一、從佛說緣起離八邊門禮讚大師

於誰敬禮？誰說緣起圓滿大覺是諸說中第一者，即於彼前敬禮。彼如何說？即開示在聖者根本智前無刹那滅之滅，無成為一法之生；無前相續斷之斷，無相續之常；無從遠處來，無從近處去；非義異，非義一的真如，能詮所詮等戲論寂滅，生死無餘苦惱寂滅的涅槃。何人敬禮？即龍樹。何時敬禮？造論之先。為何敬禮？為自己隨順正士行；如開示所化衆生於佛生淨信。龍樹在造論之先從佛說緣起離八邊門禮讚大師（有法）① 是有所為②，為令了知大師超勝其餘諸說法者已，於佛生清淨信心故③。

---

① 此是『前陳』。
② 此是『後陳』。
③ 此是『因』。

乙二、釋緣起離八邊之理分三：一、示緣起自性空；二、示由通達緣起與未通達緣起即於生死中流轉和還滅之理；三、示通達緣起則惡見自行息滅之理。

丙初分二：一、正示；二、斷諍。

丁初正示分二：一、略示二無我；二、廣釋二無我。

戊初略示二無我分二：一、觀察因果作用已破法有自性；二、觀察去來作用已破補特伽羅有自性。

己初分二：一、破所生果中之生有自性；二、破能生因中之緣有自性。

庚初分二：一、破四邊生；二、斷破他生違教之諍。

辛一、破四邊生

問曰：若謂先說『不滅亦不生』，如何是緣起離八邊之理？答曰：由破生有自性，其餘滅等易破。今立破彼之宗云：內外諸有為法（有法），無論何時、何處、何宗皆無有從自生，否則犯再生無義和生無窮過故。又（有法），無論何時、何處、何宗皆無從他生，否則應從一切生一切故。又彼

(有法)，無論何時不從自他共生，何以故？已分別破從自生和他生故。又彼(有法)，無論何時皆不從無因生，否則有一切功用應成無義故。

辛二、分二：一、斷諍；二、答難。

壬一、斷諍

有部諸實事師云：自生和自他共生固不應理，無因生之說更卑劣故，皆不合理，但汝說『非從他』一語，若破他生即非善巧，何以故？世尊說諸有為法是從有自性的四緣而生故。緣有四種，即因緣、所緣緣、等無間緣、增上緣，更無第五緣，是故破他生者違佛教義。

壬二、答難

諸有為法的自體(有法)，在自① 未生時，於緣② 等中應非有，因為爾時未現見故。若許自未生時於緣等中非有，則他生應非有自性，因為自未生

---

① 自：如芽。
② 緣：如種。

時於緣等中自體非有故。又彼（有法），在緣未成時，於緣等中應非有，若在彼緣中有①，應成無因故。若許未成時緣中無有芽，則不從緣而生有自性的他法，在緣等未成時自體非有，是故破他生並不違佛教義。何以故？若實有從他生即是正理所破故。

庚二、破能生因中之緣有自性分三：一、總破緣有自性；二、別破四緣有自性；三、示其他總破之理。

辛初分二：一、破由能作故執為緣；二、破由作業故執為緣。

壬初分二：一、破由能成辦生的作用執為緣；二、破由能生果執為緣。

癸一、破由能成辦生的作用執為緣

有分別者問曰：由緣成辦作用，由作用而生識。答曰：作用若是實有，應不具緣，作用非實有故。沒有不具緣的作用，否則，果應從無因生故，因此實有作用不能生識。若謂由緣即能生識，則眼等（有法），在勝義中非緣，

① 此處，在『有』後略去『如芽』二字。

因為不具作用故。問曰：作用在勝義中有？答曰：勝義中不具作用，勝義中無用故。

癸二、破由能生果執為緣

有云：何須觀察具不具作用，我是說由依眼等根而生眼等識故，因此許眼等為緣。若爾：眼等（有法），在識未生以前，應為緣，因為由具有生識的作用即建立為緣故。

壬二、破由作業故執為緣

問曰：種子是芽的緣，因為依種子為緣而生芽故。答曰：芽在因位時無體，則種子不能有自性地為緣，芽尚無有，種子又為何法的緣耶？又芽在因位時有自體亦不應為緣，何以故？若自己在因位已有，又何須用緣呢？用緣無義故。

辛二、別破四緣有自性分四：一、破因緣的相；二、破所緣緣的相；三、破等無間緣的相；四、破增上緣的相。

壬一、破因緣的相

問曰：因緣有自性，因為有它的相故——能成辦果是因緣的相故。答曰：能生果是因緣的相，然不可說有自性，因為果法在因位時有、無、亦有亦無皆不成有自性故。如是以因緣有相遂許因緣有自性不應道理。

壬二、破所緣緣的相

問曰：所緣緣有自性，因為是生識之處故。答曰：在緣所緣境以前已有的識上為所緣緣耶？抑在緣所緣境以前未有的識上為所緣緣耶？若如第一，此識（有法），應當說是無所緣，因為在緣所緣境以前已有故。若如第二，此識（有法），緣慮云何有自性，因為在緣所緣境以前無故。

壬三、破等無間緣的相

問曰：等無間緣有自性，因為種子無間滅即是芽的等無間緣故。答曰：種子無間滅是芽的等無間緣不應道理，因為芽等法未生以前種子不能滅故。若謂種子已滅，滅法則應不能為芽的等無間緣故。

壬四、破增上緣的相

問曰：增上緣有自性，由有此因即有彼果，此因即是彼果的增上緣故。

答曰：諸有為法（有法），若由此因而生彼果，那就不是有自性，因為汝①之有即非由自性有故，是無自性故。

辛三、示其他總破之理

一、問曰：緣有自性，現見從紗生布故。答曰：此布果（有法），云何有自性地從紗緣而生呢？應不生。因為在彼紗等緣中本無布故，彼紗等緣一一之中及聚合中均無布故。問曰：緣中雖無彼果，但彼果是有自性地從彼等緣中而生。答曰：彼布果（有法），何故不從非緣生？

二、問曰：緣與果之體是異者誠如汝說；但果即是緣之自體故無過。答曰：緣等（有法），自體非有自性，是於自己眾多支分上假安立故。若許緣等自體無有自性，那麼彼果等（有法）應如緣的自體非由自性有。諸緣自體非由自性有故。若許緣的自體非由自性有，則緣的有自性之果亦無。問曰：如此，則果是非緣的自體。答曰：果（有法），由不是緣的自體，亦不須是

① 汝：增上緣。

非緣的自體，如由不是布的自體亦不須是草的自體故。

三、問曰：果雖不是緣非緣的自體，但是，緣及非緣二種決定各有自性，如從芝麻出麻油不出酥油，從酪出酥油不出麻油，沙則酥油和麻油皆不出生故。答曰：所知①（有法），緣及非緣應非決定各有自性，因為緣及非緣之果皆無自性故。

觀去來品第二

己二、觀去來作用已破補特伽羅實有自性分二：一、廣釋；二、略結。

庚一、廣釋分二：一、別破所作及作者中有作用；二、總破所作及作者中有作用。

辛一、分四：一、觀所作已而破；二、觀作者已而破；三、觀有作用之

① 所知：一切法。

能立已而破；四、觀作用已而破。

壬一、分二：一、總破三時中有作用；二、別破正去時中有作用。

癸一、總破三時中有作用

問曰：由破生已固能成立無滅等義，今請別說於緣起中破去來之不共正理。答曰：去的作用若有自性，須於三時中隨一而有，且說已去時中不去，由於去的作用是現在時，已去時去的作用已滅故。未去時中亦非有去的作用，何以故？去的作用是現在時，未去時去的作用尚未生故。正去時去的作用無有自性，除已去、未去則正去時有自性不可得故。

癸二、別破正去時中有作用分二：一、牒諍；二、答難。

子一、牒諍

問曰：正去時有去，因為欲往何處時有舉足住足的動作，即是有去，彼動作只是正去時有，已去非有，未去亦非有故。

子二、答難分二：一、去時與去二語一有去義，一即無去義；二、若兩語都有去的意義即有太泛的過失。

丑一、去時與去二語一有去義一即無去義

正去時去的作用無有自性。因為去的作用只有一個，這個去的作用若在『去時』一語中有，則去時即成無去的作用故。若謂去的作用在後一語『去』字中有，如此則承認『去時去』一語的後一個『去』字中有去的作用（有法），去時即無去的作用。何以故？去的作用只有一個，這個去的作用，已在『去時去』一語的後句『去』字中有故。

丑二、若兩語都有去的意義即成太泛的過失

若去時去前後兩句義中去的作用都有自性，則有兩足的天授（有法），右腳應同時有安立與去兩個異體的作用，因為既由有去的作用，安立為去時；又由誰補特伽羅往彼道去，故有兩個有自性的去的作用。若許有兩個作用，那麼彼天授（有法），亦應成兩個去者，因為有兩足的補特伽羅的右腳有兩個異體的去的作用故。此又何故？若無去者即不應有去故。

壬二、觀作者已而破

問曰：去的作用有自性，去之所依的去者有自性故。答曰：去之所依的去者不能有自性，因為與去者異體的去法本來沒有故。若謂有，則去的作用應不待去者而有，而實不然，因為若無去者則去法不能成立故。又去者（有法），非有自性。何以故？為下述正理破故。非去者（有法），不去，離去的作用故。除去者與非去者外更無第三者去，無有是事故。問曰：餘二①不去，去者是有自性地去。答曰：說去者有自性地去不應道理，因為若無去的作用即不應成為去者故。若謂『去者』一語即含有去的作用；那麼汝宗許『去者』一語中即含有去的作用（有法），則『去』的一語中，應成無有去的作用的去者去，因為去的作用只有一個，汝許這個作用已在去者一語中有才許去者去故。若未去者與去兩語中均有去的作用，那末，兩足的天授（有法），右足應成兩種異體的安立和去的作用。由彼作用顯示去者；及由成為去者已而有去的作用故。

壬三、觀有作用之能立已而破分五：一、破初去的發足；二、破去的時

① 餘二：非去者與第三者。

；三、破不去的住；四、破返回；五、破有住之能立。

癸一、破初去的發足

問曰：有去，由捨住已將欲發足而去故。答曰：無論何時發足而去皆無自性，已去時無去的發足，未去時亦無去的發足，正去時去的發足亦非有自性故。發足去時無自性，因為在去的發足以前，住的時候既無正去的去時，亦無已去。在未去時更無去的發足故。

癸二、破去的時間

問曰：三時中雖無去的發足，但三時是有。答曰：已去，正去和未去皆不應分別執為實有自性，因為於三時中皆不見去的發足有自性故。

癸三、破不去的住

問曰：有去，去的反面有住故。答曰：住無自性，因為去者不住，不去者非有自性地住，除去者與不去者別無第三者住故。問曰：初因不成，由於去者是有自性地住故。答曰：皆非正理，因為無去則不成去者，去與住二種作用於一事中不同時有故。

故。

癸四、破返回

問曰：有去，有從去返回故。答曰：去時非有自性地返回，去時無自性故。已去未去皆不返回，於彼二中無去的作用故，是故返回無自性。

癸五、破有住之能立

問曰：住有自性，因為住的反面有去故；有將要住故；有從住返回故。答曰：去、將住和從住返回等（有法），不能成立住有自性，與用去有自性之因成立住和去的發足以及從去返回等犯同類過失故。

壬四、觀作用已而破分二：一、觀去者與去一異已而破；二、觀有否第二作用已而破。

癸一、觀去者與去一異已而破

問曰：去者與去有自性，現見天授邁步故。答曰：不應說彼去與去者是有自性地體一，亦不應說去與去者有自性地體異。何以不應說呢？若說體一，則作者與所作應成一體，由於彼去即成去者故；若是體異，應成無去者的去，與無去的去者，於是可許去與去者是有自性地體異故。去、去者（有法)，應無自性，彼等有自性體一和有自性體異皆非有故。

癸二、觀有否第二作用已而破

問曰：無有前過，既由安立去者的作用，而安立去故。答曰：彼能安立去者之去，不能使去者去，因某天授欲往何處去，在起去的作用之前尚非去者故。彼去法除顯示去者外，不能使去者去，因為一個去者不應有兩個去法故。

辛二、總破所作及所作者中有作用

去者（有法），非有自性地去，三時中不能有自性的去故。不去者（有法），亦不去，何以故？三時中不能去故。亦是去者亦是不去者亦不於三時中去，無有是事故。

庚二、略結

去、去者和所去之處（有法），皆非有自性，觀察時不可得故。

觀根品第三

戊二、廣釋二無我分五：一、別釋法無我及補特伽羅無我；二、法自性空；三、通達真實之理；四、時自性空；五、三有相續自性空。

己一、別釋法無我及補特伽羅無我分二：一、釋法無我；二、釋補特伽羅無我。

庚一、釋法無我分二：一、破蘊處界三法上有我；二、破有我之能立。

辛一、破蘊處界三法上有我分三：一、破處上法我；二、破蘊上法我；三、破界上法我。

壬一、破處上法我分二：一、牒諍；二、示答。

癸一、牒諍

問曰：去等雖無自性，但眼等是有自性，對法經云：能見、能聞、能嗅、能嘗、能觸和能了別等為六根；彼等所行即說為所見等六境故。

癸二、示答分二：一、破見的三法；二、由如是理類推餘法。

子初分二：一、破能見者；二、破所見的事及見的作用。

丑初分二：一、破眼是見者；二、破我或識是見者。

寅一、破眼是見者

彼見色的眼（有法），不能自見，自對於自無能所故。又見色的眼（有法），非有自性地見他，因為不能自見故。問曰：雖不見自但能見他，譬如火雖不自燒但能燒他。答曰：汝的火喻不能成立見有自性，即用破已去、未去、去時中去有自性之理答破見等有自性之喻故。又眼根（有法），非有自性地見，因為見自見他無有少許是有自性地見故。眼根（有法），見色說為有自性地見，極不應理，因為是非有自性地能見故。若眼是能見的話，那麼眼是見的自體呢？或非見的自體呢？若如第一，則彼是見之自體的眼（有法），即非有自性地見，沒有兩個見的作用故。若如第二，則非見之自體的眼（有法），即不能見，因為離見的作用故。

寅二、破我或識是見者

問曰：眼根非見者，我或識是見者。答曰：我或識（有法），不是有自性的見者，成立見無自性之理，當知亦釋見者無自性故。又見者（有法），由不離見，知汝非有自性，成立見者與否，非有自性地觀待見故。見者（有法），離見非有汝，① 汝須觀待見而有故。

丑二、破所見的事及見的作用

問曰：雖無見者，但所見與見是有的。答曰：所見與見應無自性，因為見者無自性故。問曰：所見與見有自性，如云：依父母生子，而說依眼及色生識。答曰：此非《中論》本文②，識等四法非有自性，所見與見無自性故。若許識等四法無自性，則取等亦無自性。

子二、由如是理類推餘法

問曰：見雖無自性，但聞等有自性。答曰：聞、嗅、嘗、觸、思量，以及聞者和所聞等（有法），皆無自性，由成立見無自性之理，當知亦說耳等

---

① 汝：見者。

② 藏譯《中論本頌·觀根品》中此處有『如說依父母，而生彼兒子，依眼根及色，生識亦如是』一頌，宗喀巴大師所著的《中論疏》中說：『其餘三種印度釋論中皆無此頌，……當是翻譯時所依之版本有誤』。因此僧成大師說該頌非《中論》本文。又，漢譯本中亦無此頌。

無自性故。

觀蘊品第四

壬二、破蘊上有法我分三：一、破色蘊有自性；二、由彼正理類知餘法；三、辯論和講解時答問者之規則。

癸初分二：一、破異體因果；二、破因中有果無果及因果相似與不相似。

子一、破異體因果

問曰：雖破根等，但蘊是有自性，未破故。答曰：除果色的因四大種外，果色非有自性，若除果色的因而果色有自性，則果色應成無因，但任何時處皆非有無因的色境故。不但果色無自性，即果色的因亦無自性，因為若離果色有色因者，色因則成無果因，但無果的因終非有故。

子二、破因中有果無果及因果相似

四大種中有果色耶？抑無果色耶？若如第一謂有果色，則四大種（有法），應不能為色果因，因為四大種已有果色故。若如第二謂無果色，則四大種（有法），亦非有自性地為色的因，因為四大種中無有果色故。問曰：色因雖然沒有，但果色是有。答曰：眼根（有法），不能為果色，無因故。在破無因生時曾兩次說：『唯不應、不應』（有法），是有意義，為令了知無因生果之見最下劣故。又於有對無對等色皆不應分別①，因為色無自性故。果色（有法），與色因四大種非有自性地相似，因為果色與四大種的相不同故。果色（有法），與色因四大種亦非不相似，由於果色是四大種的果色故。

癸二、由彼正理類知餘法

受、想、行、識等諸有為法（有法），亦無自性，由成立色無自性故；受等諸法與色相同故。

癸三、辯論和講解時答問者之規則

① 分別：執有自性。

中觀師在論辯中立：『由自性空故色無自性』之時，諸實事師設若答以『色有自性，因為受有自性故』等語，皆非正答，因為能立與所立相同故。又講空性時，若有弟子出過云：『色有自性，因為受有自性故』，彼諸諍論皆非真能出過，由於能立與所立相同故。

觀界品第五

壬三、破界上有法我分三：一、破空界有自性；二、由彼正理類知餘法；三、呵責有無邊見。

癸初分三：一、破空界上的能相所相；二、破有體無體；三、總結。

子一、破空界上的能相所相

問曰：界有自性，因為佛告大王，當知此士夫補特伽羅是六界所成故。

答曰：經中雖先說地界，而此論中先破空界有自性者，因為世間共許虛空為空，不許餘界為空，為了由世間共許之理，成立不共許的義，故云『先說虛空相』。無質礙非有自性地為虛空相，因為在虛空相的能相——無質礙之前，無有少許虛空故。設若在能相——無質礙之前有虛空，那麼虛空則成無能相。其實不爾，因為於任何時處皆沒有無能相的所相法故。能相無質礙非有自性地於何處轉，因為在無能相之前所相的法非有故。無能相處，能相不轉，沒有無能相的所相故。有能相處，能相亦非有自性地轉，彼中不復須要能相轉故。除有能相與無能相外，更無別處有能相轉，無有是事故。所相非有自性，因為能相轉無自性故。能相亦非有自性，因為所相無自性故。所相應非有自性，能相轉無自性故。若許所相無自性，則能相——無質礙亦非有自性。

子二、破有體無體

毗婆沙師說云：空界是有體。答曰：空界（有法），非有自性地為有體，因為能相與所相皆無自性故。此理決定，離能相所相的有體法並非有故。經部云：空界為無體法是有自性。答曰：空界（有法）為無體法非有自性，因為有體法無自性故。問曰：有體與無體皆有自性，因為有了知有體無體之補特伽羅故。答曰：了知有體無體的補特伽羅（有法），本無自性，有體、無體和亦有體亦無體皆無自性故。云何亦有體亦無體是無自性？有體與無體二法不共有故。

子三、總結

空界（有法），彼為有體、無體、所相和能相皆無自性，彼等諸義前已破故。

癸二、由彼正理類知餘法

其餘五界（有法），亦無自性，與成立空界無自性之理相同故。

癸三、呵責有無邊見

諸邪見劣慧（有法），暫時不能現見所應見的息滅戲論及涅槃，由見諸法為有自性及斷滅無故。

觀貪貪者品第六

辛二、破有我之能立①分三：一、破能依雜染；二、破生住滅三相；三、破業因與作者。

壬初分三：一、破貪與貪者有自性；二、總結；三、由此正理類知餘法。

癸初分二：一、破前後生；二、破同時生。

子一、破前後生

問曰：蘊處界有自性，因有能依雜染故。答曰：若貪有自性不越二種軌則而有，即先有貪者後有貪，或後有貪者先有貪。若如第一，先有貪者後有貪，則因先有貪者而無貪，因為若在貪之先，有無貪的貪者，即應依彼貪者而有貪，如此應成先有貪者後有貪。但是，無有離開貪的貪者故。若如第二，後有貪者先有貪，則無貪者云何有貪？以無所依，則能依非有故。問曰：貪者有自性，未破故。答曰：貪者亦無自性，貪者之先有貪或者無貪皆

① 能立：因。

與破貪之先有貪者或無貪者的理相同故。

子二、破同時生

問曰：貪與貪者同時俱有。答曰：貪與貪者有自性地同時生起不應道理，因為若是有自性的同時生起，則貪與貪者彼此互不相待故。又貪與貪者是有自性的一體呢？或異體呢？若如第一體性是一，即無同時俱有，何以故？彼與彼自己非同時俱有故。若是有自性的異體，亦不應為同時俱有。若謂雖只一個亦是同時俱有，那麼無體的一頭黃牛亦應成同時俱有。又若謂雖是有自性的異體而是同時俱有，則無體各別而住的黃牛亦應成同時俱有。若謂有自性的異體上亦有同時俱有，那麼貪與貪者（有法），非有自性的同時俱有，因為若是有自性的體異，固是同時俱有，但是，非有自性的體異故。若謂貪與貪者是有自性的體異，那麼貪與貪者（有法），何故分別說為同時俱有？如是分別不應道理故。問曰：單獨之異，則不能成立由此貪者貪此所貪之境，為了欲成此義而許同時俱有。答曰：那麼，為了成立同時俱有，又必須許自性體異，因為單獨一個，不能成立由此貪者貪著所貪之境故。又貪與貪者（有法），不是有自性地同時俱有之法，因為有自性的異體之法本來無故。貪與貪者（有法），若是有自性的異體之法，即不應許為同時俱有之法，因為有自性的異體之法，本來無故。

癸二、總結

由此觀之，貪與貪者等（有法），無有自性，因為同時俱有與非同時俱有皆無自性故。

癸三、由此正理類知餘法

一切諸法（有法），無有自性，同時俱有與非同時俱有皆無自性故，如貪及貪者等。

觀生住滅品第七

壬二、破生住滅三相有自性分三：一、破有為有自性；二、由此正理破無為有自性；三、斷違教之諍。

癸一、破有為有自性分二：一、破總相；二、破別相。

子一、破總相分二：一、總破；二、別破

丑一、總破分三：一、觀察是否有為已而破；二、觀個別與聚合已而破；三、觀有無餘相已而破。

寅一、觀察是否有為已而破

問曰：蘊處界有為法有自性，有生住滅有為相故。答曰：彼生（有法），亦應具有生等三相，是有為故。若謂生是無為，則彼生（有法），應非是有為相。

寅二、觀個別與聚合已而破

生等三相個別不能作有為相，因為沒有生的住滅非有故。又生等三相不能在一法上同一時中有自性地聚合，若是有自性地住則與滅相違故。

寅三、觀有無餘相已而破分二：一、出過；二、破救。

卯一、出過

生住滅三法中是否更有生等有為相？若有，則生等相（有法），應成無窮；若無，則生等（有法），應非有為。

卯二、破救分二：一、破第一救；二、破第二救。

辰一、破第一救

正量部云：生等不成無為，因為有生生等故；亦無無窮過，因為有本相與隨相彼此互相成辦故。又若善法或煩惱法隨一生起時，與本法共有十五法生起。1．即彼法；2．彼法的生；3．成就；4．住；5．老；6．無常；7．若是煩惱法即有邪解脫；8．若是善法即有正解脫，若是出離法即有彼法之出離法，若是非出離法即有彼法之非出離法，此中以彼善法或煩惱法為主體，彼法之生乃至非出離即是眷屬，煩惱法共有八法，善法亦然。1．彼法之生的生；2．成就的成就；3．住的住；4．老的老；5．無常的無常；6．若是煩惱法即有邪解脫的邪解脫；7．若是非出離法即有非出離的非出離，此是眷屬的眷屬①。彼十五法，生生唯生本生，本生亦能生生

① 所指共有七種。

生，故沒有無窮過。答曰：如此說來汝的生生能生本生，但是，汝的本生尚未生生生時，則彼法不能生本生，因為生生尚待本生而生故。若謂由本生生生生，即由彼生生生本生，那末，彼生生未生本生時此本生不能生生生，因為此本生尚待生生生故。若謂彼此正生時能互相生，那末，生生（有法），在正生本生時，不能生汝①，因為若許未生之本生能生汝② 者固可，但是汝正量部只許生時能生生生，因此本生未生則不能生生生故。

辰二、破第二救分二：一、牒救；二、破救。

巳一、牒救

若謂如燈明能照自他，如是生亦能生自他有為法，故沒有無為和無窮兩種過失。

巳二、破救分二：一、破喻；二、破義。

---

① 汝：生生。

② 汝：生生。

午一、破喻

許燈明是有自性地照，不應道理，由能除闇乃名為照，但是，何處有燈明則彼處與燈皆無闇故。若謂燈明正生時能除闇，那末，燈明正生時亦不是有自性地破闇，因為燈明正生時不能有自性地到闇故。若謂燈明雖未到闇亦能除闇，那末，一處有燈則能破除一切世間所有的闇。若謂燈能自照亦能照其他之物，因為它是能照故。那末，闇亦應無疑地既能障自亦能障它物，因為它是能闇故。

午二、破義

彼生是已生耶？抑是未生？若是未生，則此生（有法），自體非生，尚未生故。若生已而生，則此生（有法），不應由自生，已生故。

丑二、别破分三：一、破生有自性；二、破住有自性；三、破滅有自性。

寅一、破生有自性分三：一、觀三時已而破；二、觀有、無、亦有亦無已而破；三、觀是否正滅時已而破。

卯一、觀三時已而破

生無自性，已生、未生和正生時皆非有自性地生；此義於前已去、未去和正去時破去的作用有自性中已說故。問曰：依生的作用而正生時名生。答曰：亦不應說依生作用而正生時為有自性，因為若已有生，即無正生時故。內部諸實事師云：汝在表面上是講佛經，其實即破壞了緣起法，甚為可懼，因為佛說：『此有故彼有，此生故彼生』以顯示緣起，而汝則說『已生、未生、生』等語破壞生法故。答曰：生時與生皆自性寂滅①，凡是緣起皆自性寂滅故。問曰：汝說『若生法是有』等語不應道理，因為②約當生，說由生法令生。答曰：生時亦非有自性地生，因為若法在未生以前已有，彼正生時固可為生，但是，彼法未生以前彼無有故。復次今當問汝，若由彼生法令生時生，但是，彼生又為哪一個生法所生？若謂另有一個生法生彼生法，如

① 自性寂靜：無自性。
② 此處略去『我』字。

是則生法無有窮盡。若謂彼生法不待別的生法而生，如是別一切有為法皆如彼生法亦不待別的生法而生。

卯二、觀有、無、亦有亦無已而破

生（有法），非有自性地生，因為在自位時有① 與無② 皆非有生，有無體共亦非有生，如上已破故不繁說。

卯三、觀是否正滅時已而破

何法正滅時（有法），非有自性地生，尚有滅故。何法非正滅時（有法），③ 亦不應生，非有為法故④。

寅二、破住有自性

已住法（有法）不住，住的作用已滅故。未住法（有法）非住，離住的

---

① 有：有體。

② 無：無體。

③ 此處略去『過去未來』四字。

④ 如瓶已壞滅和未來皆非瓶故。

作用故。法正住時亦非有自性地住，住的作用沒有兩個故。有為法（有法）非有自性地住，因為生無自性故。有為法正滅時不是有自性地住，住與滅的作用不共故。非正滅法（有法）非有自性地住，非有為法故。不老不死而安住的有為法非有，因為一切有為法於一切時中皆是有老死之法故。住無自性，自住他住皆不應理故，如生不自生不他生。

寅三、破滅有自性分五：一、觀三時已而破；二、觀是否住已而破；三、觀自他分位已而破；四、觀有體無體已而破；五、觀有無其他能滅已而破。

卯一、觀三時已而破

問曰：生住有自性，有滅故。答曰：滅若有自性，不越三時而有，已滅即不成滅，過去與現在相違故。未滅是在未來亦不成滅，離滅故。正滅，亦非有自性地滅，正滅無自性故。諸有為法（有法），滅無自性，生無自性故。

卯二、觀是否住已而破

有為法住時非有自性滅，滅與住的作用於一事上相違故。有為法自未住時，不應言滅，無有是事故。

卯三、觀自他分位已而破

滅無自性，在自分位時不滅自分位；在他分位時亦不滅他分位故。諸有為法之滅皆無自性，因為諸有為法之生無自性故。

卯四、觀有體無體已而破

有體非有自性地滅，在一法上有體無體不能並有故。無體亦不應有滅，無體故。譬如本無二頭云何言斷二頭？

卯五、觀有無其他能滅已而破

滅無自性，非由自滅，亦非由他滅故。如生不自生亦不從他生。

子二、破別相

問曰：雖破有為總相，但堅濕暖動等別相是有。答曰：有為無自性，因為生住滅等總相無自性，是故別相亦無自性。

癸二、由此正理破無為有自性

問曰：有為有自性，因為有與有為法相違之無為法故。答曰：無為無自性，因有為無自性故。

癸三、斷違教之諍

問曰：生滅倘若無自性，則與經說『有為有生』之義相違。答曰：不相違，經說若生、若住、若滅之法，皆如夢、如幻、如尋香城故。

觀作者及業品第八

壬三、破業與作者有自性分三：一、破業與作者有自性；二、名言中安立業與作者之理；三、由此正理類知餘法。

癸一、破業與作者有自性分二：一、破順品的作用；二、破違品的作用。

子一、破順品的作用

問曰：有為法有自性，有作業與作者故。答曰：定是作者非有自性地作定是業，為下述正理所破故；定非作者亦不作定非業，亦為下述正理所破故。如何破？答曰：應成不觀待作者的作業，因為作者是有自性地作業故，此理決定，如是則作一業時應有二種異體作用，但定是作者並無第二種作用故。又應成無作業的作者，作者有自性地作彼業故，此理決定，如是則作一業時應有二種異體作用，但定是業並無第二種作用故。若謂定非作者能作定非業，則業與作者當成無因。若許業與作者無因，則因果亦不成立，業與作者無因故。若許因果不能成立，即不應有所作、作者和作業，無因果故。若許無所作、作者和作業，則不應有法① 非法②，無所作等故。若許無法及非法，則法及非法（有法），應無所生的果，無有法及非法故。若許無有從法及非法所生的果，則應無解脫和增上生的道，一切作業應成唐勞無功，無果故。亦是作者亦非作者，不作亦是業與亦非業，因為是作者與非作者在一法上決定非有，彼此相違故。

---

① 法：善。

② 非法：惡。

子二、破違品的作用

定是作者不作定非業，否則，應有無作者的業及業無因之過故；定非作者亦不作定是業，否則，當成作者無因及作者不作業的過故；定是作者不作定非業和業非業，否則，當成無作者的業及業無因過，如云：『是業與非業』其因如上已說①。定非作者不能作定是業及業非業，否則，當成作者無因及作者不作業的過，如云：『是業與非業』其因如上已說。亦是作者亦非作者，不作業及非業，否則，亦成『是業與非業』『作者不作業』，及『亦成業無因』過，當知其因如上說故。

癸二、名言中安立業與作者之理

問曰：作用若無自性，當成無作用了。答曰：無如是過，因為作者是依業而有，業亦依作者而有，除彼此互相觀待外，不見別有成辦因故。

癸三、由此正理類知餘法

① 其因即為『彼此相違故』。

如是當知取等亦無自性，因為業與作者無自性故。其餘諸有為法（有法），當知無有自性，因與作者及作業等之理相同故。

觀本住品第九

庚二、釋補特伽羅無我分二：一、正釋；二、破補特伽羅有自性的能立。

辛一、正釋分二：一、牒諍；二、答難。

壬一、牒諍

問曰：有聲聞部云：『《中論》說「取者亦如是」，極不合理，因為眼耳等根及受等心所為緣而有取者，取者在眼耳等根及受等心所之前已有』，如此則在彼等所取以前已有取者一法，何以故？若先無有取者一法，則眼耳等根不能成為所取故。頌文前一『等』字是攝鼻等餘根，後一『等』字是攝其餘心所，『亦』字是指其餘諸根及心所亦是屬此中所攝之義。

壬二、答難分三：一、破取者有自性；二、破所取有自性；三、斷諍。

癸一、破取者有自性分三：一、破取者在一切所取之前而有；二、破取者在一一所取之前而有；三、破一切所取之先有取者之能立。

子一、破取者在一切所取之前而有

彼補特伽羅——取者一法（有法），應無安立之因，取者在眼耳等根和受等心所之前有故。如是則未有彼補特伽羅之時亦應決定有眼耳等根及受等心所，因為無有眼等之時，亦可先有彼補特伽羅故；其實不然，何以故？無有所取，應無取者，由有所取顯示取者故。無有取者，應無所取，由有取者顯示所取故。

子二、破取者在一一所取之前而有

問曰：非說補特伽羅在眼等一切之前而有，是在一一所取之前而有，如從眼等根中，由眼見色顯示有補特伽羅時，餘根則不顯示，餘耳鼻等根則於聞聲嗅香等時顯示有補特伽羅，因此並沒有無安立所依的過失。答曰：彼補特伽羅（有法），在眼等一一之前非有，在眼等一切根之前非有故。又彼補特伽羅（有法），在眼等一一之前非有，設若見者即是聞者，亦是受者，如是可說一一根之前有補特伽羅，但非有如是事故。若謂見者聞者受者是有自性的異，那麼，有見者時聞者亦應當有，如是則一個補特伽羅應成多數我。

子三、破一切所取之先有取者之能立

問曰：彼我雖在一切根等之前而有，但沒有無安立所依的過失，何以故？有眼等根的因四大種故。答曰：彼我（有法），在能生眼等根及受等心所的四大種上亦非由自性有，何以故？與前說前後有和同時有的過失相同故。

癸二、破所取有自性

問曰：雖破取者但所取是有自性。答曰：彼眼等根① 亦無自性，因為眼耳等根與受等心所是誰所屬的我亦無自性故。

癸三、斷諍

---

① 此處略去『與受等心所』五字。

我（有法），執汝（我）有自性之分別應當息滅，因在眼等根之前後及同時皆無自性故。又執為完全沒有之分別亦應息滅，彼（我）能顯示所取有故。

觀火薪品第十

辛二、破補特伽羅有自性之能立分二：一、破能立之喻；二、破能立之因。

壬一、破能立之喻分三：一、破火薪有自性；二、由此正理類知餘法；三、為破彼執呵責其見。

癸一、破火薪有自性分三：一、用前未說之理而破；二、用前已說之理而破；三、總結。

子一、用前未說之理而破分二：一、破自性一；二、破自性異。

丑一、破自性一

問曰：取者與所取，互相觀待而有，故無自性之語，不應道理，如火與薪雖是互相觀待而有，但有自性。答曰：彼所取與取者若有自性，是自性一耶？抑自性異耶？若如第一是自性一，則作者與所作應成一，彼薪與火是自性一故。

丑二、破自性異分二：一、破所立宗；二、破能立因。

寅一、破所立宗分二：一、應不觀待；二、應不會合。

卯一、應不觀待

若如第二是自性異，則火（有法），無薪亦應生起，並且恆常燃燒，和不從能燃的因生起，又於工作當成無有意義，如是則薪亦非有及應不觀待餘——薪，因為與薪是自性異故。若許不待餘——薪，是故火應不從能燃的因——薪而生。若許火不從能燃的因——薪而生，則火應恆常燃燒，因為不從能燃的因生故。若許火常燃，則加薪的工作當成唐勞無功。若謂在正燒時是薪，沒有無薪生火的過失，則火應非有自性地能燃彼薪，何以故？在正燒時方是薪故。

卯二、應不會合

火（有法），應不至薪，與薪自性異故。若不至薪，應不成為燃薪；若不燃薪，應不止息；若許不息，應自然燃燒與恆常燃燒，彼燃不止息故。問曰：離薪雖別有火，但火與薪會合，如女可會見男，男亦會見女。答曰：火薪既自性異，又能會合，極不應理，因為火薪等若成互相遮遣①，則離薪別有火，固可許火與薪能會合，但是，火薪非如是而有故。

寅二、破能立之因

問曰：火薪有自性，是彼此觀待故。答曰：若觀待薪而立火，觀待火而立薪；但是，火薪觀待誰先成立？設若先成立薪然後待彼立火，則火有成已復成之過，並且所燒的薪上，應成無火的過失，因為薪有自性地先成，火待彼而成故。問曰：火薪同時成立，所以無過。答曰：火薪二者既是互相觀待而成即無自性，因為觀待薪而成立火，亦觀待火而成立薪故。又若待薪有

① 義指『火不是薪，薪不是火』。

火，彼火已成耶？抑未成耶？若是未成，則觀待薪而成立之火（有法），應不成觀待薪，火未成故。設若已成，彼火（有法），有自性地觀待薪不合道理，已成故。復次，火薪皆無自性，因為觀待薪的火無自性，亦沒有不觀待薪的火；觀待火的薪無自性，亦沒有不觀待火的薪故。問曰：火薪有自性，何以故？現見由火燒薪故。答曰：火不從無薪處來，不見從無薪處來故。薪中亦非有火，因薪中不見有火故。

子二、用前已說之理而破

如是其餘說明火薪無自性的理在成立已去、未去和去時中去的作用無自性的理中已說，不過把『且已去不去』等句換為『且已燒不燒』等語而破除之。

子三、總結

薪不是火，因為作者與所作非一故，但離薪亦無火，無薪火不生故。火與薪非有自性地互相具有，火與薪亦非有自性地相依，因為火薪非是有自性的一和異故。

癸二、由此正理類知餘法

由我與取一切次第（有法），亦可說明瓶等諸法皆無自性，何以故？與成立火薪無自性理相同故。

癸三、為破彼執呵責其見

諸實事師（有法），龍樹不認為汝等善巧佛陀教義，因為說我及諸法是有自性的一和有自性的異故。

觀前際後際品第十一

壬二、破補特伽羅有自性之因分二：一、破有生死作用的因；二、破有苦的因。

癸一、破有生死作用的因分二：一、破流轉有自性；二、由此正理類知餘法。

一、破流轉有自性分二：一、破流轉初中後三分；二、破生死前後同時分。

丑一、破流轉初中後三分

問曰：我有自性，因為有流轉故。答曰：彼流轉（有法），前後皆無自性，因為始與終無自性故，如能圓滿等問佛曰：世尊，流轉有前際否？佛答非有故。若爾則應有中。曰：彼流轉中（有法），中際應無自性，流轉中始與終皆無自性故。

丑二、破生死前後同時分分三：一、總示；二、廣釋；三、略結。

寅一、總示

彼流轉中（有法），生死前後與同時的次第無有自性，因為初中後三無自性故。

寅二、廣釋分二：一、破前後；二、破同時。

卯一、破前後

若謂生在先，老死在後，則生之先應無老死，及前世未死亦應於此世中生。設若後有生，先有老死，則老死（有法），應成無因，先無有生故。若許老死無因，無因云和成？——應不成，由生為緣而有故。

卯二、破同時

生與老死等不應有自性地同時，否則，正生時應當為死，並且生死二者應成無因故。

寅三、略結

若於彼生與老死（有法），戲論執為有自性者，不合道理，因為生死中，前後同時的次第皆無自性故。

子二、由此正理類知餘法

不僅流轉無有前際，即因、果、相、相依、受與受者諸有義等，一切有為法亦無前際故。

觀自作他作品第十二

癸二、破有苦之因分二：一、正破苦有自性；二、由此正理類知餘法。

子一、正破苦有自性分二：一、立宗；二、示因。

丑一、立宗

問曰：我有自性，因為有與我相聯系的苦故。答曰：有許苦是由自作，有許由他作，有許由自他共作，有許從無因生等說，皆不應理。

丑二、示因分二：一、破自他各別作；二、破自他共作和無因作。

寅一、破自他各別作

若謂彼苦是由自作，則苦（有法），應非從因緣生，彼是自作故，而實不爾，因為依死時的蘊等而有生時之蘊等故。又所知（有法），彼苦非由自性地由他作，因為在此死時之蘊以外若另有生蘊說為他者，及在彼生蘊以外另有死蘊說為他者，固可說由彼死蘊的他作彼生蘊，及說苦由他作，但是彼二非是有自性的他故。若謂補特伽羅自作苦，非苦自作，故無過失。那麼，苦自作苦的補特伽羅（有法），即非有自性地作苦，彼補特伽羅即是苦故。苦謂從人補特伽羅的他而生天的苦，則人非有自性地授予天苦，人補特伽羅的他作苦授予天，彼天亦是苦故。又從人補特伽羅的他而生天的苦，則由人作苦已授與天補特伽羅的他，但是人補特伽羅的他仍是苦故。苦（有法），非他作，自作不成故，此理決定，何以故？他所作的苦，從他補特迦羅來說即成自己所作故。又苦非自作，因為苦自己不作苦故。苦（有法），非是有自性的他所作，因為他亦非他自己所作故。

寅二、破自他共作和無因作

苦（有法），非自他二者共作，因為若自他各各能作，方有共作，但是，自作他作皆非有故。又苦（有法）非無因作，是暫有之生故。

子二、由此正理類知餘法

不但有情的苦非四種生，即外界一切有（有法），亦非有自他各各生、共生和無因生等四種，何以故？從彼等生由以上的理已破故。

觀行品第十三

己二、示有為法自性空分二：一、正示；二、破能立。

庚一、正示分三：一、以他宗共許之教成立；二、斷諍；三、破對經義之異釋。

辛一、以他宗共許之教成立

彼等諸行（有法），是妄，世尊說『何法虛誑彼即是妄』，行是虛誑法故。

辛二、斷諍

問：若諸行是妄，則一切有為法皆無作用，即成損減。答曰：佛說何法虛誑彼即是妄，非由損減，說為虛妄，未說一切有為法完全無故。問曰：既未說一切法完全無有，是說什麼呢？答曰：世尊說諸行皆妄（有法），非說諸有為法沒有，是說諸法自性空故。

辛三、破對經義之異釋分二：一、破誤解經義；二、破彼誤解經義之能立。

壬一、破誤解經義

有聲聞部云：經義是說有為法無有常住的體性，因為現見有變異故。又有為法非是無性法，何以故？須許有為法有空性故，若無自性即無變異。

壬二、破彼誤解經義之能立分二：一、破變異為有自性之能立；二、破空性為有自性之能立。

癸一、破變異為有自性之能立

有為法（有法）應無變異，有自性故。前自分位時應無變異，因為少年非有自性地老故；他分位時亦非有自性地老，何以故？老亦無須再作老故。若謂即彼少年變為老，則乳應成酪。若謂捨乳分位變為酪，此亦非理，因為離乳外非有別法變為酪故。

癸二、破空性為有自性之能立

空無自性，因為若有少許不空法，則空應有少許自性，但是，非有少許不空法故。問曰：世尊為解脫所化衆生故說空，而汝① 今謗空，故與汝辯論且止。答曰：有執空性是有自性，故說彼等無法教化，諸佛說由空見即能

---

① 汝：中觀師。

遠離一切實執故。

觀和合品第十四

庚二、破有為有自性之能立分三：一、破和合有自性；二、破因緣生起有自性；三、破系縛解脫有自性。

辛一、破和合有自性分二：一、正破；二、示由此理亦遮合時有自性。

壬一、正破分二：一、立宗；二、立因。

癸一、立宗

若謂蘊處界由自性有，因為有同時和合故。答曰：見① 所見② 見者③

① 見：眼根。
② 所見：色境。
③ 見者：眼識。

三法，彼等二二①合或一切②互相和合，皆非由自性有：如是貪、所貪、貪者，及其餘煩惱，以至其餘處等三法和合亦無有自性。

癸二、立因分二：一、由異無自性破和合有自性；二、觀察一異已破和合有自性。

子一、由異無自性破和合有自性

見、所見和見者等（有法），非有自性地和合，因為若是有自性地和合，則彼此觀待為異的『異』法亦應有自性，但是，異無自性故，和合亦無自性。不但見、所見和見者等異『法』無有自性，其餘瓶衣等（有法）和合亦無自性，因為『異』法無自性故。依彼而有此，則此不是有自性地『異』於彼所依，如瓶是因衣而異，若無衣則瓶不成為異於衣故。瓶、衣非有自性的異，若瓶是有自性地異於衣，則於無衣時瓶亦應因衣而為異，但是，若無

① 二二：根與境或識與境。
② 一切：根境識三。

衣，則瓶不因衣為異故。又若謂由有泛說異的總名而名為異故無過失，答曰：異的總名在異的別名中無有，因為彼別名中無須安立總名故。不異①中亦非有彼異的總相，何以故？不異中只有一故，此因應許。又異與一非有自性，異的總名非有故。

子二、觀察一異已破和合有自性

和合無自性，何以故？自法不與自法合，異法與異法亦非有白性地和合故。

壬二、由彼理亦遮合時有自性

若謂有和合，因為有合時故，答曰：合、正合時、合者皆非由自性有，因為和合的事無自性故。

觀自性品第十五

① 此處略去『一』字，表明『不一』也同此理。

辛二、破因緣生起有自性分二：一、破有為法有自性；二、示許有自性者不離邊執。

壬一、破有為法有自性分二：一、破能立；二、示違教理。

癸一、破能立分三：一、正破能立的理；二、示由此理遮其餘三邊；三、破執呵見。

子一、正破能立的理

問曰：有為法有自性，因為是從因緣生起故。答曰：有為法（有法）應不從因緣生，有自性故。問曰：自性是從因緣生。答曰：自性（有法）應成有所作，從因緣生故。而實不爾，何以故？自性無所作故。問曰：自性若無所作如何是自性。答曰：瓶實有空（有法）是自性，因為是非所作及不如長短等觀待他而有的法性故。

子二、示由此理遮其餘三邊

問曰：雖破自體，但他體是有自性。答曰：他體無有自性，觀察時，彼非有自性故，此理決定，他體之自性即說為他體故。問曰：雖破自體他體但諸法是有自性。答曰：諸法若有自性，須許有自體他體，因為離自體他體即無有諸法故。問曰：雖破有體但無體法是有。答曰：因為有體法無有自性，無體法亦無自性，何以故？如世間人說：有體法變異壞滅名為無體故。

子三、破執呵見

凡執自體、他體、有體和無體有自性者，彼即不能見佛法真實義，因為諸法是無自性故。

癸二、示違教理分二：一、違教；二、違理。

子一、違教

有為法無自性，因為世尊如實了知有體無體，曾在《聖者迦旃延那教授經》中破有無二邊故。

子二、違理

有為法（有法）應當永不變異，有自性故，此理決定，何以故？自性而有變異之法，畢竟非有故。問曰：有為法（有法）應不變異，非有自性故。答曰：有為法（有法）應非有變異，有自性故。

壬二、示許有自性者不離邊執

智者不應住有無二邊，因為若許諸法有自性，則為常見，若許有為法無，則為斷見故。由許諸法是自性有則不成無即為常故；若許先由自性有而今無者當成斷見故。

觀縛解品第十六

辛三、破縛解有自性分二：一、正破；二、破縛解有自性之能立。

壬一、正破分三：一、破流轉涅槃有自性；二、破縛解有自性；三、斷造作唐勞無益過。

癸一分二：一、破流轉有自性；二、破涅槃有自性。

子一、破流轉有自性

問曰：諸法有自性，因為流轉有自性故。答曰：若爾，蘊與有情是誰流轉耶？若謂是行蘊流轉，彼亦應為常與無常隨一而定。彼等若是常法則不流轉，離去來的作用故。若是無常，即非有自性流轉，因為刹那與相續皆非有自性地流轉故。若謂是有情流轉，則有情亦與行蘊相同，無論常與無常皆無自性流轉故。正量部問云：是常無常皆非的補特伽羅流轉。答曰：彼補特伽羅（有法）應非有自性地流轉，在蘊處界中以五種推求①不可得故。如從人的取蘊流轉至天的取蘊時，是捨人的取蘊而流轉耶，抑不捨流轉耶？若捨取蘊而流轉，則前後二者之中間應無有蘊，因為前蘊已捨後蘊尚未取故。若許前後二者之間無『中有』蘊，則彼補特伽羅應無流轉，即無有有②，則取亦無故。若不捨取蘊流轉，則一補特伽羅應成人和天兩種身，因為人的蘊未捨即流轉為天的蘊故。

子二、破涅槃有自性

問曰：有流轉，因為有涅槃故。答曰：涅槃無自性，諸行寂滅是無自

---

① 我、異我、彼中有此、此中有彼、彼此相應。

② 此指『中有』。

性，有情寂滅亦無自性故。

癸二、破縛解有自性分二：一、總破；二、別破。

子一、總破

問曰：諸法有自性，因為系縛與解脫有自性故。答曰：具足生滅法的諸行非有自性地系縛及解脫，因為剎那與相續皆非有自性地系縛和解脫故。如先所說有情亦非有自性地系縛和解脫，因為剎那與相續皆非自性地系縛和解脫故。

子二、別破分二：一、破系縛有自性；二、破解脫有自性。

丑一、破系縛有自性

問曰：系縛有自性，因為貪等系縛所取有自性故。答曰：在任何分位系縛皆無自性，因為有所取和無所取皆不系縛故，若在所系之先有能系縛，固可系縛，然彼非有故。其餘破法同觀去來品中所說已去、未去和去時等可以換為『已縛無有縛』等而破。

丑二、破解脫有自性

問曰：有系縛，因為解脫有自性。答曰：此執非理，何以故？由於已系縛則非有自性地解脫；未系縛則解脫亦無諦實故，若謂系縛正在解脫時是有自性，則系縛與解脫有同時的過失。

癸三、斷所作唐勞無益過

問曰：設若解脫無有自性，則為求解脫而修善行應成唐勞無益。答曰：不成。若執涅槃實有，謂我不受後有，當證涅槃，涅槃為我所有，誰起如是執彼即於所取起莎迦耶見大謬執故。因此，於彼流轉與涅槃不應分別為勝義中有，因為諸法實相中無涅槃可生，而流轉還滅亦非勝義中有故。

觀業品第十七

壬二、破縛解有自性之能立分二：一、牒諍；二、答難。

癸一、牒諍

問曰：流轉有自性，因為是業果的所依故。何謂業果？

此中分二：一、建立善不善；二、離斷常之理。

子一、建立善不善

自善防護①、饒益於他和慈心等任隨一種（有法）皆是善法，是感現世和後世悅意樂果的種子故。大仙②說：『諸業是思業和思已業』，彼業差別共有多種。許彼（1）思業即是意業，彼（2）思已業許為身語業。（3）善（4）不善語及身行動，如是名為未遠離無表和遠離無表，亦許為業，如是從受用所生的（5）福（6）非福業及（7）思業，彼七法即許為業。

子二、離斷常之理分二：一、疑問；二、答難。

丑一、疑問

問曰：彼業直至異熟生時若仍然安住者，則當成常，設若生已無間即滅，即成滅法云何生果？因為滅法是無體故。

---

① 即律儀。

② 『大仙』此處指『佛』。

丑二、答難分二：一、由許相續離斷常；二、由許不失法離斷常。

寅一、由許相續離斷常

芽等相續從種子生，由彼相續生果，若無種子則彼相續不能生，因為從種子生相續，從相續生果，種子在果之先而有，是故非斷非常；凡是心相續皆從初心生起，從彼相續而生果。此初心若無，則彼相續不生，因為從初心生相續，從相續生果。而業在果之先而有，是故非斷非常。如此十白業道是成辦法①的方便，此善法果即是受用現世和他世五妙欲故。

寅二、由許不失法離斷常分二：一、破他宗所答；二、自答。

卯一、破他宗所答

許相續義，極不合理，何以故？若以種芽相續之同法作為離斷常之理，則過失大而且多，如從青稞種子生青稞芽，及從彼僅生青稞一樣的果，則有善心、不善心和無記心亦應唯生同類，及天應唯生天等過失故。

① 法：善法。

卯二、自答分三：一、略示；二、廣釋；三、總結。

辰一、略示

諸佛獨覺聲聞等所說的道理極為甚善，今當略說：作業時即生不失法如借債券，業如債務。彼不失法有三界無漏等四種差別；彼亦是無記性、非善性，因為在斷善根的相續①中亦有故。亦非不善性者，在離欲者身中亦有故。

辰二、廣釋

彼不失法非見所斷，是修所斷。由於業雖壞滅，不失法不壞滅，故由不失法生起業果。問曰：由於業斷②則不失法亦斷；由於業滅③則不失法亦滅又有何過？答曰：如此則有業壞滅所作亦失壞的過失。在結生時同界之

①　相續：身。
②　業斷：對治斷。
③　業滅：度果滅。

業，一切同分非同分的不失法唯生一種，餘諸異法盡皆壞滅。而現在法①中有漏無漏二種業與業的不失等異法皆可生起。又果雖成熟而不失法仍然安住。彼不失法在預流向等度果即滅；及死時滅。又不失法有：有漏無漏二種差別。

辰三、總結

業非常，何以故？生已無間即壞滅空故；業非斷，因為由不失法的能力流轉生死故，業等不失法是佛所說，唯應承認。

癸二、示答分三：一、業無自性故離斷常；二、破業有自性；三、引喻示業雖無自性而有作用。

子一、業無自性故離斷常

若許業有自性則不能離斷常，何以故？若業初生乃至成熟時猶安住者即成為常，不住則成斷故。業（有法）非有自性住的常，及非有自性滅的斷，

① 現在法：現世。

因為生無自性故，何以故？彼業無自性故。業（有法）不失壞，因為生無自性故。

子二、破業有自性分二：一、示能破；二、破彼之能立。

丑一、示能破分二：一、若常則有非所作過；二、有異熟無窮過。

寅一、若常則有非所作過

業（有法）應是常，因為有自性故，若許是常，則成非所作，何以故？常則無所作故。若謂業非所作，則當成不作業而感果的過；又彼宗雖修梵行亦應成不住梵行的過，因為有不作的業故。又與世間所說：『諸作瓶』等一切名言相違，因為有不作之業故。又應成無作福作罪的差別，因為有不作之業故。

寅二、有異熟無窮過

彼業異熟果雖已成熟，應再再重生異熟果，因為業有自性故，何以故？若業有自性則應常住故。

丑二、破業有自性

問曰：業有自性，因為業的因——煩惱有自性故。答曰：諸煩惱（有法）非實有，因為它是從非理作意而生故。業非實有，因為煩惱非實有故，何以故？此業是從煩惱生故。問曰：業及煩惱有自性，因為有彼業的果——身故。答曰：說身有自性不合道理，因為業與煩惱自性空故，何以故？經說業與煩惱等是身的緣故。問曰：業有自性，因為有受業果者故。由無明所蔽及具足愛纏的衆生即是受果者，而受者與作業者非異亦非一故。答曰：作業者亦無自性，因為此業非有自性地從緣生，亦不從非緣生故。業所生果無有自性，因為業與作業者皆無自性故，受者亦無自性，因為所受之果無自性故。

子三、引喻示業雖無自性而有作用

問曰：業果若無自性則不應有作用。答曰：無過。如佛由圓滿神通力變化一個化人，復由化人又化作一個化人，如是作業者猶如第一化人，而彼作業者所作的事，即如第一化人所變現之化人，是故煩惱、業、身、作者和果，皆如尋香城、如陽燄、如夢故。

觀我法品第十八

己三、趣入真性之軌則分五：一、正示；二、斷違教之諍；三、導入真性之次第；四、真性之體相；五、示於真性定須修習。

庚一、正示分二：一、抉擇見；（二）由修①滅除過患之次第。

辛一、抉擇見

問曰：業及煩惱若不是真性，那麼，什麼是真性。趣入真性之方法又是怎樣呢？答曰：內外諸法畢竟遠離我及我所執即是真性，趣入真性的軌則者，謂若執我有自性，那麼，我與蘊是有自性的一體耶、或是有自性的異體耶？設若蘊與我是有自性的一體，那麼『我』即成有自性的生滅法；設若我

① 此處略去『無我』二字。

與蘊等是有自性的異體，那麼我（有法）蘊應無有為的相。①我所應無有自性，因為『我』無自性故。

辛二、由修②滅除過患之次第分二：一、滅除過患之次第；二、得解脫的軌則。

壬一、滅除過患之次第

修我及我所無自性的瑜伽行者（有法）應無我執及我所執，因為彼現證我、我所相本來寂滅的真如故。問曰：我、蘊應有自性，因為有斷我及我所執的瑜伽行者故。答曰：誰見③修無我執和無我所執的瑜伽行者有自性，誰就不能見真性，因為彼無我和無我所執的瑜伽行者，亦不是有自性故。若能滅盡對內外諸法執為我及我所的薩迦耶見，則『取』亦滅，取若滅，則由業為緣所引的『生』亦滅，何以故？薩迦耶見是流轉生死的根本故。

① 此處略去『我是有為，蘊即應無生住滅相，汝許我與蘊是有自性的體異故』等數字。
② 此處略去『無我』二字。
③ 見：計。

壬二、得解脫的軌則

業及煩惱滅盡即得解脫，因為業和煩惱若能滅盡則生老死亦息滅故。若爾，業和煩惱由何而息滅耶？答曰：由修空性即能滅除業惑，因為業和煩惱是由非理作意的分別心而生的，彼等分別由實執戲論而起，所以須修空性才能滅除實執戲論故。

庚二、斷違教之諍

問曰：設若滅盡薩迦耶見即是真性，那麼與經說『我自為依怙，更有誰為依，由善調伏我，智者生善趣』的話，豈不相違嗎？答曰：不相違，由於諸佛為令毀謗業果者離不善故假說有我；又為深信業果者趣入解脫故亦說無有主宰的我；諸佛又為殊勝所化①說我與無我皆無自性故。問曰：設若佛說我與無我俱無自性，然有何法可說？答曰：在勝義諦中本無可說，因為在勝義中息滅心的行境故，在勝義中不生不滅的法性與涅槃相同故。

① 殊勝所化：上根利智者。

庚三、導入真性之次第

問曰：真性在勝義中雖不可言說，但在言說中請示導入真性的次第！答曰：可爾，佛先① 說一切有情和器世間實有；次② 說非實有而是變異的；次又說觀待異生是實有，觀待聖者非實有；再次說非實而變異的亦無自性，真實而不變異的亦無有自性，因此佛是隨順眾生的心量而說法故。

庚四、真性之體相

問曰：若爾，什麼是真性的體相呢？答曰：瓶諦實空（有法）是有真性之相的具相者，非從別人言說而能現量了知；自性寂滅；非由語言戲論所能言說；現證彼真性時離諸分別；和是無異體的法性故。又因相續不斷亦不常，因為依何因生起之果即與彼因非一，亦非與彼因有自性地異故。

庚五、示於真性定須修習

① 此處略去『為許刹那不變異的衆生』十字。
② 此處略去『為許刹那變異的衆生』九字。

對於彼非有自性的一、異、不斷和不常的真性（有法）應須勵力修習，因為諸佛——世間依怙的教法是滅除老死的甘露故。又修彼非有自性的一、異、不斷和不常的真性（有法）此世雖未得涅槃，然仍須勵力修習，因為由修習真性之力，此世雖未證得涅槃，在佛未出世，聲聞已盡之時，獨覺的智慧能夠不依師教而能生起故。

觀時品第十九

己四、示時自性空分二：一、正示①；二、破時有自性的能立。

庚一、正示分二：一、總破時有自性；二、別破自他部所許。

辛一、總破時有自性

問曰：諸有為法應有自性，是安立三時的所依故。答曰：現在、未來若

---

① 此處略去『時自性空』四字。

有自性，不外乎二種而有：① 即現在與未來應在過去時有，因為現在未來有自性地觀待過去故，但是，現在與未來應有自性地觀待過去，因為在過去時中無有現在和未來故② 現在與未來亦無自性，因為不觀待過去則無現在未來二時故。由此正理次第之規則，亦當了知類破其餘二時，即用『過去與未來，若觀待現在』等句破之。由觀察三時次第之理，當知對於上、中、下等和一、二、三等亦爾。

辛二、別破自他部所許

別部有人問曰：時有自性，因為具足有剎那、須臾等分齊故。答曰：時不能以剎那等分齊量可取，因為時非恆常安住不變故。以剎那分齊量所取的時非有，因為彼不可得見故。如此之時不能以剎那等量施設，因為量不能取故。內部諸實事師問曰：時雖不是常法，但依有為的時是有自性的。答曰：

① 此處略去『一觀待過去』五字。
② 此處略去『若是觀待須同時有故。二不觀待過去』等字。

諸有為法既無自性，時云何有自性呢？因為時是依有為法而安立的，沒有與有為法異體的時故。

觀和合品第二十

庚二、破時有自性的能立分二：一、破時是果的俱有緣；二、破時是果的生滅因。

辛一、破時是果的俱有緣分三：一、破果從因緣和合生；二、破果唯從因生；三、破果從因緣和合再生。

壬一、破果從因緣和合生分三：一、破果在和合之後而生；二、破果與和合同時生；三、破果在和合之先而生。

癸一、破果在和合之後而生

問曰：時是有自性，因為它是果的俱有緣故。答曰：果若從因緣和合而生，則和合中既已有果，那麼果（有法）應不是從因緣和合中生，因為因緣和合中已有果故。又① 則果（有法）應不是從因緣和合有自性地生，因為是從因緣等和合而生，因緣和合中無果故。② 果（有法）在因緣和合中應無，因為若因緣和合中有果，那麼和合中應有所見，但和合中都不可見故。又若果是從因緣等和合而生，則和合中無果，那麼果（有法）因緣等亦應與非因緣相同，因為因緣中是有自性地無果故。若謂由和合而生親因，由親因與果已其因即滅，那麼與因及滅因應成二體。設若因未與果即滅，那麼，果芽等（有法）當成無因，因為在自己的親因滅了以後才生起故。

癸二、破果與和合同時生

設若果與因緣和合同時生，則能生與所生應成同時。

癸三、破果在和合之先而生

毗婆沙師有云：『果在和合之先而生。』答曰：果（有法）應成無因生，

---

① 此處略去『若因緣和合中無果』八字。

② 此處略去『若和合中有果』六字。

因為果在沒有自己的因緣之先而生故。

壬二、破果唯從因生分二：一、破因果體一；二、破因果體異。

癸一、破因果體一

問曰：果唯從因生，不從因緣和合生，即無於果與因和不與因的過失，由於因滅已即住果體故。答曰：① 一因應至一切果；又先生的因應當再生。

癸二、破因果體異分二：一、破因生果的作用有自性；二、破因有自性。

子一、破因生果的作用有自性

若因是有自性地生果，那麼因是在果之先滅已而生耶，還是未滅而生耶？又果是生已而生呢，還是未生而生耶？若如第一，則因滅已不能生果，由於因壞滅已其因即無故，又既已生那就不須再生故。若如第二，則與果相屬之因現在安住未滅，亦不能有自性地生果，因為因未變壞則不能生果故。

① 此處略去『若因滅生果』五字。

又設若在因位時與果不相屬而生，則彼因有自性地生果即不合理，因為在因位時尚無果故。又因不是有自性地生果，因為因見不見果皆不是有自性地生故。又因應非有自性地生果，因為因果不相合故，過去果不與過去因、未來因和現在因同時相合；現在果不與未來因、過去因和現在因同時相合；未來果不與現在因、未來因和過去因同時相和故。如是觀察因果二者既不是有自性地相合，那麼因就不能有自性地生果。問曰：因果是有自性地相合。答曰：①因就不能生果。若謂果空②的因能生果，不應道理，由於離果故。若謂由果不空的因是有自性地生果，亦不應理，因為③不須再生故。又果（有法）應成不生不滅，因為自性不空故，此理決定如是，由於彼自性不空即成不生不滅故。又果（有法）應非有自性地生滅，因為自性空故，此理決定如是，因為彼果若有自性當成不生不滅故。又若謂因果體一畢竟非理，因

① 此處略去『因果若是有自性地相合』十字。
② 果：無果。
③ 此處略去『有果』二字。

為若因果體一則能生與所生即成為一故；因果體異終不應理，因為若因果是有自性的體異，則因與非因應相同故。又因應不能生果，因為果有自性故，若謂因① 不能成立，那麼，因應不是有自性地生果，因為果無自性故。

子二、破因有自性

因應不是有自性，因為能生無自性故。屬於任何因之果皆無自性，何以故？因無自性故。

壬三、破果從因緣和合再生

彼諸因緣等和合（有法）不應是有自性地生果，何以故？自己不生自己故。若許不是有自性地生果，那麼，因緣和合應不是有自性地生果，因為自己不生自己故。問曰：由因緣和合所生的果雖無自性，但有不由因緣和合而生的果。答曰：不從因緣和合而生的果應當沒有，何以故？因緣和合所生的果無自性故。問曰：果雖無有自性，但因緣和合是有自性。答曰：因緣和合

---

① 此處『因』指『果有自性之因』。

應無自性，由於果無自性故。

觀成壞品第二十一

辛二、破時是果成壞的因分二：一、破生滅有自性；二、示若許生滅有自性應有斷常的過失。

壬一、破生滅有自性分二：一、破所立；二、破能立。

癸一、破所立分三：一、觀察是否俱有已而破；二、觀察依何有已而破；三、觀察是否一異已而破。

子一、觀察是否俱有已而破

問曰：時有自性，因為果是成壞的因故。答曰：離成或共成皆無有自性地壞；離壞或共壞皆無有自性地成，為下面所說之理所破故。破法如何？謂離成云何有壞呢？實則離成應無壞，因為離生即無死故。共成應無有自性地壞，死生不能在一時中有自性地共有故。離壞應無有成，因為諸有為法無論何時皆不離無常故。共壞亦無有自性地成，因為生死不能在一時中有自性地共有故。又成壞等（有法）應無自性，汝等彼此非有自性地相共亦非有自性地不共故。

子二、觀察依何有已而破

盡中非有自性地成，因為盡與生二者不能一時有故。不盡中亦不是有自性地成，何以故？若不盡是有自性，則離有為法的相故。盡中非有自性地壞。因為彼中不依有自性的壞故。不盡中亦不是有自性地壞，何以故？若不盡有自性，則應離壞故。問曰：成壞是有自性，因為有為法是有自性故。答曰：因為法與成壞皆無自性，因為沒有有為法即沒有成壞，沒有成壞即沒有有為法故。由於成壞若有自性，那麼，彼是空耶抑不空耶？若空即不能言成壞有自性；若自性不空即無有成壞等法故。

子三、觀察是否一異已而破

成壞若有自性，那麼，成壞應非體一；成壞亦不是有自性的體異故。

癸二、破能立分二：一、示現見非能立；二、示彼能立。

子一、示現見非能立

汝若作是思維：成壞有自性，因為現見有成壞故。此不一定，何以故？由痴闇所覆乃見成壞有自性故。

子二、示彼能立分二：一、破成壞從同不同類生；二、破有為法從自他生。

丑一、破成壞從同不同類生

問曰：由痴闇所覆見成壞實有之說，依何成立？答曰：依理成立。成壞應無有自性，因為有體法不從有體法生、有體法不從無體法生、無體法不從無體法生和無體法不從有體法生故。

丑二、破有為法從自他生

有為法（有法）應非有自性地生，因為不從自生、不從他生和不從自他共生故。

壬二、示若許生滅有自性應有斷常的過失

若許有為法有自性應成斷常見，何以故？若見自性有的有為法是常則成常見，若見自性有的有為法是無常則成斷見故。問曰：雖然許有為法有自性，但不墮斷常二邊，因為因果的生滅相續是有故。答曰：若有彼因果的生滅相續，那麼，因相續應當成斷滅，由於因已壞滅就不再生故。又有體法(有法）後來成為無體法不應道理，有自性故。又證無餘涅槃時應成斷，因為證無餘涅槃時有蘊相續已寂滅故。又三有相續無自性。何以故？後有①滅時非初有② 生故；後有不滅時亦不是初有生故。問曰：後有正滅時，即是初有有自性地生時。答曰：那麼，一個有情應有二個不同的『有』同時共有，因為正在滅時的人的死有為一個，而正生時的滅的生有另成一個，由於若是有自性的生，則因果同時故。又住於何蘊死時不應即於彼蘊有自性地生，因為正滅與正生不應同時共有故。又三有相續無自性，因為三時中三有相繼有自性不應道理故。三時中既無有自性的三有相續，則三有相續有自性

① 後有：死有。
② 初有：生有。

即不應道理故。

觀如來品第二十二

己五、示三有相續自性空分二：一、破如來有自性；二、破煩惱有自性。

庚一、破如來有自性分四：一、正示；二、示如來非生邪分別之處；三、示執邪分別的過失；四、由此正理類知餘法。

辛一、示如來非生邪分別之處分三：一、破取者有自性；二、破所取有自性；三、總結。

壬一、破取者有自性分二：一、破如來有實體；二、破依蘊有自性。

癸一、破如來有實體

問曰：三有相續有自性，因為如來有自性故。答曰：如來（有法）無自性。與蘊非一、與蘊非有自性地異、蘊非有自性地依如來、如來非有自性地依於蘊，如來非有自性地具有蘊故。

癸二、破依蘊有自性分二：一、正破；二、破取者和所取有自性。

子一、正破

正量部云：佛是依蘊安立的，不可說與蘊體一和體異。答曰：如來（有法）應非從自性有，何以故？是依蘊假安立名故。若許如來非從自性有，則彼如來（有法）應非從他生，因為不從自體生故。問曰：如來雖不是從自體生，但依他法是有。答曰：如來（有法）應無自體，是依他而假安立故。若許如來無自體，則如來應非實有，何以故？彼無自體故。又如來（有法）應非離蘊有他體，因為無有自體故。如來（有法）無自性，因為離自體和他體不可得故。

子二、破取者和所取有自性

問曰：如來和蘊是取者和所取皆有自性。答曰：彼等應無自性，因為若不依蘊而有如來①，但彼仍須依蘊，則依蘊後即成蘊的取者，由於不依蘊即無如來故。又如來（有法）不是有自性地取於五蘊，何以故？不依蘊即無如來故。又如來（有法）應非彼蘊的取者，蘊非所取故。又如來無自性。因為取無自性故。如來（有法）不應立為有自性的取者，何以故？若以五種尋求之時與蘊非一非異故。

壬二、破所取有自性

彼所取蘊（有法）非從自性有，是緣起有故。彼所取蘊（有法）在勝義中非從他體而生，因為不是從自體生故。

壬三、總結

蘊空故則如來空，不應在勝義中安立為有，因為所取和取者在勝義諦中空故。

辛二、示如來非生邪分別之處

① 此處略去『固可說為有自性』七字。

問曰：若說如來無有自性，豈不成損減執嗎？答曰：不成，何以故？如來言說中有，我不說為空①；亦不說在勝義中不空；不說亦有亦無和非有非無，是說由名言假安立故。又如來（有法）在勝義中應無有常、無常、亦常亦無常和非常非無常，何以故？自性寂滅故。如來（有法）應非有邊、無邊、亦有邊亦無邊和非有邊非無邊，何以故？自性寂滅故。又彼諸實事師（有法）以實執深厚說如來滅度後有；或由虛妄分別說如來滅度後無。佛（有法）滅度後不應思維有或無，何以故？自性空故。

辛三、示執邪分別的過失

一切實事師（有法）不能見如來法性，因為如來離諸戲論而非有自性地盡，彼等但由戲論所覆損害慧眼故。

辛四、由此正理類知餘法

如如來無自性一樣，衆生亦無自性，如來的體性——空性，即是衆生的

① 空：無。

體性故。

觀顛倒品第二十三

庚二、破煩惱有自性分二：一、正破；二、破救。

辛一、正破分五：一、以緣起因破；二、以所依無自性的因破；三、以因無自性的因破；四、以所緣無自性的因破；五、以其餘的因無自性的因破。

壬一、以緣起因破

問曰：三有相續是有自性，作為彼因之煩惱是有自性故。答曰：煩惱非實有，經說貪瞋痴是從分別心生，由依淨不淨顛倒分別而生故。其理決定如是，何以故？煩惱既依淨不淨顛倒分別所生，那麼，彼等就不是有自性地生故。

壬二、以所依無自性的因破

諸煩惱有與無，皆無自性，因為彼所依的『我』有與無皆無自性故。其理決定如是，何以故？由於彼等煩惱的所依本無自性，所依既然全無自性，則能依的煩惱亦無自性故。問曰：煩惱所依的我雖無自性，但是心是有自性。答曰：此不應理，如觀察於自身起的薩迦耶見，彼見所執之我本來無有，在有煩惱的心上以五種觀察求諸煩惱亦不可得；又於自身起的薩迦耶見，彼見所執的我本來沒有一樣，在煩惱上以五種尋求有煩惱的心亦不可得故。

壬三、以因無自性的因破

依淨、不淨、顛倒所起的煩惱，在勝義中非有，由於淨、不淨、顛倒皆無自性故。

壬四、以所緣無自性的因破

問曰：煩惱有自性，因為煩惱的所緣有自性故。答曰：色聲香味觸法六種（有法）是貪瞋痴的所依，由於增益為淨、不淨顛倒而生三毒故。色聲香味觸法（有法）唯是假安立，何以故？如尋香城、陽燄和夢故。

壬五、以其餘的因無自性的因破分二：一、破貪瞋的因有自性；二、破痴的因有自性。

癸一、破貪瞋的因有自性

於彼等境①（有法）淨、不淨在勝義中非有，何以故？猶如幻化人和影像故。勝義中非有淨，因為觀待不淨安立為淨的那個不淨，若不觀待淨則非有不淨故。勝義中非有不淨，因為觀待彼淨安立為不淨的那個淨，若不觀待不淨則非有淨故。是故勝義中云何有貪和瞋呢？勝義中無有淨與不淨故。

癸二、破痴的因有自性分三：一、破顛倒有自性；二、破有顛倒者有自性；三、觀察有無顛倒境已而破。

壬一、破顛倒有自性

若於無常計常謂倒執，則蘊（有法）執為是常，在勝義中應不是顛倒，因為勝義中沒有無常故，何以故？勝義中空故。又若於無常計常謂是倒執，

① 彼等境：色聲香味觸法。

則蘊（有法）是無常，執為在勝義中有即是顛倒，何以故？勝義中空① 故。問曰：勝義中雖無常執，但『執』在勝義中是有。答曰：『執』在勝義中非有，因為能執、執的業用、執者和所執皆寂滅② 無故。

壬二、破有顛倒者有自性

問曰：顛倒在勝義中是有，因為有顛倒的天授③ 故。答曰：何補特伽羅有顛倒及何補特伽羅無顛倒在勝義中皆非有，因為在勝義中沒有執為顛倒或執為正確故。又何補特伽羅有顛倒，若觀察其自性則不可得，因為已成顛倒、未成顛倒和正顛倒時在勝義中尋求顛倒皆不可得故。又顛倒等（有法）在勝義中應非有，因為勝義中無生故。在勝義中應沒有『有顛倒者』，因為在勝義中不生諸顛倒故。又在勝義中應無有顛倒者，有為法不從自生、他生和自他共生故。

① 空：沒有無常。
② 寂滅：勝義中。
③ 『天授』是某甲名。

壬三、觀察有無顛倒境已而破

常樂我淨應不是顛倒，因為有常樂我淨故。若謂有常樂我淨的因不能成立，那麼，無常苦無我不淨在勝義中應無有，因為無有常樂我淨故。觀察勝義中有無顛倒是有大義利的，由於如是觀察之後生起修習，則能息滅顛倒，顛倒滅已，無明即滅，無明若滅，行等自息滅故。

辛二、破救

問曰：煩惱是有自性，有它的對治故。答曰：諸煩惱（有法）應不能斷滅，因為有自性故，其理決定如是，何以故？若是有自性，誰也不能斷故。又若諸煩惱是有自性地無①，那麼，諸煩惱（有法）應無須斷②，其理決定如是，何以故？既是無有，即無須斷故。

---

① 即斷滅無。

② 此處略去『因為有自性地無故』八字。

觀聖諦品第二十四

丁二、斷諍分二：一、觀聖諦；二、觀涅槃。

戊一、觀聖諦分二：一、牒諍；二、答難。

己一、牒諍

問曰：汝宗應無生、無滅、無四聖諦等法，因為彼等一切法空故。若許無生、無滅和無四諦，那麼，應無知苦、斷集、修道和證滅，因為沒有四聖諦故。若無知苦、斷集、修道和證滅，那麼，應沒有四果，因為沒有知苦等故。若無有四果，則無住果者，向亦應無有，因為沒有四果故。若無有住果和住向者，則應無有僧寶，何以故？無有住果向的八補特伽羅故。又正法亦應無有，因為無有諸聖諦故。若許無有正法及僧寶，那麼，云何有佛呢？因為沒有正法和僧寶故。若許無有佛，則汝應是破壞三寶，因為汝說一切法空無自性故，從而即破壞了有果、是法、非法和世間一切名言，因為一切有為法自性空故。

已二、答難分四：一、示未通達緣起之諍；二、示空即緣起義；三、他宗一切建立皆不應理；四、若見緣起真性即見四聖諦真性。

庚一、示未通達緣起之諍分二：一、正示；二、示自宗能建立他宗不能建立的差別。

辛一、正示分二：一、示如是興諍是未了達三法；二、示未通達二諦。

壬一、示未了達三法

答彼諍曰：實事師（有法）若執為自性空是無有，則於汝有違害，由汝不了達說空性的所為、空性的體性和空性的意義故。說空性的所為即是破除實執；空性的體性，如說：『非從他知性寂滅』①；空性的意義，是一切法自性空。

壬二、示未通達二諦分五：一、二諦的體性；二、若不知二諦即不能了知經義；三、佛說二諦的所為；四、倒執二諦的過患；五、二諦甚深難知故

① 意即『自性本來寂淨』。

佛最初不說法的理由。

癸一、示二諦的體性

問曰：誰未了達空性的所為等？妄興諍論者又是誰？答曰：即諸不知二諦的差別者是，為除彼等無知痴闇，當說二諦差別。諸佛說法（有法）正依二諦，即依世俗諦和勝義諦故。

癸二、若不知二諦即不能了知經義

諸實事師（有法）不知佛教甚深真實義，因為彼等不知二諦的差別故。

癸三、佛說二諦的所為

佛說二諦是有大義，因為不依世俗諦即不能說勝義諦；若不能通達勝義諦則不能證得涅槃故。

癸四、倒執二諦的過患

實事師（有法）諸劣慧者自受損害，彼於空性生惡見故，猶如不善捉蛇和不善持明咒一樣。

癸五、二諦甚深難知故佛最初不說法之理由

所知①（有法）佛知此法甚深微妙諸淺智難得了知，故佛密意暫不說法，因為若倒執空性則有極大過患故。

辛二、示自宗能建立他宗不能建立的差別

汝實事師所有毀謗空性的過失於我中觀師則非有，因為生滅不能安立等過失說空性者非有故。又中觀師（有法）一切建立皆應道理，因為中觀師許有空性故。實有宗（有法）一切建立皆不應理，因為汝不許有空性故。又汝實事師是將自己的過失推向我中觀師，因為②許緣起③反說我有過，譬如乘馬者自忘所乘之馬。又實事師（有法）汝應是見諸有為法無因無緣者，因為若見一切有為法由自性有，則見諸法無因無緣故。又汝應是破壞因、果、作者、作、所作和生滅果，因為見一切法有自性故。

庚二、示空即緣起義

---

① 所知：一切法都是所知。但在此處是指勝義諦。
② 此處略去『我』字。
③ 此處略去『汝』字。

所知（有法）無有一法不是空性，因為無有一法不是緣起，其理決定如是，何以故？凡是緣起所生之法，即說彼① 是空性；亦即依彼② 假立名言；彼③ 亦即是離邊中道故。

庚三、他宗一切建立皆不應理分三：一、不能建立四諦及知苦等；二、不能建立三寶和作用等；三、不能建立世間和出世間的名言。

辛一、不能建立四諦及知苦等

實事師（有法）應沒有生滅，因為④ 一切有為法不空故，若許無有生滅，則汝不能建立四聖諦，其理決定如是，何以故？若不是緣起，云何有苦呢？但是經說：『無常是苦義』，非自性有故。又破壞空性者，則不能建立集諦，因為苦若是有自性，則不從集諦生故。又應不能建立滅諦，何以故？

① 彼：緣起所生法。
② 彼：空性。
③ 彼：空性。
④ 此處略去『汝許』二字。

苦有自性故，其理決定如是，何以故？若有自性則應恆常安住不變，如是則破壞滅諦。又應不能建立修習，因為道自性有故。但是道（有法）汝應非自性有，因為汝① 是所應修故。又許修道滅苦而得滅亦不應理，何以故？無有苦、集和滅諦故。又苦諦（有法）後來② 應不能知，因為先③ 未知苦一事是有自性故，其理決定如是，何以故？自性是常住不變故，如是汝應不能建立斷集、證滅、修道和證四果，因為先④ 未斷集等是有自性故，不能建立知苦亦是如此。又四果（有法）後來應不能得，因為先⑤ 未得果是有自性故，其理決定如是，何以故？由執有自性，而有自性則不能變異故。

辛二、不能建立三寶和作用等

---

① 汝：道。
② 後來：在聖者位時。
③ 先：在凡夫位時。
④ 先：在凡夫位。
⑤ 先：在凡夫位。

應無住果向者，因為無果故，若許無住果者，則應無僧寶，何以故？無有住果向的八補特伽羅。亦應沒有正法，因為沒有四聖諦故。若許無有正法，那麼，佛亦應當沒有，因為無有正法和僧寶故。又汝應許佛不依菩提，菩提亦不依佛，因為② 佛與菩提有自性故。又諸異生（有法）汝為得菩提雖修菩提行應不能證得菩提，何以故？在非佛位是有自性故。又法③ 及非法④ 終不能作，因為自性不空故，其理決定如是，何以故？不空何須所作，自性非所作故。又無有法⑤ 及非法⑥ 亦應有果生，由法及非法為因而生果報之事，於汝則應無，因為⑦ 果由自性有故。因此，從法非法所生的果報

① 此處略去『實事師』三字。
② 此處略去『汝許』二字。
③ 法：善業。
④ 非法：不善業。
⑤ 法：善業。
⑥ 非法：不善業。
⑦ 此處略去『汝許』二字。

應是自性空，因為從法非法為因所生果報汝亦許是有故。

辛三、不能建立世間和出世間的名言

事實師（有法）應是破壞世間一切名言，因為①破壞緣起的空義故。又作應成無作，未作而成有作，不作亦應成作者，何以故？破壞空義故。又諸趣（有法）應成不滅，常住不變、而離一切分位，因為是自性有故。又未得不應得，亦無盡苦際，亦無有斷一切業煩惱，因為無有空故。

庚四、若見緣起真性即見四聖諦真性

所知（有法）誰見緣起自性空，彼即見苦、集、滅、道四諦的真實性；若許諸法實有者則一切建立皆不應理故。

觀涅槃品第二十五

① 此處略去『汝』字。

戊二、觀涅槃分二：一、牒諍；二、答難。

己一、牒諍

問曰：此諸有為法（有法）應是不生不滅，何以故？自性空故。若許不生不滅，那麼，許斷煩惱、滅苦而證涅槃則不應道理。

己二、答難分四：一、示他宗不能建立涅槃；二、明自宗所許涅槃；三、破涅槃實有；四、斷諍。

庚一、示他宗不能建立涅槃

此諸有為法（有法）應是不生不滅，何以故？自性不空故，若許有為法不生不滅，那麼，許斷煩惱滅苦而證涅槃則不應道理。

庚二、明自宗所許涅槃

自宗沒有不能建立涅槃的過失，因為在勝義中彼無斷、無得、不斷、不常，不生和不滅以及遠離一切戲論者，說明涅槃故。

庚三、破涅槃實有分三：一、破涅槃有四邊；二、破證涅槃者有四邊；三、成立生死與涅槃義。

辛一、破涅槃有四邊分四：一、破許有邊；二、破許無邊；三、破許亦有亦無邊；四、破許非有非無邊。

壬一、破許有邊

毗婆沙師說：涅槃是有體，何以故？是滅除業及煩惱的相續故。答曰：涅槃不是有體，若是有體則涅槃應當成為有老死的相，因為沒有離開老死的有體法故。又若涅槃是有體法，那麼，涅槃則當成為有為法，何以故？凡是有體法沒有不是有為法故。又若涅槃是有體，那麼，涅槃云何不從因緣生呢？因為凡是有體法都是從因緣生故。

壬二、破許無邊

經部師說：涅槃是實有的無體。答曰：若涅槃是無體，無體云何有自性呢？彼涅槃既是無體，那麼，無體則不應有自性故。又若涅槃是有自性的無體，則涅槃應是依因緣生，因為不從因緣生的無體法非有故。問曰：有體與無體若無自性，那麼，涅槃則應成完全沒有。答曰：不成。因為從前世到現世和從現世到後世① 有體法，皆是依因緣而安立的，或是以無明為因而有的；若不依因緣及沒有無明為因的一切戲論寂滅的滅諦，即說為涅槃故。又涅槃有體與無體皆不應有自性，何以故？佛說斷除三有生滅名為涅槃故。

壬三、破許亦有邊亦無邊

有一種裸行外道說：涅槃是亦有體亦無體，由於若就無煩惱與無生來說即是無體；若就涅槃自己來說即是有體。答曰：涅槃非是亦有體亦無體，何以故？若涅槃是亦有體亦無體，則凡是有體無體應成解脫，此不應理。若涅槃是有自性的有體無體，那麼，涅槃應不是不依因緣生，因為有體無體若有自性，則必須依因緣生故。又涅槃應非是有體無體，因為涅槃是無為法，而有體② 與無體③ 皆是有為法故。又涅槃如何有有體與無體？此二法相違故，因為有體與無體二法在一法上不能同時共有故。如闇與明不能共有。

---

① 此處略去『三有相續的』五字。
② 有體：生。
③ 無體：壞滅。

壬四、破許非有非無邊

若說涅槃非有體、非無體是自性有，亦不應理，何以故？若有體無體是有自性，固可說非有體、非無體有自性，但是，有體與無體二法皆非自性有故。又涅槃（有法）是非有體及非無體應無自性，何以故？若亦非有體與亦非無體是有自性，那麼，須有現證彼是亦非有體、亦非無體的人，但是，無有如此現證的人故。

辛二、破證涅槃者有四邊

如來（有法）無有自性，何以故？如來涅槃後和現在住世，皆不應說有、無、亦有亦無和非有非無是自性有故。

辛三、成立生死與涅槃義

生死與涅槃真妄無有少分差別；涅槃與生死真妄亦無有少分差別。因為涅槃的實際是自性空，生死的實際亦是自性空故，因為就生死與涅槃二者的自性空來說毫無差別故。無記見（有法）有十四種：一、依涅槃際有四種，謂於如來滅度後見彼為有、無、亦有亦無和非有非無。二、依後際有四種，謂於我與世間見為有邊、無邊、亦有邊亦無邊和非有邊非無邊。三、依前際有四種，謂於我與世間見為是常、無常、亦常亦無常和非常非無常。四、依身命有二種，謂於身命見為是一體和是異體。一切有為法（有法）有邊、無邊、亦有邊亦無邊、非有邊非無邊，一體、異體，是常、是無常、亦常亦無常、非常非無常等皆無自性，何以故？自性空故。

庚四、斷諍

問曰：涅槃若無自性，那麼，佛為令得涅槃故而說法當成唐勞無功？

答曰：佛於任何處所，對任何補特伽羅皆未曾說一法有自性，因為佛陀息滅一切實執行相及諸戲論，常住寂滅涅槃故。

觀十二有支品第二十六

丙二、由未通達緣起與通達緣起而有流轉與還滅之理分二：一、流轉緣起；二、還滅緣起。

丁一、流轉緣起

問曰：《中論》說『因緣所生法，我說即是空。』的因緣是什麼？答曰：① 能引後有的因有三支，有情由無明所覆而有後有故；身口意業起三種行，隨彼諸行趣於六趣；由行為緣令識流轉六趣故。所引果有四支，若識入胎即有名色；若有名色即生六處；依於六處而有觸生；由觸為緣而生諸受故。觸（有法）是有因的，即依眼根、色境和作意而生故，如是依名② 色③ 而有識生的根境識三和合以為觸。後有的能生因有三支，即由受為緣生愛，謂為受生愛；若有愛即有取而有四取生；若有取即生取者的有故，若無取即得解脫，何以故？不生起有故。彼有亦是五蘊所攝。所生果有二支，從有即有生；老死愁嘆苦憂擾亂等，又皆由生而有故。如是已說由無明為緣而生唯是苦之蘊。

① 此處略去『即十二有支』五字。
② 名：作意。
③ 色：根境。

丁二、還滅緣起

諸智聖者不新作能引業。愚痴異生是作業者，何以故？行是生死的根本故。又聖智者現見諸法實相故。若斷無明即得解脫，何以故？無明若滅則諸行亦不生故。聖者（有法）息滅無明是有因由的，即由了知而修諸法實相故。所知（有法）如是正滅唯彼苦之蘊，因為無明等滅已，則行等亦不起故。

觀見品第二十七

丙三、若通達緣起則惡見自息的理由分二：一、說明十六種惡見；二、通達緣起則不住惡見的理由。

丁一、說明十六種惡見

惡見有十六種，謂我於過去世是有、是無、亦有亦無、非有非無等四見：我與世間是常、是無常、亦常亦無常、非常非無常等四見，此等是依前的見故。

丁二、通達緣起則不住惡見的理由分二：一、通達名言中緣起如影像則不住惡見；二、通達勝義中息滅一切戲論則不住惡見。

戊一、通達名言中緣起如影像則不住惡見分三：一、破依前際後際所生的第一類四見；二、破依前際所生的第二類四見；三、破依後際所生的第二類四見。

己一、破依前際後際所生的第一類四見

即我於過去世是有、無、亦有亦無、非有非無，此四是依前際所生的見；我於未來世有、無、亦有亦無、非有非無，此四是依後際所生的見

若我在過去世是自性有不應道理，因為過去世的彼我非即現在世的此我故。若謂前世的彼我即今世的此我則不應理，何以故？前後世的五蘊各別故，此理決定如是，因為離開取蘊即沒有汝的我故。問曰：若離開取蘊沒有

我，那麼，取蘊就是我。答曰：如此則汝的我應是沒有自體，僅是蘊的異名故。又取蘊（有法）不是補特伽羅的我，何以故？是生滅法故。又所取應不是取者，因為能與所非一故。又我（有法）非是離開所取①外另有異體，何以故？若我離所取蘊外另有異體，那麼，無有所取時亦應有我，但是，離所取則沒有我故。又我（有法）非是離開所取另有異體，否則離開所取應見有我，但我不可見故。又我非即是所取，亦不是沒有所取，我亦不是完全無，因為依蘊安立之我是有的。又不應說在過去時無有我，因為在過去一切生中的彼我，與現在的此我非是有自性的體異故。問曰：前後世的我是有自性地體異。答曰：那麼無有前世的彼我亦應有現在的此我；又前世的我亦應即於前世而住於後世，即前世我未死亦應生現世我；又前世我的相續則應斷滅，而滅等即應失壞；又此人作業別人受報；並且未作業者應當得果②，有

① 所取：蘊。

② 此處略去『計前世我於現世我異者』十字。

如是等過失。又此我亦不是先無今有，否則即有過失。有何過失？我應成所作及是無因生故。由此看來，計過去世中我有、無、亦有亦無、非有非無等見，皆不應理，因為對於我有、我無前面已各別破故。又我在未來世中有與無等見為自性有亦不應理，破的方式與破過去世中有我無我相同故。

己二、破依前際所生的第二類四見

即我與世間是常、無常、亦常亦無常、非常非無常

從人生天時天與人二者是有自性地體一耶，或體異耶？若天與人是體一，那麼彼天（有法）應當是常，因為與彼人是自性體一故，若許彼天是常，那麼，彼天（有法）應成無生，其理決定如是，何以故？常法則不生故。又若天與人是有自性地體異，則彼人應是無常①而相續即成斷滅，其理決定如是，何以故？若天與人自性體異，則不成一相續故。問曰：無有整體的常和無常的過失，因為捨人的身後受天的身故。答曰：從人生天的補特

① 此處略去『斷滅』二字。

伽羅（有法）應成亦常亦無常，因為此人就我一分來說是天，就身一分來說是人故。若許從人生天的補特伽羅是亦常亦無常，此亦非理。又從人生天的補特伽羅（有法）是非常非無常亦應無自性，由於若亦常亦無常俱能成立，固可成立非常非無常，但是亦常亦無常不能成立故。問曰：我是常，從無始以來流轉生死故。答曰：我應非是常，因為我從何趣來，往何趣去，無論到何趣若有自性，則應有無始以來流轉生死的我，但是彼我是無有故。又無常應非有自性，何以故？常無自性故。亦常亦無常和非常非無常，皆無有自性，因為常與無常二者——皆無自性故。

己三、破依後際所生的第二類四見

即我與世間是有邊、無邊、亦有邊亦無邊、非有邊非無邊

應無後世，因為① 世間有邊故；又應無後世，因為世間無邊——不變壞故。又世間亦有邊亦無邊——不變壞，亦不應理，何以故？諸蘊相續，猶

① 此處略去『汝許』二字。

如燈燄前滅後生故。又世間非有邊，因為前蘊壞滅時若不依彼蘊而生此後蘊，固可許世間有邊，但是前蘊滅時後蘊即生故。又世間無邊亦無有自性，因為若前蘊不滅不依彼蘊而生此後蘊，固可許世間有邊是有自性，但是由前蘊生後蘊故。又世間應非亦有邊亦無邊，因為一分是有邊，一分是無邊之事如果真有，則世間亦有邊亦無邊固可以有，但無此理故。又取者一分壞滅，一分不壞滅，應無此理，由於取者一分壞滅，一分不壞滅，無此事故。又所取一分壞滅，一分不滅，應無此理，由於所取一分壞滅，一分不滅，無有此事故。又世間非有邊非無邊應無自性，因為若能成立亦有邊亦無邊，固可成立非有邊非無邊是有自性，但是亦有邊亦無邊非有故。

戊二、通達勝義中息滅一切戲論則不住惡見

已說緣起猶如影像斷諸過失，復次一切有為法（有法）彼常等見，無論何處，於何相續，從何因緣生皆無自性，何以故？自性空故。

乙三、念大師恩德而申敬禮

謂敬禮具足大悲、為斷一切惡見而宣說正法的大師瞿曇。

甲四、結尾義分二：一、由何阿闍黎作；二、由何譯師翻譯。

乙一、由何阿闍黎作

此中觀根本慧論頌，是建立大乘對法，正確顯示勝義諦的真性，闡明般若波羅蜜多之理的大阿闍黎聖者龍樹具足大悲和堅定智慧而開顯如來無上乘法者所造。①『得初歡喜地，往生極樂國』。②『於極淨光世界成佛，號為智生光如來。』

乙二、由何譯師翻譯

此中論有二十七品，共四百四十九頌，合為一卷半，是印度大寺主甲那戛巴③中觀師和西藏比丘覺若龍幢譯師，奉吉祥天王制譯。其後在迦濕彌羅無比城寶藏寺中由迦濕彌羅大寺主哈蘇馬底和西藏巴草日稱譯師，依據月稱論師的《明句釋》重新校正。此後在拉薩竹朗寺中由印度大寺主嘎那嘎和

① 此處略去《楞伽經》中佛為龍樹授記云：『』等字。

② 此處略去『另《大雲經》中授記龍樹未來成佛云：『』等字。

③ 『甲那戛巴』即『智藏』之意。

西藏日稱譯師又重新校閱。

遠離二邊中觀道，為自如理修習故，
中觀根本慧論頌，我已如是作解釋。
願我及一切衆生，安乘暇滿大舟航，
獲得善妙根本寶，具足殊勝大吉祥。
又願未得佛位時，諸佛所說一切法，
依佛密意善受持，佛子妙音我願成。

此『中觀根本慧論文句釋寶鬘論』是僧成依據聖者文殊長子宗喀巴大師等諸大德的教授，於甲寅年六月十四在奈塘大寺中造。

謹以此善，祝願佛教於一切時處：
興隆久住，妙善增長！

一九六〇年一月十二日于中國佛學院譯竟

七十空性論科攝

聖龍樹菩薩　造
勝友與智軍論師譯藏
法尊法師由藏譯漢
法尊法師講授科攝
弘悲聽受

敬禮曼殊室利智慧薩埵

第一章　標宗立義

生住滅有無，以及劣等勝，佛依世間說，非是依眞實。一

生、住、滅、有、無、劣、等、勝，是等一切，佛唯依世間名言故說，非依真實。問：如現說我等，此豈非有？後① 有無我慧轉，故定應有我。

答：

無我非無我，非故無可說。

何以故？

一切所說法，性空如涅槃。二

問：汝說一切諸法皆自性空者，為依國王教敕而說？為有通達一切法皆性空之正理耶？答：

一切法自性，於諸因緣中，若總若各別，無故說爲空。三

一切諸法之自性，於諸因緣，或於因緣和合，隨於一法上，悉皆非有，故說一切諸法自性都空。

攝曰：生等唯依世俗說，『無我』亦無有實我，
此義即顯一切空，總別緣中無性故。

---

①『後』字另本作『復』。

第二章　即法破相

第一節　就現像開四門約三時破

第一條　四門無果破生等

有故有不生，無故無不生，違故非有無，生無住滅無。四

法若已有，則不從因生，已有，乃名有故。無，亦不從因生，以無故。有無相違亦不得生，不相順故。如有無相違，其非有非無又豈能生？是相違法故。生無故，住、滅亦無。

攝曰：**法若已有或已無，俱、非違故皆不生。**

第二條　三時無果破生等

問：佛說有三有為相，謂生、住、滅，又說生時有生，故有為法定應有生。答：

已生則不生，未生亦不生，生時亦不生，即生未生故。五

且已生則非所生，何以故？已生故。故已生者則非所生。又未生者亦非所生，何以故？尚未生故。諸未生者則非所生。離生作用、勢力，自體非

有，故非所生。又正生時亦非所生，何以故？此即已生及未生故。若是已生、未生，仍如前說，非是所生：其已生者已生訖故非是所生；其未生者尚未生故、離生用故、無勢力故及無體故，非是所生。由離已生、未生，無別第三生時，故亦非所生。

攝曰：已生未生皆無生，即故離二無生時。

第二節　就原因開三門約三時破

第一條　三門無因破生等

復次：因不成故亦無生。何以故？

有果具果因，無果等非因，非有無相違。

若有果者，具足果故說名為因。若無彼果，則同非因。若非有果非無果，則成相違，有無應不俱故。

攝曰：有果無果及雙非，非無過因故無生。

第二條　三時無因破生等

三世亦非理。　六

又於三世因亦非理，何則？因若在前，因為誰因？因若在後，何用因為？若因果同時，此同時所生之因果，誰為誰因？誰是誰果？如是三世因亦非理。

攝曰：在前在後與同時，因皆有過生非有。

第三章　緣起無性

第一節　緣起

第一條　什麼叫緣起

問：有一、二、多等數，數應理故，非一切法皆空①；若有諸法，此數乃有，故一切法非皆是空。答：

無一則無多，無多亦無一，以是一切法，緣起故無相。七

若無一者則無有多，多若無者一亦非有，故諸法皆是緣起；以緣起故即

① 此句另本順序為，『數應理故，非一切法皆空，有一、二、多等數』。

為無相。

攝曰：一、多相待名緣起，緣起即是無相法。

第二條　緣起的內容

第一款　正破法

第一項　出體總非

問：經中廣說緣起能有苦果，諸傳教者亦說一心中有及多心有。答：

緣起十二支，有苦即不生，於一心多心，是皆不應理。八

經說十二緣起有苦果者，此即無生，以於一心中有、多心中有不應理故。何則？若一心者，則因果俱生；若多心者，則前支已滅，應非後支之因。俱非理故，緣起即無生也。

攝曰：十二有支苦不生，一心、多心俱過故：一心因果應俱起，多心前支非後因。

第二項　明義別釋

第一目　緣起即相待

何故無生？以諸緣起因無明生，佛說無明緣顛倒起，而彼顛倒自性空故。何以故？

非常非無常，亦非我無我，淨不淨苦樂，是故無顛倒。九

言無常者，謂非有常；常若無者，即無能治之無常。餘三亦爾，故無顛倒。復次：

從倒生無明，倒無則不有，以無無明故，行無餘亦無。十

若無四倒，則無從彼所生之無明；無明無故，則不起諸行；餘支亦爾。

攝曰：緣起之首為無明，無明之因是顛倒；
　　四倒無故無明無，無明無故餘亦滅。

第二目　相待即無性

復次：

離行無無明，離無明無行，彼二互爲因，是故無自性。十一

自若無自性，云何能生他，以緣無性故，不能生於他。十二

若離諸行，無明則不生；若無無明，亦不生諸行。此二互為因生故，皆

無自性。若自無自性，云何能生他？是故自體不成之諸緣，非能生他。

攝曰：無明與行互為因，互因即是無自性，

自性且無寧生他，是故諸緣不生法。

第二款　旁引喻

復次：

父子不相即，彼二亦非離，亦復非同時，有支亦如是。十三

父非是子，子亦非父，非相離而有，復非同時。如父子不成，十二緣起當知亦爾。復次：

夢境生苦樂，彼境亦非有，如是緣起法，所依緣亦無。十四

如夢中實無依境所生之苦、樂，亦無彼所依境。如是因緣所生諸法及所依之緣，悉皆非有。

攝曰：父子即、離與同時，非有有支亦如是；

夢境及彼生苦樂，喻緣及法悉非有。

第二節　無性

第一條　法上無自性

問：

若諸法無性，應無勝劣等，及種種差別，亦無從因生。 十五

是故汝說諸法皆無自性，不應正理。答：

有性不依他，不依云何有？不成無自性，性應不可滅。 十六

若謂諸法有自性者，應非依他之法。若謂雖不依他可有法者，故①曰不依云何有，謂不依他則不成法。若謂雖不依他亦成法者，則應不成無性；性若是有，應不滅壞，終不成無。

攝曰：汝謂無性不成法，實則有性法不成，有性即不依他故，不依他性則叵滅，是故果法及勝、劣，種種差別非性有。

第二條　緣性心是倒

問：緣自性、他性、無性之心非無所依，故性不空。答：

---

①『故』字另本做『破』字。

自他性及滅，無中云何有，故自性他性，性無性皆倒。十七

無者，謂非有義。於此無中，豈可說有自性、他性及以滅壞？是故自性、他性、有性、無性皆顛倒攝。

攝曰：勿以能緣成有性，自、他、有、無皆倒故。

第四章　特究生滅

第一節　生滅與性空

第一條　合破自性生滅

第一款　問自性空應無生滅

問：

若諸法皆空，應無生無滅，以於性空中，何滅復何生。十八

若謂諸法皆自性空，則應無生無滅。汝說性空而有生滅，然於自性空中有何可滅及可生耶？

攝曰：若法自性畢竟空，彼法即應無生滅，

以法必有自性時，方有可滅可生故。

第二款　答性不空則無生滅

第一項　就生滅非同時破生滅自性

答：一切法皆唯是空。何以故？

生滅非同時。

生滅非同時者，謂生滅不同時有。

攝曰：汝謂無性生滅無，實則有性無生滅：性生性滅豈同時！

第二項　破轉救唯生

無滅則無生。

若謂唯有生者，破曰：無滅則無生，謂無滅中生不應理，以無無常性則無有生故。

攝曰：勿因生滅不同時，轉許唯生而無滅；生滅原屬相待有，無滅之生叵想象。

第三項　破還計生滅同時

應常有生滅。

又應常有生滅者，謂應常有生與無常性。

攝曰：倘因唯生理不成，仍計生滅同時有，應知同時性生滅，即是生滅常俱有，若法生滅常俱有，彼則究有抑為無！

第四項　破以別義救生滅同時而遍計唯滅

無生則無滅。十九

若謂無常性恆隨法轉，於生、住時不起作用，要至滅時方滅其法者，破曰：無生則無滅，謂無生時滅亦非有。若無滅，則無滅相之無常性，以無滅者，說是無常性不應理故。故唯應有滅也。

攝曰：若謂生住有滅體，故無所言唯生過，復以生住無滅用，故無生滅同時失；無用有體體同無，或亦滅時無滅用，若必滅時滅有用，則應離生唯有滅。

第五項　破唯滅

若謂即唯有滅。①答：

無生時無滅。不從自他生，是故生非有；無生則無滅。二十

於無生時應無有滅。彼生非從自、他生，由此生非有。非有生者，即不生也。無生則無滅者，謂無生者則無彼生之滅，故彼滅即非有。

攝曰：應知自、他皆不生，無生豈能更有滅！

第二條　特破自性生

第一款　性生墮常斷

復次：

有生性應常，無者定成斷，有生墮二失，是故不應許。廿一

若有生性應墮常過，至無生時定有斷滅之失。以說有生性犯上二過，故不應許有彼生也。

攝曰：若生有性見二失：有則應常無斷故。

---

① 另本無此『答：』，而於『滅』後有一『者』字。

第二款　實續落異同

問：

相續故無過，法與因已滅①。

生與滅是相續故，無有常斷二失，與因力已，其法乃滅。答：

此如前不成，復有斷滅過。 廿二

生滅非同時，我前已說，故許相續，如前不成。又汝相續，亦應有斷滅失。

攝曰：有性相續非實同，則為實異勿妄救；實同仍同同時過，實異又落斷常失。

第二節　生滅與涅槃

第一條　生、滅與涅槃

第一款　性生性滅不得涅槃

---

① 另本作『與因已法滅』。

問：

佛說涅槃道，見生滅非空。

由見生滅，佛說涅槃之道，非為空性故。答：

此二互違故，所見爲顚倒。廿三

此非見無生，是見生滅故。又見生與滅相違，見滅與生相違，彼生滅二互相違故，故見生滅知成錯亂。依生乃有滅，依滅乃有生，故唯是空。

攝曰：若謂佛說涅槃道，由見生滅非見空。然汝是見性生滅，並見互違故成倒。須知生滅皆無性，相依而有故唯空。

第二款　性不生滅即是涅槃

問：

若無有生滅，何滅名涅槃。

若無生滅，何所滅故而名涅槃？答：

自性無生滅，此豈非涅槃。廿四

若性無生無①滅，豈非即是涅槃耶！

攝曰：若汝必執性生滅，難我何滅名涅槃。本無性生與性滅，即此我許為涅槃。

第二條　滅與涅槃

第一款　滅或不滅皆非涅槃

復次：

若滅應成斷，異此則成常，涅槃非有無，故無生與滅②。廿五

若謂滅是涅槃，則應成斷。若是不滅，則應成常。是故涅槃非有、無性，無生無滅是涅槃。

攝曰：又汝見有性生滅，性滅涅槃應成斷，涅槃不滅應是常，然實涅槃離有無。

① 此句，另本作『若性無生滅』。

② 另本作『故無生無滅』。

第二款　滅非常住

第一項　直斥常滅不成

問：滅應是有，是常住故。答：

滅若常住者，離法亦應有。

若滅常住者，應離法有滅；復應無依。然此非理。復次：

離法此非有，離無法亦無。① 廿六

若離法及無法，俱無有滅。

攝曰：常滅離法無依故，不成何況離無法！

第二項　明常滅不成之總因並例餘法

云何應知？

能相與所相，相待非自成，亦非展轉成，未成不能成。 廿七

能相待所相而立，所相亦待能相而立，離此，不能自成。亦非展轉成

① 另本此下有一括號，内云『無法謂實無體性之法』。

者，謂互不成。由此理故，能相、所相二俱不成。此自未成之能相、所相，亦不能成諸法。復次：

因果受受者，能見所見等，一切法準此，皆當如是說。 廿八

攝曰：能相、所相相待有，自成、互成皆不成；彼二自身未有故，是亦不能成諸法。餘如因果、受受者，能見所見、明闇等，相待而有都無性；反是一切皆不成。

第三節　特破生滅存在之形式①

問：諸時論者說有三世②，故時應有。答：

不住相待故，亂故無體故，無性故三時，非有唯分別。 廿九

時不成，何以故？不安住故。時不安住，作不住想。若不住者，則不可取。不可取者，云何施設？故時不成。又相待故，謂互相觀待而立：由依過

① 生滅存在之形式即『時』。

② 另本作『諸時論者說有三時』。

去成立現、未，依待現在成立過、未，依待未來成立過、現：由是相依①而立故時不成。又即此時觀待現在說名現在，觀待未來則是過去，觀待過去則是未來；如是雜亂故時不成。又無自體故，由自體不成故時亦不成。又無性故，時亦非有。要先有性，其時乃成，偏求彼性全無自體，故時亦非有性，唯分別耳。

攝曰：不住、相待、雜亂故、無性、唯想『時』不成。

第五章　即相破法

第一節　就生、住、滅三相破為、無為法

問：如說一切有為皆具生、住、滅三相，與此相違是名無為，故有、無為皆應是有。答：

由無生住滅，三種有爲相，是故爲無爲，一切皆非有。 三十

① 另本作『由此相待』。

所說生、住、滅諸有為相，若審①觀察皆不應理，故彼非有。由彼無故，有為、無為都無所有。縱許有為，若審觀察，不應理故，說為非有。何以故②？

滅未滅不滅，已住則不住，未住亦不住，生未生不生。 卅一

此當問彼：為已生者生？抑未生者生？若已生者是則不生，何以故？已生故。未生者亦不生，何以故？尚未生故。即此生法為已住者住？抑未住者住？若已住者是則不住，已住故。未住者亦不住，何以故？未安住故。又彼為已滅者滅？抑未滅者滅？俱不應理。設許有為，若以此三次第觀察皆不應理，故無有為。有為無故，無為亦無。

攝曰：生等三相皆無故，為、無為法亦非有。已、未三相次第觀，縱許有為亦不成，有為無故無為無。

① 本論中全部『審』字另本皆作『諦』字，後準此知，恕不一一列舉。

② 另本作『何故非有』。

第二節　就有、無、一、多等相破為、無為法

復次：

有爲與無爲，非多亦非一，非有無二俱，此攝一切相。卅二

若審觀察，有為與無為非多、非一、非有、非無、非亦有亦無。應知此中此二法之一切相悉已盡攝。

攝曰：有無一多亦有無，非亦有及非亦無，為無為相悉攝盡，然彼皆無故非有。

第六章　業、果、作、受

第一節　正破業、果、作、受

第一條　單獨破業

第一款　業有自性即無生滅，業無自性可說生滅

問：

世尊說業住，復① 說業及果，有情受自業，諸業不失亡。 卅三

世尊於經中多門宣說業及業果，復說諸業非無有果，更說諸業皆不失壞，及說有情各受自業：故業及業果決定是有。答：

已說無自性，故業無生滅，由我執造業，執從分別起。 卅四

如前已說業無自性，故彼無生亦無有滅。頌言由我執造業，故業是我執所起。此執復從分別而生。

攝曰：佛雖曾說業及果，然無性故無生滅；
無性之業我執生，我執復從分別起。

第二款　業有自性即成我，業無自性不失壞

復次：

業若有自性，所感身應常，應無苦異熟，故業應成我。 卅五

若業是有自性，則從彼業所感之身應是真實，應成恆常自性。彼業應無

①『復』字另本作『師』字。

苦異熟果，彼業常住，故應成我；以無常為苦，苦即無我故。由業無自性，故業無生，由無生故，即無有失。

攝曰：無常是苦苦無我；業若有性則應常，常則無苦應成我，彼所感身亦應常。勿慮空故業失壞，實則無性業方有。

第三款　業之無性與緣成

復次：

業緣生非有，非緣亦無有；諸行如幻事，陽燄尋香城。卅六

業從緣生，即非是有；從非緣生，更不得有。何以故？由諸行如尋香城、幻事、陽燄，故業無自性。復次：

業以惑為因，行體為惑業，身以業為因，此三皆性空。卅七

業從煩惱因生，諸行從業及煩惱為因而生，身從業因而生，是故此三皆自性空。

攝曰：緣非緣業悉非有，諸行如幻無性故，

身、業及惑層①依有，是故彼等皆無性。

第二條　連環破四

第一款　總連環

無業無作者，無二故無果，無果無受者，是故皆遠離。卅八

如是，若以正理觀察：果無自性，則業非有；若無有業，作者亦無；若無業及作者，則亦無果②；若無有果，即無受者：是故皆成遠離。

攝曰：果無性故業亦無，業無性故無作者，業、作且無況業果，果無是亦無受者。

第二款　別合破

第一項　逆明業、果無性

復次：

① 此『層』字原稿模糊，辨認不清，或許有誤。

② 此另本作『則果亦無』。

若善知業空，見眞不造業，若無所造業，業所生非有。 卅九

由見真故，善能了知業自性空，不復造諸①業。若無彼業，則從業所生者亦悉非有。

攝曰：善達業空不造業，無業亦無業所生。

第二項　順明作、業緣成

問：為全無耶？抑少有耶？答：可有。如何而有？

如佛薄伽梵，神通示化身，其所現化身，復現餘變化。 四〇

佛所化且空，何況化所化，一切唯分別，彼二可名有。 四一

作者如化身，業同化所化，一切自性空，唯以分別有。 四二

如佛世尊以神通力示現化身，其所化身復現其餘之化身。當知業亦如是。如來所化自性且空，況彼化身所化餘身耶？如是二事唯以分別可名為有。其業亦爾。

① 另本無比『諸』字。

攝曰：作者及業分別有，勿慮全無如化故。

第三條　重斥性業

復次：

若業有自性，無涅槃作者，無則業所感，愛非愛果無。四三

若謂業有自性者，有自性則定①無涅槃。亦應無作業者，何以故？即無作者，亦有業故。若有②自性者，則業所感之愛非愛果亦皆非有。

攝曰：性業叵滅無涅槃，性業自有無作者，作者無故果亦無，故汝不宜許性業。

第二節　別釋聖言密意

問：經廣說有，云何言無耶？答：

說有或說無，或說亦有無，諸佛密意說，此難可通達。四四

① 『定』字另本作『是』字。

② 此『有』字另本作『無』字。

經中有處說有，有處說無，亦有處說亦有亦無。諸佛密意語言，於一切種不易通達。

攝曰：有、無、俱教密難達，寧質① 執有難說無！

第七章　根、境、識等

第一節　境、識②

第一條　色境

第一款　約能生因破

第一項　大種生色色即無自性

問：此中說色是大種生故有，餘非色諸法亦應是有。答：

色從大種生，則從非眞生，非從自性生。

---

① 此『質』字底本原稿模糊不清，難以辨認，或容有誤。

② 境為所取，識即能取。

若說色是大種所造，色則從非真實生。從非真者，謂非從自，是故色非從自性生。

攝曰：既說色從大種生，則知色非自性有。

第二項　色無自性色不從他生

彼無非他生。四五

問：是事實爾，非從自性生，是從他生，以諸大種是他故。破曰：彼無非他生，謂色非從他生。何以故？以彼無故。彼無，即他無。云何他無？謂自性不成故從他非理：說無從他生固非理，說無之他亦非理故。

攝曰：自無自性之諸色，豈復需依有性他！

第三項　所依無性，能依亦無性

復次：大種非有故。若說大種從相生，彼相在大種前，不應正理。若無能相，則所依①之大種亦不得成。復次：

① 『依』字另本作『相』字。

一中非有四，四中亦無一，依無四大種，其色云何有。 四六

由四中無一、一中無四故，依止無體之四大種，其色如何得有耶？無者，謂非有也。

攝曰：大種能相非有故，自且不成色寧有；

一中無四四無一，大種體無色性無。

第二款　約能了因破

第一項　直明色不可取逼外轉救

復次：

最不可取故。

最不可取故，色即非有。何以故？由最不可取故。色是最不可取，若無可取，云何是有！

攝曰：最不可取色非有，汝執有色是何因？

第二項　心無自性心非色因

由因因亦無，從因緣生故。

若謂由因，因即緣色之心。若有緣色之心，則能成彼色，以若無境，則心不生，由此心為因，故知有色。答①：由因，因亦無。因亦無者，② 因非有也。何以故？從因緣生故。其為因之心從因緣生，故彼非有。

攝曰：因緣生心心即無，故彼不成有色因。

第三項　色若非無色應有因

有無因非理。 四七

又：有，無因，非理！若謂色是有，而無成立有色之因，亦非正理。謂因非有，非正理也③。

攝曰：勿以心非性色因，橫執無因而有色；世間豈有無因事，是故此執非正理。

第四項　心不取自體即不取他色

① 『答』字另本作『破曰』。

② 『者，』另本作『，謂』。

③ 此下另本有『非』字另本作『乖』等字。

復次：

若謂能取色，則應取自體，緣生心無故，云何能取色。①四八

若說能取色者，則應取自體。然以自體能取自體，未見此事。從緣所生之心由自性②空故無體，彼云何能取無色？

攝曰：勿以無因理曲故，又執心能取諸色；心不自取且無性，如何能取無性色！

第五項　剎那不能取，何能及過、未

問：經說過去色、未來色，故取色應有。答：

若剎那生心，不取剎那色，云何能通達，過去未來色。四九

此約剎那色心而破。剎那生心尚不能取剎那生色，況能通達過去及未來之色！以非有故，不應通達。云何者，是除遣義。由此理趣，色最不可取。

① 另本作『何能取無色』。
② 『性』字另本作『體』字。

攝曰：性心性色剎那間，尚不能取況過、未！

第六項　顯形性非異心亦不能取

又雖許顯色、形色，然說取色亦不應理。何以故？

顯色與形色，異性終非有，不應取彼異，許同是色故。五〇

若顯色、形色有異者，取彼二為異，容應正理。然許顯、形同是色法，故不應理。

攝曰：顯、形性非絕對異，同是色故不可取。

第二條　眼識

復次：

眼識非在眼，非色非中間，彼依眼及色，徧計即顛倒。五一

若審觀察：眼識非眼中有，非色中有，亦非彼二中間而有。徧計依眼及色有彼生者①，即是顛倒。

① 另本作『依眼及色計，有彼生者』。

攝曰：内眼外色及中間，能取眼識悉非有，愚夫持有自性見，定執依眼或依色。

第二節　根、境①

第一條　直約能見、所見義破

第一款　約不自見義破

問：眼等諸處是有，眼所見等亦有，謂眼見色、耳聞聲等。答：

若眼不自見，云何能見色，故眼色無我，餘處亦同爾。 五二

若眼不見自性，云何能見於色？由不自見，亦不見色，故說眼無我，即無自性。又色亦無我，如不可見，即非是色。餘處亦爾。以此次第②，則餘諸處皆成無我，即無自性。

攝曰：眼不自見寧見色，故知眼處無有我③。

① 根指能見，境指所見。

② 另本此下有『類推』二字。

③『無有我』即無有自性之義。

色非可見亦無我。餘處①無我例亦爾。

第二款　約自性他性空義破

問：眼能自見，非是識見。何以故？識是能取故。由能取細色等，故名曰識。眼能自見，眼以清淨大種為體，此即眼之自性。能取此者，是識；如是能見②顯色、形色等諸色差別者亦唯是識。是故汝說若眼不自見云何能見色，不應正理。答：是事不然。何以故？

眼由自性空，復由他性空。色亦如是空。餘處空亦爾。五三

眼由依他起故名空，即眼是依他而成，凡依他成者即自性不成，故眼是自性空；眼由自性空者，自性即自體也。若許有他性，亦非正理。何以故？自性若無，豈復有他性？他性亦無，故是他性空。又言他性空者，他即是識，即是眼由識空之異名。何以故？以眼無知故，若無知者，則不應有識

① 『餘處』指『耳等根處和聲等境處』。

② 『見』字另本作『取』字。

性，故亦是他性空。又識亦即是空也。由何知空？以識是依他起故。云何依他？謂識依所知等而有。凡是依他有者即無自性，故識無自性；是故說識能取細色等，不應正理。

色亦如是者，謂與彼相同。如眼是自性、他性空，色亦是自性、他性空。云何色是自性、他性空耶？如前已說一切法自性於一切非有；若審觀察，一切法皆非有，即是一切諸①法皆無自性之異名。空者，即不可得之異名也。又由緣起故，亦說名空。如色由大種為因而成，是依他成，凡依他成者，則非自性成，故色是自性空。亦是他性空：色之他為眼及識，眼與識是有境，色即是境，境非有境，故他性空。又識屬內，色是所行是外非內，

① 另本此處無此『諸』字。

故亦是他性空。亦爾者，謂如色由自性、他性空，如是餘處亦由自性、他性空。①

攝曰：淨種眼性自能見、識唯能取亦不然。眼、色及識自、他無。餘處亦同無自、他。因緣生故自性空。自性無故他性無。

---

① 此第五十三頌釋文，與另本文字及順序差別均較大，另本文字如下：『亦爾者，謂如色由自性、他性空，如是餘處亦由自性、他性空。色是自性、他性空。又由緣起故，亦說名空。如色由大種為因而成，是依他成，凡依他成者則非自性成，故色是自性空。亦是他性空：色之他為眼及識，眼與識是有境，色即是境，境非有境，故他性空。又識屬內，色是所行，是外非內，故亦是他性空。由何知空？以識是依他起故。云何依他？謂識依所知等而有。凡是有者即無自性，故識無自性。是故說識能取細色等，不應正理。色亦如是者，謂與彼相同。如眼是自性、他性空，色亦是自性、他性空。云何色是自性、他性空耶？如前已說，一切法自性，於一切非有。若審觀察一切法皆非有，即是一切法皆無自性之異名。空者，即不可得之異名也。眼由依他起故名空，即眼是依他而成，凡依他成者即自性不成，故眼是自性空。眼由自性空者，自性即自體也。若許有他性亦非正理。何以故？自性若無，豈復有他性？他性亦無，故是他性空。又由他性空者，他即是識，即眼由識空之異名。何以故？以眼無知故。若無知者，則不應有識性，故亦是他性空。又識亦即是空也。』

此非彼故他性無：眼、識二者色之他，眼、識有境色是境，境非有境故他空；識內色外外非內，如是亦名他性空。此無彼故他性無：眼無知故無識性，由無識故名他無。

第二條　由就觸俱、不俱義破

復次：

若觸俱一起，則餘者皆空，空不依不空，不空不依空。五四

若時一處與觸俱起，則餘者皆空。是空則不依不空，不空亦不依空。

攝曰：一處觸俱餘處空，空與不空不相依。

第三節　觸、受、識、識者

復次：

三非有自性，不住無和合，則無彼性觸，是故受亦無。五五

三非有者，謂彼無①。於不住自性中則無和合。和合無故，則無彼性

① 此下另本有一『也』字。

觸，謂無從彼所生之觸。由無觸故，受亦無。

復次：

依止內外處，而有心識生，是故識非有，如幻如燄空。五六

由依內外處而有識生，故識非有。如幻事、如陽燄，其性本空。若作是念：有識、有識者。亦不應理。何以故？

由依所識生，是故識非有，識所識無故，亦無有識者。五七

識依所識而生，故識非有。由所識、能識俱非有故，識者亦無。

攝曰：根、境、識三無和合，彼等不住自性故；三和無故性觸無。性觸無故受非有。識生依止內外處，即是無性如幻等，又依所識故無識。識、所識空識者空。

第八章　流轉還滅

第一節　正明流轉還滅無自性

第一條　預啓其門

問：如說一切無常，以說一切無常故，即顯不空。答：

一切無常者，非常無有常，常無常依性，其性豈能有。 五八

一切無常者，當知意說非常或無有常。若有性者，可說常或無常。其性豈能有，謂無有也。

攝曰：佛說『一切無常』語，意唯遮『常』非表『性』；性有可說常無常，過故彼性豈能有！

第二條　正明其義

第一款　流轉無自性

問：貪、瞋、痴應有，經中廣說故。答：

愛非愛顛倒，緣生貪瞋痴，是故貪瞋痴，非由自性有。 五九

從愛緣、非愛緣、顛倒緣生貪、瞋、痴，故貪、瞋、痴非由自性而有。

復次：

於彼起貪欲，瞋恚或愚痴，皆由分別生，分別非實有。 六〇

於一境上起貪、瞋、痴，① 故貪、瞋、痴並由分別而生。分別非實有故，分別所生貪、瞋、痴等② 亦非實有。云何非實？

所分別無故，豈有能分別，以是緣生故，能所別皆空。 六一

所分別全無。若無所分別，豈有能分別？由緣生故，所分別自性空，能分別亦自性空。

攝曰：貪等如次依愛緣，非愛及倒故無性；一境三毒唯分別，分別尚無況三毒；分別無由所別無，緣生所別亦無性。

第二款　還滅無自性

復次：

四倒生無明，見眞則非有；此無故行無，餘支亦如是。 六二

由見真實故，不復從四倒而生無明。由此無明無故，則不生諸行，如是

① 另本此下無『故貪、瞋、痴』四字。

② 另本無此『等』字。

餘支①亦不生。

攝曰：無明緣於四倒生，見真則不起四倒，四倒無故無明無，無明無故餘支滅。

第二節　特示流轉還滅之律理

復次：

依彼有此生，彼無此不有，有性及無性，爲無爲涅槃。六三

若依彼而生此，則此從彼生，彼無此亦非有。有性、無性寂滅及有為、無為寂滅，即是涅槃。復次：

諸法因緣生，分別爲眞實，

謂於緣起法貪著、顧戀、分別、執持。

佛說即無明，發生十二支。六四

復次：

① 另本無此『支』字。

見眞知法空，則不生無明，此即無明滅，故滅十二支。 六五

行如尋香城、幻事及陽燄、水泡與水沫、夢境旋火輪。 六六

如實了知諸法性空，即不生無明，此即無明滅；無明滅故，十二支悉滅。何以故？若審觀察，諸行如幻、如陽燄、如尋香城等，是故性空。善了知此①，則無明不起，即無明滅，故十二支皆當息滅。

攝曰：『依彼有此』是生理，『彼無此滅』為滅律；有性無性為無為，
一切寂滅即涅槃。緣生無性分別有，無明發生十二支。
欲滅無明須見真，無明滅則餘支滅；諸行如幻等性空，
善知即能滅無明。

第九章　真、俗、空、有

第一節　佛說緣起，即顯性空

① 另本作『若善了知此』。

復次：

無少自性法，亦非無有法①**，以從因緣起，法無法皆空。**六七

若審推求，②全無少許有自性法，亦無少許無法。法與無法皆因緣生，故悉是空。復次：

以此一切法，皆是自性空，故佛說諸法，皆從因緣起。六八

由一切法皆自性空，故佛說諸法皆是緣起。

攝曰：諸法自性皆空故，佛說諸法從緣起。

第二節　真空不可說，俗有不可壞

復次：

勝義唯如是，然佛薄伽梵，依世間名言，施設一切法。六九

於勝義中，一切緣起諸法皆自性空，唯此而已。然佛世尊依止世間名言

---

① 另本作『亦非有無法』。

② 另本於『全無少許』前有『於勝義中』四字。

如實施設種種一切諸法。復次：

不壞世間法，眞實無可說，不解佛所說，而怖無分別。 七〇

於世間諸法不破不壞，於真實中則全無法可說。由未了知緣起勝義，不達如來所說，故諸愚夫於無立、無相、無分別①而起恐怖。

攝曰：勝義唯空不可說，世俗假有不可壞；愚者不達於無立，無相、無想而恐怖。

第十章　結義勸學

第一節　結定緣起性空

復次：

依彼有此生，世間不可壞，緣起即無性，寧有理唯爾。 七一

① 另本於『無分別』下有一『中』字。

世間說依於彼法有此法生，此世間理不可破壞。然凡緣生即無自性，若有①自性，何能說有？決定如是！

攝曰：彼有此生俗叵壞，即俗無性理決然。

第二節　勸學中道了義

復次：

正信求眞實，於此無依法，以正理隨求，離有無寂滅。七二

若成就正信勤求真實，於此所說都無所依之法，能以正理隨求、隨欲者，則能遠離有性、無性而得寂滅。復次：

了知此緣起，遮遣惡見網，斷除貪瞋痴，趨無染涅槃。七三

攝曰：性空真實無依法，正信勤求離有無；
緣起能裂惡見網，了知斷染趨涅槃。

---

①「有」字另本作「無」。

民國二十八年四月十三日譯在世苑漢藏院那伽窟。

此據藏文論藏中智軍譯龍猛菩薩自釋本而譯，其中頌文與後童勝、盛稱、經然諸大師之譯本稍有出入，容暇重校。①

法尊識

編者按：《七十空性論》本論有七十三個頌，以少從多或以整攝零，所以叫做『七十』。七十頌為能詮的文字，畢竟空的『無依法』為其所詮的義理，這就是『空性』。以七十頌表達諸法畢竟空的真理，或由七十頌顯示緣起諸法的實性不可得的意義，所以叫做《七十空性論》。

《七十空性論釋論》也是龍樹菩薩自己造的。

《七十空性論》全部文義可以科攝為十個方面，因成十章。

① 自『民國二十八年』以下至『重校。』諸文《現代佛學》上均未刊錄，據另本補。

六十正理論釋

聖龍樹菩薩　造頌
甲操杰大師釋
觀空法師講授并校正修改
任杰譯漢

科判

六十正理論釋科分四：

甲一、造論之前禮讚分三：
乙一、禮讚的所為義
乙二、略義
乙三、文義分二：
丙一、正釋分二：
丁一、釋後半頌文義
丁二、解釋前半頌文義
丙二、斷諍
甲二、造論的正宗分四：
乙一、示緣起離邊分三：
丙一、破有邊分二：
丁一、由誰通達緣起離戲論分二：
戊一、正說
戊二、教授甚深教法分二：

己一、應當思考已說的破除無見
己二、教授聽聞破有見理
丁二、破有邊之正理分二：
戊一、此處之應成
戊二、附義分二：
己一、示由二見不得解脱
己二、示證二無即得解脱
丙二、破二邊之能立分二：
丁一、教理的能立不合理分二：
戊一、不一定是對凡夫說
戊二、對聖者說之理不能成立分二：
己一、聖者不見
己二、彼見合理
丁二、彼等不應為涅槃分三：

戊一、明自宗的涅槃分二：

己一、略示

己二、廣說

戊二、餘宗得涅槃不合理分二：

己一、略示

己二、廣說分二：

庚一、有餘涅槃不合理

庚二、無餘涅槃不合理

戊三、自宗應理分二：

己一、聖根本智不見為有的原因

己二、明由修習真性而得所作已辦之說是名言境分三：

庚一、正說

庚二、明所證法界的行相無不相同

庚三、他宗所立所作已辦之說不可成名言境分二：

辛一、他宗有過分二：

壬一、應有始終

壬二、破彼所許

辛二、自宗無過分三：

壬一、明緣生離邊

壬二、明有自性應成常

壬三、明無自性的譬喻分三：

癸一、由譬喻門略說

癸二、正說譬喻

癸三、釋喻義

丙三、破二邊之體分二：

丁一、安立應理分三：

戊一、前導

戊二、正說應理分二：

己一、總義分四：

庚一、二諦的相

庚二、二諦的差別分二：

辛一、世俗諦分二：

壬一、正世俗

壬二、倒世俗

辛二、勝義諦

庚三、二諦的定數

庚四、抉擇二諦建立

己二、別義分二：

庚一、破生邊

庚二、破滅邊

戊三、結尾

丁二、斷違教之諍分四：

戊一、明佛說生滅是不了義

戊二、依生滅通達真性之理趣分二：

己一、正說

己二、利益

戊三、明有執著者不能通達真性

戊四、諸有勝解者通達真性之理趣分三：

己一、諸所作已辦者通達之理趣

己二、阿闍黎自己現見之方規

己三、彼之建立應理分二：

庚一、以教成立

庚二、以理成立

乙二、成立佛說蘊等是不了義分三：

丙一、明講說真性之次第分三：

丁一、正明次第

丁二、觀察違越次第之過失

丁三、對治彼過

丙二、明佛說蘊等是有需要分二：

丁一、正說

丁二、引證成立分二：

戊一、引理成立

戊二、引教成立

丙三、明佛說無生是了義分三：

丁一、由無明顯現故無自性

丁二、隨無明起滅故無自性分二：

戊一、明隨無明生起

戊二、明無明滅則還滅

丁三、生住滅三觀待因而有故無自性

乙三、觀察執蘊之過失分二：

丙一、建立前導分三：

丁一、他部說有自性毫不為奇

丁二、自部說有自性極不合理

丁三、此等建立應理

丙二、正明過失分四：

丁一、明實事師離解脫道被見流所漂分三：

戊一、明他部為見所奪

戊二、自部為見所奪

戊三、明說空性師則與彼相反

丁二、明彼見為無義利之因分二：

戊一、正說

戊二、遮彼見之規則分二：

己一、略示

己二、廣說分二：

庚一、明所知實際之規則分二：

辛一、明依緣而生與無自性並不相違

辛二、明由執相違當出生一切過失

庚二、由心通達之規則分二：

辛一、正說

辛二、彼說應理

丁三、明執實有則不能斷除煩惱分三：

戊一、正說

戊二、明彼堪可悲憫

戊三、明聖者與彼相反

丁四、明於境籠挂礙與不挂礙的差別分二：

戊一、略示

戊二：廣說

乙四、解脫之勝利分二：

丙一、別說分二：

丁一、斷德

丁二、證德

丙二、結尾

甲三、造論的善根回向

正文

法界戲論寂滅空，誰之大悲輪顯現；
令我信芽開敷者，手蓮置頂而敬禮。
於誰剎那傾憶念，摧伏斷常邊見山；
導至無上勝乘道，頂禮怙主龍樹足。
釋迦能仁涅槃後，聖教住於濁世中；
唯一宣說緣起者，至誠頂禮月稱足。
無倒開顯彼密意，恭敬頂禮勝上師；
正理自在者所作，六十正理當解說。

龍樹菩薩所作的《六十正理論頌》即是此中所說的法。此論就總的來說是為顯示一切經的究竟密意，即是中觀義故。就別的來說，即是破除諸聲聞部所許生滅有自性的邪分別故，並且即以諸聲聞部所共許的聲聞藏的教理而作抉擇。

此中分三：一、造論之前禮讚；二、造論的正宗；三、造論的善根回向。

甲一、造論之前禮讚分三：一、所為義；二、略義；三、文義。

論曰：**誰於生滅等，以此理斷除；說緣起能王，於彼稽首禮。**

乙一、禮讚的所為義者，第一是顯示龍樹菩薩自己隨順先代正士行故；第二是為造論事業圓滿究竟無障礙故。巴草譯師說：聖師徒① 對於禮讚無有所為，因為並非緣念某種所為後，以彼所為成為心的境，而作禮讚故。那麼，是為什麼呢？是於殊勝境生起猛利的信心後，自然會生起淨信的禮讚的。譬如有些具足信心者，不是計較所為，而是忽然生起皈依之心一樣。後

① 聖師徒：龍樹、提婆。

藏莎薄大師說，如是禮讚並非有所為，若有所為（立量云）則聖師徒（有法）應非殊勝補特伽羅，因為有希望果報的所為故。譬如商人，彼承認三輪（宗法、因、徧，徧即是因徧後陳），並立一個以教理及世間共許之應成量遣除其宗①。又瑪迦降耶說，如是禮讚非有所為，因為龍樹已經登地，安住離貪欲位，遠離一切取捨所緣不計所為故。此則立他許的因。向湯沙巴在他的《六十正理論釋》中，雖亦建立了與上述彼等相同之說，但是都不合理。先說第一家不合理者，真實生起希求解脫心的補特伽羅，應成為不觀待所為，因為生清淨信心已，依法修行故。如龍樹菩薩《中觀寶鬘論頌》云：『具信故依法』。第二家亦不合理者，諸正士所作一切，皆見為是利他行故。第三家亦不合理者，彼若謂『根本定時滅除② 故』，這個理由也不一定充足，由於後得位時不滅除故。何以故？爾時取所應取，捨所應捨。因此，可立量

① 此處略去『有所為』三字。
② 此處略去『取捨分別』四字。

云：聖師徒應非具足證悟者，因為趨向無所為事故。譬如愚痴補特伽羅。顯示承認應成和遮遣之理趣，於後當說，故不詳述。

乙二、略義者，有讚嘆和頂禮二種。對於讚嘆，即是以宣說緣起，和斷除生滅實有，以及開示如何斷除彼生滅實有之理趣。

乙三、文義分二：一、正釋；二、斷諍。

丙一、正釋分二：

丁一、釋後半頌文義

於誰稽首禮耶？曰：稽首能王。謂唯由說緣起法安立為能王，即是於彼宣說緣起的能王，而申敬禮。又能王也就是建立宣說緣起之因，因為除能王之外，餘者不能說故。如聲聞、緣覺和菩薩等，亦由能王說法教化方能證悟，獨自不能證悟故。問曰：若是這樣，成立能王名，定要觀待宣說緣起，宣說緣起亦決定要觀待能王，即是互相觀待故，所以，二者都不能成立。答曰：若由互相觀待故，即無自性，這是承認的。若總說不能成立，是不一定的。問曰：云何不由其餘功德申讚，而唯由說緣起讚嘆耶？答曰：這有三個方面。㈠、讚嘆者的體性；㈡、讚嘆的行相；㈢、讚嘆的因。第一，龍樹阿闍黎自己由於通達真實性，獲得殊勝歡喜，及了知由於通達緣起即是一切功德的根源。第二，由所說緣起無自性生義，即遠離一切邊見垢染，由於能說彼法，故功德極為圓滿。第三，龍樹阿闍黎欲解說緣起，及於宣說彼緣起者——如來，生起恭敬，故作讚嘆。

丁二、解釋前半頌文義

誰以此緣起理斷除生滅有自性，即於彼敬禮。故於能王稽首禮。『能』者，即是能調伏身語意，此有豐富和大自在二義。因為積集二種資糧故豐富，和在聲聞等中有極大力故名大自在。『以此理』者有四種說法，即是因果互相觀待，依止前前如次生後，通達真實性的理趣次第，以及後當解說的正理規則。以此四種理趣即能斷除有自性地生滅等。

由彼理趣有四種為緣，『誰』字亦有四種，即：由何因，由誰說者，由誰建立能王之因，及由何種正理。第一，謂不僅由宣說緣起，立為能王，亦由能斷除諸法有自性地生滅故，名曰能王。由何理趣斷除耶？即以此因果互相觀待之理斷除。果是觀待從因而生故建立為果，因亦是觀待生果而建立為因。由此亦能斷除生滅有自性等。第二，由誰說者及其理趣如何？謂由依前而生於後之次第，即以此理斷除生滅有自性。第三，由何因斷除，即由知生便知滅的證悟規則，或宣說規則的次第，即以此理斷除。問曰：如是宣說有何所為？答曰：由此次第饒益所化衆生故。第四，龍樹阿闍黎即由自己後當解說的經中所說之正理，而斷除生滅有自性。

丙二、斷諍

問曰：《七十空性論》和《回諍論》中未作讚頌，此論云何作讚頌耶？答曰：《中論》與此論，一開始就以若干緣起正理而作抉擇，是獨立的論，故作讚頌。《七十空性論》和《回諍論》唯是從《中論》中開出來的別義，非是獨立另有所詮，故不作讚頌。於何處開出，詳如疏中所說①。

甲二、造論的正宗分四：一、示緣起離邊；二、成立佛說蘊等是不了

① 疏：月稱疏。

義；三、觀察執蘊之過失；四、解脫之勝利。

乙一、示緣起離邊分三：一、破有邊；二、破二邊之能立①；三、破二邊之體。

丙一、破有邊分二：一、由誰通達緣起離戲論；二、破有邊之正理。

丁一、由誰通達緣起離戲論分二：一、正說；二、教授甚深教法。

戊一、正說

問曰：如於未生子者，而又說彼生子，像一種自語相違的話一樣，既說無生無滅而又說是緣起，其義相違。答曰：觀待彼幼稚愚夫的心，若計執此二相違，那就由他計執吧！但我無過，因為諸愚夫耽著緣起有自性故。從聖者來說，很顯然的是能通達緣起即無自性故。

論曰：**誰之慧遠離，有無而不住；彼通達緣義，甚深不可得。**

前二句半頌是顯示能通達者，後一句半頌是顯示所通達的法。此生雖未

① 能立：因。

設大劬勞修習空性，但是由於過去生中修習之力亦能通達。如聖者舍利弗等之智慧能夠通達者，即是以智慧現證緣起之義。如云：

如世業惑因，因緣具流轉；業惑等因滅，是大導師說。何時生老苦，決定無有住；彼即勝解脫，由佛自證說。

此是聖者舍利弗，但從聖者馬勝尊者聽聞此偈時，便證悟真實性故。問曰：是何智慧耶？答曰：遠離見有無二邊之實執，又除彼有無二邊之外，別無中間故，對於彼『中間』亦不執著而住。通達什麼呢？即緣起義。彼諸愚夫生怖畏故，及彼諸愚夫不能測量故，名為甚深；由於無自性生，而分別為有無，中間的顛倒心所執的境皆不可得，故名不可得。或說如是通達緣起義。此處應當觀察在聖根本定時，有心無心。因為有許有心，並且是有二現云者，彼等連中觀宗的氣味都無，實在不堪破除，故不設劬勞。今應觀察說無心者。因為有說，現證真如實際時，如水與水，如酥油與酥油一樣，全無差別，爾時之心已成法界云。若是這樣，法界亦應成心，理由相同故。若許唯在加行道中世第一法時有心，然後見道時心則不生，這種說法唯是遮無，不是見法界義。若謂非後新生，許前一法，也不是勝義諦。因為無有一法是以因滅盡為緣而生故。問曰：先本無心，故不須作如是觀察。答曰：若是這樣，則異生亦本無心，何須別提聖者？若異生位有二現心，何故不能建立聖者根本定時也有離二現的心耶？任何時候也不能成立：凡是有心皆有二現。因為無聯系故。假若不是這樣，則在聖根本定時理應成立二現之名言，因為有心的名言故。『大悲心與無二慧』① 此處亦應如是說故。問曰：若是有心，定許有境，則境與有境的戲論不能息滅。答曰：根本智前，境與有境全都無故，云何不成息滅戲論耶？若僅以根本智前心境不現，就認為境與有境都無，那是不合理的。譬如不能因眼識前無聲，即成立無聲一樣。根本定與勝義諦之成為境與有境及能證所證，都是龍樹阿闍黎師徒所說。因為彼二皆是名言量之所量故。

有說：凡是根本智所未見的，就必定無有；又就觀察勝義量與名言量何

① 見《入中論》。

者優勝後，名言量的境即被勝義量所破除。這些說法都是違越正理的規則，後當觀察。問曰：若許觀察勝義時有心，即成相執。答曰：若說在理智前有心，固成相執，但是，由名言量如是建立，云何成相執耶？若是認為：凡是由心所取，皆成相執，則同支那堪布之見。像支那堪布之見若是合理的話，那麼一切修持，皆成相執，一切相執都應斷除，而異生亦以相執為修持心要。因此，這些說法均不合理。問曰：如果這樣，彼心如何生起總相？答曰：應當說是一切所取寂滅，猶如虛空。但應思維，若如諸實事師所許有所取行相與能取行相二，則彼等於能取行相，又如何生起不共總相？所謂『唯領納』者，唯是名言。問曰：若是這樣，則於觀察勝義時，當有能取行相，因為由許有心，而一切所取行相盡皆寂滅故。答曰：無過。因為觀待法的相雖是寂滅，但是，觀察勝義時法性的相不應破除。所謂『說彼大種等』時，許有境相故。爾時於能造、所造和造三種是有是無，亦應觀察。

復次，建立道諦是有為時，並以八聖道支為道諦的所相故。對於彼等所相，亦未曾說一定是後得位。在根本定時，一定沒有亦未曾說。

斷除所斷的規則，清辨阿闍黎等建立以錯亂斷除錯亂的譬喻者，是就異生位和破除實有所斷與對治的；斷除種子必須現證無我。這在《入中論釋》等中處處所說故；又說諦現觀一剎那故。所謂『依照名言心時為例，而立譬喻』的說法亦不一定，對於這種文義極其含糊的處所，不應設大劬勞而作論辯。

總的說來，任何理由，都不應說『在根本定時無有心』的名言。因為隨順龍樹阿闍黎師徒的諸大德，都許有心的名言故。問曰：彼等是觀察勝義的理智，不應如是觀察。答曰：如是亦不能建立無心之宗。此義極難。雖然略作如是觀察，但並非專為破他，亦只為我心不明，實難通達故。

戊二、教授甚深教法分二：一、應當思考已說的破除無見；二、教授聽聞破有見理。

己一、應當思考已說的破除無見

內部有說，不應說一切法性空。因為無有能立而有能破。第一，無有成立空性之正理故；第二，並被正理破除。何以故，若一切法性空，則應成為沒有現量所緣，因為無有故，譬如驢角，是故應是有，因為現量所緣故。以教亦能破除，如經中所說『三世緣起』，對法藏中亦說：『蘊處界的自相與共相故。』答曰：

論曰：**且生諸過處，無見已破除。**

由於破壞世間與出世間的一切善根，即是感生地獄等一切痛苦之因；又由於是損壞現有的善法之因，所以是出生諸過之處。此即是毀謗業果的無見。由汝已遮，故不再破。或者由於對法經中已遮，且不再破。問曰：若是這樣，有見亦不應破，因為經已破除。如經云：『諸比丘，真實微妙只有一種，即是不欺誑法——涅槃。』答曰：這不相同，因為破有見在聲聞藏中，未曾多說，未曾無間斷地說，未曾有一經專說破有見的文。破無見則與彼相反，顯然廣說故。又不應思維小乘藏中未曾宣說破有見之理，唯是大乘藏中作如是宣說。因為此中是依聲聞部自己共許的經教而作破除故。問曰：那麼，佛對彼等近侍的聲聞弟子，為何不廣說破有見之正理？答曰：由於為了成熟彼等相續① 不須設大劬勞開示。因為他們未曾圓滿修習法無我義故。問曰：那麼，近侍佛的大乘弟子，也與聲聞相同。答曰：無過。因為大乘弟子，特別要求了知所知，及已廣修法無我故。

己二、教授聽聞破有見理

論曰：**應聽由正理，亦破除有見。**

教授云：應當聽聞由諸正理，於有見亦以緣起因等而破除。問曰：亦破除有見的『亦』字不合道理。因為汝已說不施設破無見之劬勞故。答曰：無過。因為有見雖在經中業已破除，但是這也並無前述相違之過。

丁二、破有邊之正理分二：一、此處之應成；二、附義。

戊一、此處之應成

問曰：是何正理耶？

論曰：**如愚者分別，法若成實有，法無則解脫，何因不允許。**

① 相續：身心。

愚夫異生現見此等，如彼所見並非真實。設若如愚者那樣分別此等有為法，若是成為實有，那麼，彼等愚者（有法）則應獲得蘊法滅無，後不受生的解脫涅槃體性。聲聞部者，汝以何因而不允許耶？應當允許。又有何因由而不允許？完全無有因由故。因為汝許愚者見諦故。譬如阿羅漢已般涅槃，後不再生。但是，事實與彼相反，愚者異生未得解脫故，所見此等並非真實，所以不成有邊。向湯沙巴雖說『由於此等是世俗觀察應作自續』云，但是，這是應成破，或是自續因。此中是說異生若從無始流轉生死以來，已經見諦，則應成得涅槃者，但並非說，見道後即得涅槃。此理後當抉擇。經中由愚者見諦門顯示能破者，是說依六根觀察真實不可為量。若引此等經作證據，而許凡是二現心都是非量云者，這與『一切語言皆妄』之說相同。因為如是了知之自心許是量故。若不許彼，則彼二者之中，何者應理與何者不應理的差別又如何簡擇呢？是故此等經中，是說根非現量真實性之量。否則，修習聖道應成唐勞。假若不是這樣，四種量的建立應不合理了。

今當解說應成與自續中觀師的差別分二：一、各家所許；二、指示正義。第一，應成與自續的差別有十家主張：㈠、總的說來，是許不許自續宗；㈡、觀察真實性的時候有否許可；㈢、許不許因法具力的量；㈣、有否共許有法；㈤、有否自宗的許可；㈥、有否成立的宗；㈦、許不許不立自宗唯破他宗；㈧、有否唯應成的宗；㈨、許不許佛有自續的智；㈩、許不許自證。

第二，指示正義。最後二家，與隱藏不明建立中觀應成與自續的差別相同。有沒有所許，也不是像建立色心的差別一樣，否則就太簡單了。第六、第七二家也不合理。因為觀察世俗時有成立的宗，自宗應成派也承認；在理智前有成立的宗，自續派也不承認。因為清辨大阿闍黎說：『若觀察色的生無有時，即是行般若波羅蜜多，若觀察色的生無有是有時，即非般若波羅蜜多。因為在理智前雖是破生，但不成立無生故。』是故正義，如第一家是。此亦由於有法有無共許，而有無自續的因，又須依靠立敵共許中所依有法成不成故。有說『因法具力的量』是許因法有自相，也不合理，因為清辨阿闍黎也曾破斥故。問曰：在觀察真實性時，不應有名言量的共許。在理智前沒有有法，清辨阿闍黎也承認故。答曰：許自續的因，和許理智前沒有有法，這正是清辨阿奢黎自語相違之處。月稱論師作了批駁。如《顯明文句論》的空分中說：『此處許破生為所立法時，在勝義中所依有法，顛倒實有之體當成失壞者，這是由《分別熾然論》① 自己所許。』問曰：如經部師與數論師辯論時，有共許不用常無常差別的聲一樣，中觀師與實事師，有廾許不用諦實與空的差別的唯現故，沒有共許的說法不能成立。對此回答是，有些只取文句的少部分。說中觀師沒有許可，這種回答是不了解二諦的差別，應當弃捨。是故經部師與數論師，雖共許有不用何法為差別的聲的自相，但中觀師與實事師則不是這樣。因為中觀師把自相作為因的所破，而實事師許自相不是心所現的境，彼色等不共的體，不是心所現之境故。所以自相及彼自相空二者，不觀待心所現的境唯色等，而是心所現的，中觀師在二諦上不許有，實事師亦不許故。月稱與陳那二阿闍黎共同認為，若是自續因，定要具足能

① 此論為清辨所作。

成立相的根本量，不是由心增益而有，是依能取真實性而有。此雖二師共許，但是，月稱阿闍黎認為決定沒有這樣的事故，所以不許有自續因。

有些人依據『若是中觀師即不應用自續比量』一語，便許自續中觀師不是中觀師。這是不合理的。因為彼說中觀師不應用自續比量，是說明自續不合理，並不是說中觀師與許自續是絕對相違。譬如說比丘不應飲酒，並不是說飲酒就成為捨戒的因而非比丘。問曰：彼自續中觀師不是許諸法實有嗎？答曰：若是這樣，數論師亦應是佛弟子①，因為許蘊無我故②，若謂彼因不能成立，那麼謂彼自續師許諸法實有的量也不能成立。問曰：自續師應是許實有，因為他許諸法由理智所成故。答曰：數論師亦應許蘊無我，彼許蘊是所作性故。問曰：若是所作雖然定是無我，但是許所作的就不一定許無我。答曰：彼自續師亦與此相同，他不許諸法是實有的，並且許一切法非諦實有

① 此句為宗。
② 此句為因。

故，如何不是中觀師耶？彼說自續中觀師不是中觀師者，是認為若許所徧①定許能徧②，是對所許的差別未加分析而已。這樣就混淆了一切宗義。如此則二實事師③亦應許一切所作是無諦實，如幻，因為二實事師都許緣起故。

戊二、附義分二：一、示由二見不得解脫；二、示證二無即得解脫。

己一、示由二見不得解脫

論曰：**由有不解脫，由無住三有。**

由於見諸法有自性，亦不能解脫三有輪回。因為由見諸法有自性的有見，能得一切生中樂趣報，享受樂果故。由於見無業果的無見，亦不能從此三有輪回而得解脫。因為彼無見是出生一切過失之源泉，能感惡趣異熟，受苦果故。所以此二見是生死的因故，不得解脫。猶如不淨不能變淨一樣。如龍樹菩薩《寶鬘論》云：『有見住樂趣，無見住惡道。』

---

①『所徧』如所作。

②『能徧』如無我。

③二實事師：經部師與有部師。

己二、示證二無即得解脫

論曰：**偏知有無事，聖者得解脫。**

問曰：設若由彼有無二見不得解脫，誰當解脫耶？答曰：若是認為有無事相違，則不能得解脫。由於不依有事，則不成無事。因為於有事變異的滅法，即許為無事故。又不依無事，有事則不成。因為未遮無事，不能成有事故。所以由於現量偏知有無二事，是互相觀待故，體性皆空。此是不可得智的所依。故諸聖者證得解脫。如龍樹菩薩《寶鬘論》云：『不依二解脫。』

丙二、破二邊之能立分二：一、教理的能立不合理；二、彼等不應為涅槃。

丁一、教理的能立不合理分二：一、不一定是對凡夫說；二、對聖者說之理不能成立。

戊一、不一定是對凡夫說

問曰：有事與無事定是實有，因為生死與涅槃是實有故。此理一定。因為五取蘊的有事，即是生死，彼五取蘊相續斷盡的無事，即是涅槃故，亦不能成立無有生死與涅槃。若是無有生死與涅槃，那麼，就不應說有所取捨故。但是，世尊卻說了應取涅槃，應捨生死故。答曰：若謂生死與涅槃，是為聖者所說故，其理則不能成立，因為是為了未成聖者而令他當成聖者故，所以必須說彼二法。能說彼二法者首先必須是聖者，所以說者與法是互相依待故，即成無自性。若認為彼二法是對凡夫說，這也不一定。

論曰：**未見眞實性，執世間涅槃。**

未見真實性的諸凡夫，心起謬執，而且耽著世間生死自相是所斷，及彼生死斷盡的涅槃自相是所取。是故生起欲弃捨唯名言中有的生死時，也就對說生死無自性的言教，必生歡喜。若無生死無自性，則彼生死斷盡的涅槃亦不能證得。所以由於生死無自性，方能證涅槃，故對凡夫演說也不一定是不了義。為了遮止有些耽著諸法為實有的實執，所以世尊唯獨在他前說生死與涅槃自相。有說：『經中未說補特伽羅我與法我。』彼等說者，定是對佛語如言所許，不解其義。

戊二、對聖者說之理不能成立分二：一、聖者不見；二、彼見合理。

己一、聖者不見

論曰：**諸證眞性者，不執世涅槃。**

諸現證真實性的聖者，於所斷世間與所證涅槃，都不妄執及耽著。問曰：假若彼等不是對聖者宣說，那如何得成為聖諦耶？答曰：無過。因為由證何法，彼當成為聖者，所以聖者所證的諦名為聖諦，或者由聖者所說的諦，亦名聖諦。假若不是這樣，若專為聖者說立為聖諦，則聖者的八種含義亦應不合理。如世間人如說而住，世間共許他名為聖者。如苦諦中無常等法皆如以聖者所說而有，苦諦為淨樂等於世俗中亦無。此亦如疏①中所說：『顛倒者，即是於彼苦諦執為樂等。這在世俗中亦無彼事彼體性故；不顛倒者，即於彼苦知為苦等，因為彼事在世俗中有彼體性故。』此文是為遮止有些人認為，『錯亂識前有的，即是世俗中有的事。』而未辨別名義中有與實際中有的差別。又諸認為若世俗中有，即與有相違的邪分別，亦應遣除。否則

① 疏：月稱疏。

常樂我淨亦應是世俗中有①，因為它是錯亂識前有故②。應許因徧，若許常樂我淨世俗中有，即由此教理而破除之。

己二、彼見合理

論曰：**生死與涅槃，此二非實有。**

若生死與涅槃有自性，則聖者根本智應當見。但是，此生死與涅槃二者皆非有自性故，猶如影像。但見彼影像無自性，並非見真實性。否則，有翳眼等亦應見真實性故。

丁二、彼等不應為涅槃分三：一、明自宗的涅槃；二、餘宗得涅槃不應理；三、自宗應理。

戊一、明自宗的涅槃分二：一、略示；二、廣說。

己一、略示

---

① 此是所立的『宗』。

② 此是『因』。

問曰：涅槃若是全無所有，如何能建立聖者得涅槃耶？

論曰：**徧知三有性，即說爲涅槃。**

若由現量徧知三有無自性，即可說為得涅槃。這是名言中有而勝義中無。

己二、廣說

論曰：**有爲生已壞，安立彼爲滅；如是諸正士，說如幻事滅。**

有為法無常亦是無自性的，因為有為法亦就生起而且生已壞滅，而安立彼為滅——無常一樣，如是涅槃亦無自性。由於生死無自性即是涅槃，而心中現起的涅槃，必須觀待心中現起生死故。如是，彼有為生滅的譬喻，諸聖者正士則說猶如幻事的蘊法的滅，是無自性生的滅。然此處所明涅槃，是指自性涅槃，而由修聖道所得的涅槃，即是新離垢的滅諦。問曰：得見道後即建立為得涅槃，此義在釋中尚未說明。如經云：『我生已盡，所作已辦』者，也唯是指阿羅漢位故。又若謂在釋『法智得已無間』等，但釋中又說：『如實見彼緣起義已，次第修習方能滅盡一切無明。若能安立緣彼緣起體性的智慧者，即建立彼現法涅槃和所作已辦，非指其餘。』然彼滅盡一切無明，除阿羅漢位不能有故。而《入中論》中所說，『由預流果斷薩迦耶見』，則見道時即永斷染污無明了。答曰：月稱阿闍黎著的《中觀五蘊論》中的名言，大致與七部對法相同，薩迦耶見雖然是見所斷，但是彼《入中論》中是說，修所斷中所攝的染污無明故。這里附帶要說的，許聲聞聖者雖證法無我，但未斷所知障。此義亦應觀察，因為大乘見所斷中所攝的所知障，是最初現證諸法實際時，即能斷除耶，或者須經修習方能斷除耶？後者不合道理。因為當成修所斷故。若初證時即斷除，那與聲聞聖者未斷所知障之義則成相違。

戊二、餘宗得涅槃不合理分二：一、略示；二、廣說。

己一、略示

論曰：**由毀壞成滅，非徧知有爲；彼於誰現起，如何說證滅。**

前半頌是出過，後半頌是指示後陳，即說無餘及有餘涅槃俱不合理。

諸蘊法滅盡，應成無餘滅——涅槃；又雖有蘊，但煩惱已盡，應是有餘涅槃。因為汝許業和煩惱因緣已盡，蘊不再生，立為涅槃故。由徧知有為無自性，應非成為涅槃，因為汝許業和煩惱自相因緣已盡，蘊不再生，立為涅槃故。我們也許有蘊，但是煩惱已盡，立為有餘涅槃，這里只是出彼所許的有餘涅槃不合理的過。問曰：雖許業和煩惱因緣已盡，蘊不再生，立為涅槃，然無過失。答曰：若爾，彼無餘涅槃，於誰前現起。因為無有能證者，故說『由我現證涅槃』的名言應不合理。若謂在有餘位時現證，但是，由於諸蘊未滅，無所證故，不合道理。若謂在無餘位時現證，由無證者亦不合理。所以於誰亦不能成為現證了。我們中觀師則無有過，因為聖者舍利弗等，現證彼無自性生的滅故。又現證滅不合理者，若謂現證滅之所依的蘊後，兼證滅者亦不合理，因為汝不許爾時有蘊故。若許親證也不合理，因為汝許現量智是有自性的心心所故。指示第二後陳不合理者，在有餘位時，憶念我生已盡而且壞滅的心如何生起？應不能生，因為汝許有自性地生故。若不許我生已盡而且壞滅，則與經相違。中觀師許彼有餘位時亦無自性生，故不與經相違。至於滅彼『如何說證滅』句，是依經的原文。

己二、廣說分二：一、有餘涅槃不合理；二、無餘涅槃不合理。

庚一、有餘涅槃不合理

問曰：說『我生已盡』者，密意是指未來不結生相續，並不是說現在的蘊不生。答曰：若是這樣，在彼位時有餘也不合理。論曰：設若蘊未滅，惑盡非涅槃。經云：『此苦無餘永斷。』意在指現在的蘊不生而說，無餘永斷乃至寂滅。又就未來之生而說，『從此以後不受後有』。所以謂依未來的蘊說『我生已盡』則不合理。設若許爾時有蘊相未滅，則煩惱雖然斷盡，亦不成為得涅槃，如《寶鬘論》云：『何時有蘊執，爾時有我執』故。

若許在有餘位非有真正涅槃，那麼，在釋『我生已盡』等時，如何引『此《隨誦經》』者，是彼舍利弗證涅槃後說』。此經是舍利弗自己現證涅槃後對他的朋友隨誦而說。問曰：彼指斷盡煩惱，不是蘊滅。答曰：不合道理，因為《隨誦經》所說『此苦永斷』故，又此處不應以涅槃總名而用於差別故。《隨誦經》所說，在此釋中極為明顯，最初馬勝尊者為聖者舍利弗說彼一偈時，並未說明舍利弗得涅槃故，由於是時舍利弗雖得見道，而得涅槃則是曾經長時直至日後在聞佛說法時，方說得涅槃故。又從見道後，即得有餘涅槃亦無明文。

庚二、無餘涅槃不合理

論曰：**何時彼亦滅，爾時當解脫。**

若許何時彼蘊亦成滅，爾時當得解脫涅槃云者，但未來諸蘊相續斷滅，於汝宗則無有。因為汝許在有餘位時有蘊自相，故有彼蘊執。由此蘊執，即令業和煩惱生起後復又取蘊故。由此則觀待未來的生而說滅之義不能成立。

戊三、自宗應理分二：一、聖根本智不見為有的原因；二、明由修習真性而得所作已辦之說是名言境。

己一、聖根本智不見為有的原因

上面說明主張有為法有自性者，則不能得解脫；今明說空性者則得解脫涅槃故。

論曰：**無明緣生法，眞智照見前，生或滅亦可，盡都不可得。**

行等十一緣起支，無論直接，或者間接，若有無明支為緣，即名有無明緣。從彼無明為緣而生之法，在真實聖根本智照見前，有為法初生與最後滅亦可，任何戲論盡都不可得。由於彼行等法，都由無明分別，故是錯亂心所現，非是聖根本智所見。猶如有翳眼者所見，無翳眼者則不能見。有些把聖根本智不見有生滅與見生滅非有混為一談，而說緣起非有，因為聖根本智不見故。這種說法，與說中觀見是正見，愚者不能知故的說法相同。問曰：若是正見，愚者了知則成相違。答曰：緣起雖有亦何須要聖根本智照見。若是自性有則須要聖根本智照見，若是觀待法①，由聖根本智照見則成相違故。有些依據如是相似正理，說中觀師什麼都不許有，那我們也可說唯識師什麼都不許有。問曰：彼唯識師不是許有為法有自相嗎？答曰：中觀師亦許緣起故。問曰：許彼緣起，唯在錯亂識前有，於我自宗則非有，因為不錯亂慧是聖根本智，彼聖根本智不見故。答曰：那麼，唯識師應不許有真實隱事，因為不錯亂心是現量，彼現量未見故。問曰：隱事雖有，但非現量所見。答

① 觀待法：緣起。

曰：前面所說亦與此相同①。若許隱事非真實有，那麼，由遮隱事，亦當遮所徧無我，明由於隱事沒有不徧的法。既遮隱事，即遮一切所知，當成什麼都不許有。

己二、明由修習真性而得所作已辦之說是名言境分三：一、正說；二、明所證法界的行相無不相同；三、他宗所立所作已辦之說不可成名言境。

庚一、正說

論曰：**現法即涅槃，亦所作已辦。**

在通達緣起生滅不可得的有餘涅槃位時，現法即得涅槃。由於煩惱斷盡等，亦是所作已辦。頌文中的『亦』字，即指所作已辦後我生已盡等。釋中說，此經所說聖者舍利弗已經現證涅槃，應知此即是現法涅槃，說為『我生已盡』。由此亦可明了如前所說《隨誦經》義。

庚二、明所證法界的行相無不相同

① 『前面所說』指『緣起雖有，但非聖根本智所見』。

論曰：**設若法智後，於此有差別；有爲法極細，誰計自性生。彼諸非智者，不見緣起義。**

設若由彼見道苦法忍現證緣起的實際，空性，在法智後所證法界的行相無不相同。設若於此法智後有無常的自相等，勝義諦上可以區分各個不同的行相者，則諸聲聞部於極其微細的緣生實際，誰計由自性生並許可有自性地生，何況對粗重的大地等。是故執宗派的諸聲聞部即非智者（有法）若如汝許，則彼見道者應未見緣起義，及緣生離戲論一味之境。因為汝許法性有各各不同之次第差別故。是故於彼緣生的法性、空性、無自性，由於無有不同行相的差別，所以諦現觀唯一剎那。問曰：那麼，十六剎那如何安立耶？答曰：那是就還滅門而安立的。因為就現證彼諦和彼諦空性的分位而分別苦智和集智等，彼等智忍亦是由還滅而分別的。但並非不許如是名言，因為在月稱阿闍黎著的《中觀五蘊論》中所說故。聲聞藏中有說一剎那者，亦有說為十五剎那者。二者並不相違。因為是就相續中生起次第，及愛樂廣說者前而說各種名言故。問曰：設若是這樣，如何又說緣四諦有無常等十六行相耶？

答曰：彼等應當在資糧和加行位修習，僅僅是成熟相續之道，非是解脫道，因為於彼解脫道定須通達無自性故。

諸寡聞士夫說：『慈氏法中也說有聲聞通達法無自性。』彼等說法唯是對於諸大車宗，猶如大海之差別中不熟習和不善巧的誑言。因為在隨順慈氏法的任何教授中，唯有分為但求解脫和一切智①道二種，但在解脫道中只說了無常等十六行相，並沒有說必須通達無自性故。月稱論師在解釋龍樹師徒密意的諸教授中，由於只說彼等②唯是成熟相續之道，並沒有說是解脫道，所以混淆彼等大車宗義，即是積集誹謗正法的業障。

庚三、他宗所立所作已辦之說不可成名言境分二：一、他宗有過；二、自宗無過。

辛一、他宗有過分二：一、應有始終；二、破彼所許。

---

① 『但求解脫』指『小乘』，『一切智』指『大乘』。

② 『彼等』指『十六行相』。

壬一、應有始終

論曰：**盡煩惱比丘，生死已還滅；有始然正覺，何因未曾說。**

設若以智慧力能斷煩惱的勝義比丘，由於斷盡煩惱而不積集業，以彼為緣，汝若思維，彼生死蘊自相已經還滅淨盡者則應有終。若許彼有終，則終是由於觀待始而有。若彼生死有始，則諸佛定須宣說。然諸圓滿正覺何因未曾說耶？決非不知而不宣說，因為許佛是一切智故。佛陀不說並無別的原因，是因彼之初唯是非有，故不宣說極為應理。

壬二、破彼所許

論曰：**有始則決定，爲見所執持。**

問曰：許有最初之始有何過失？答曰：若是這樣，決定當許在彼始之前更無別法。由是即成無因和為斷見之所執持。

辛二、自宗無過分三：一、明緣生離邊；二、明有自性應成常；三、明無自性的譬喻。

壬一、明緣生離邊

論曰：**諸緣起生法，如何有始終。**

緣起師則無彼過失。因為凡說諸法是觀待而有，如是於彼『諸緣起生法』，即是無自性地生故。如何當成有始終耶？決定不許。

壬二、明有自性應成常

論曰：**先已生如何，後復變成滅。**

此謂定須如是承認，否則不但有始，並成為常。因為如果先已有自性地生者，那又由如何原因，其後復變為滅。唯應是常，因為自性即不能轉變故。

壬三、明無自性的譬喻分三：一、由譬喻門略說；二、正說譬喻；三、釋喻義。

癸一、由譬喻門略說

如上已說，『諸緣起生法，如何有始終』，是說無自性生故。

論曰：**離前際後際，趣向如幻現。**

諸趣由無自性地生，即遠離前際和後際。剎那不住地趣向而行。故趣向是緣起所生。此等本來如幻無自性的法而現為有自性，唯是欺誑和虛妄之體。由於了知幻化，則對於幻化的象馬等，不應分辨前際和後際。故於趣向計有前際後際也不合理。

癸二、正說譬喻

論曰：**何時幻像生，何時當成滅，知幻體不愚，不知幻偏愛。**

前三句是喻瑜伽師智者，第四句是喻凡夫。不了解幻化本體的衆生，對於幻化的青年男女如果執為有血肉的青年男女，何時現起此等幻像青年而便計為生，何時衰滅便計為死，起如是貪著。了知幻化本體的士夫，見幻化時，於彼則不如是愚痴貪著。不知幻化自體的觀衆則偏起貪愛而生耽著。

癸三、釋喻義

論曰：**諸法如陽燄，以智現見者，則不爲前際，後際見所損。**

前半頌是明通達實際的慧，後半頌是明利益。瑜伽師以根本定各各自證之智慧，現見諸有為法如幻、如陽燄。因此則不為前際或後際的斷常見所損害，而能成熟相續並攝持相續。這是說明根本智所證自體如幻，並非指根本智前現為如幻。因為了達涅槃如幻是名言心，而不是根本智故。

丙三、破二邊之體分二：一、安立應理；二、斷違教之諍。

丁一、安立應理分三：一、前導；二、正說應理；三、結尾。

戊一、前導

論曰：**若誰於有為，計實有生滅；彼等即不知，緣起輪所行。**

前二句半是顯示無智慧的補特伽羅，後一句半是顯妄計過失。謂誰無智慧者，於唯顯現諸有為法，計執實有自性地生與滅，所以彼等即不能了知，不能通達緣起所生遠離初中後際猶如車輪之所行的流轉規則。因為若有自性即不可能有生滅故。

戊二、正說應理分二：一、總義；二、別義。

己一、總義分四：一、二諦的相；二、二諦的差別；三、二諦的定數；

四、抉擇二諦建立。

庚一、二諦的相

名言量所量的境，是世俗諦的相。根本智各各自證智的所量境，是勝義諦的相。

庚二、二諦的差別分二：一、世俗諦；二、勝義諦。

辛一、世俗諦分二：一、正世俗；二、倒世俗。

壬一、正世俗

四種名言量① 的所量境等，此之無患六根的境和有境② 都是正世俗。

壬二、倒世俗

有患根的境和有境等是倒世俗。如夢中的象馬等是虛妄外境，有血肉的象馬是真實外境。此亦指觀待思維前而說的。其實，一切有為法都是虛妄的。執五蘊是常樂我淨者，這在世俗中也不是量的所量境，因為完全沒有這種事實。無常、苦、空、無我四者，是名言量的所量境。有些許彼等③ 在世俗中有則俱有。無則俱無者，這是由於認為唯錯亂識前有即是世俗中有的

---

① 四種名言量：現量、比量、聖教量、譬喻量。

② 有境：心。

③ 彼等：夢中的象馬和有血肉的象馬。

義。因此，是把唯在他宗前所承認的世俗與中觀自宗所許的世俗的差別，分辨不清所致。其必須作如是分辨者，月稱阿闍黎說『如是分析到最後唯餘幻化』，又說『有些時候唯餘聲音』。這就說明唯有名言假安立的世俗，在任何時候也不遮遣，並且完全承認故。經說常樂我淨和有為法自相等，是為引導有些未悟入正見的補特伽羅令入正見的方便，所以除唯他宗所許之外，一切時處都要破除故。

問曰：中觀自宗雖有唯世俗，但無世俗諦。答曰：完全不是這樣，因為無患六根所取的聲色等境，是中觀師自宗所許的世俗諦。但在世間人前則是勝義諦①。在聖者後得智時雖現起真實，但不執為諦實，故建立唯世俗。然諸聖者既許有二諦的差別，則於色等法應承認是世俗諦的，如像龍樹。問曰：若是這樣，不是聖者也應當有實執了嗎？答曰：在通達有翳眼根現毛輪的補特伽羅的眼中，不令現起毛輪，因為他通達世俗諦故，是通達虛妄如幻

①　此處的勝義諦非指聖者所證之勝義諦，是指凡夫執為實有。

的，則不須許是實有。說聖者應有實執的人，是許世俗諦全是實有，故是顛倒言說。問曰：若許是實執所緣的境，則定許是實有法。答曰：彼等亦為名言。倘若不是這樣，那《顯明文句論》中所說『世間人所許的勝義即是聖者所許的世俗』也不合理了。四種名言量所量境，諸愚夫雖執為實有，但善巧二諦差別的異生，及諸聖者則見為虛妄，因為本是虛妄故，亦無非有的過失。有說『中觀師所許完全無的依據，是由龍樹這樣成立的』。說此語者倒不如不辨宗派的差別為妙。

辛二、勝義諦

有些不了解《入中論》中『由於諸法見真妄，故得諸法二種體』的意義，便說『內外一切法，聖者則見為勝義諦，凡夫則見為戲論。彼二唯由聖者力強，故此等是中觀宗勝義諦』。說彼言者是毀謗聖者補特伽羅。如經云：『於彼世俗說勝義，當知彼是錯亂識。』是把這種過失強加於聖者身故。

是故彼①之教義是說，聖者得彼等無自性，凡夫則相反地計為有自性。聖者所得的無自性是勝義諦，內外一切法是世俗諦。凡夫計為有自相，這在世俗中也是沒有的。問曰：經說『完全無見者是真實見。』故得無自性不合道理。答曰：若是通達無自性，則息滅一切顯現，是從無見門中通達，如於淨眼不現毛輪；又如若有瓶則應有所見，瓶既不可得，則安立為通達無瓶，並非另成立通達無自性。這是顯示通達真性的理趣，亦非安立『完全不見，即是真實』。否則，何故不立不見石女兒也即是見真實的名言？

庚三、二諦的定數

由於量有名言量和勝義量的二數決定故，所以彼二量的境，決定只有二諦。

庚四、抉擇二諦建立

應當了知如何修習境道果。立量云：此唯現法，（有法）無自性，是緣

---

①『彼』此處指《入中論》。

起故。於此一宗全具二諦。由於因中即攝世俗諦，法（宗法）中即攝勝義諦。於此宗中，通達緣起的心，即是通達無自性的方便。因為通達所立（宗）的心，必須從通達因而生起故。初由修習通達緣起的心，即於道時積集福德資糧，後由修習通達無自性的心，即是智慧資糧。廣則六波羅蜜，由通達無自性，斷除障蔽緣起所攝的所知，盡所有的不染污無知，彼心當成為修習佛地之方便故。彼二是方便和方便所生。如《入中論》說『由名言諦為方便，勝義諦是方便生』，又說『世俗真實廣白翼，鵝王引導衆生鵝；復善力風雲勢，飛度諸佛德海岸』。

有些人認為若不加他宗前或錯亂識前有的簡別語，就不知道安立名言中有。所以彼許二諦如同水火各不相容。因此不能建立方便和方便所生，並且不能建立勝義。假若建立勝義，則許世俗非有，如同石女兒故。彼宗雖作各種言辭，但是，由於把空性義執為是完全無有的意思，故許四聖諦是不能成立的。如聖龍樹說『若一切不空，則無有生滅；四聖諦諸法，於汝應成無。』① 這就說明中觀自宗無有不能成立四聖諦的過失。又聖龍樹的《釋菩提心論》說：『知此諸法空，而依業果者；甚奇中甚奇，希有中希有。』這就顯示二諦在一量上雖不能俱有，而在一事上可以俱有，猶如色聲。但這並不是許有不觀待心的善法，因為世俗如於花繩妄計為蛇，唯有分別的行相，但有名言，而蛇與自己的所依事② 是一或異都不能成立。又如說某人愚蠢得像牛，也不能用角之長短來觀察他像牛，如是也不能用一異的理來觀察因果。有些人不了解此義，便起錯覺，妄用理智觀察，則一切世俗都成畢竟無了。故不應作此思維。因為這是在理智前不能成立的，而世俗的不共意義，就是在破除一切戲論後，有可成立的故。因為了達緣生如幻，須觀待破除諦實戲論故。

① 見《中論·觀四諦品》。
② 事：繩。

有說：『觀察以後所獲得的空性，是由心所造作的空。』又有人說『過分觀察即成過失』。彼等說者，即遠遠地拋弃了對空性的了解。因為觀察使所獲得的空性，並不是先本不空由觀察後新得的空。否則，即如造瓶，所得並非實際，心亦即成顛倒，空性則成心所造作。如果所破本有而破除之，即如用錘破瓶，空性則定成能破壞的有為之法。是故為了洗除心對緣起執為實有的一切垢染，須對餘邊所有一切懷疑，進行觀察，乃至疑心未斷之際，必須數數觀察，有幾許的觀察，即能獲得爾許定解。

有人誤解：『有則不須成立，無則不能成立』之語，妄謂以正理量的破與立皆須捨弃。這是不對的，因為那二句話，只是破除彼破立境上的實有，不是破除量的破與立。否則，造正理論有何用處。

又有說『唯顯現有也應破』。說此語者，即以此見而成惡趣之因。所以諸希求解脫者，在一切時處都應遠離，因為唯顯現有不能破，亦不須破，若破則有過失故。何故不能破？若無能破顯現的量，則無能破，故應承認不能破。若有能破顯現的量，彼自己亦成為所破，因為彼量也是屬於唯顯現有的範疇故。是則既許顯現為所破，又許能破為所破，即成自語相違。不須破者，由於破除諦實的戲論之後，若修習彼，當成自趣息滅故。若破則有過失者，因為不能積集福德資糧故。這種把道的所破① 與因的所破② 的差別分辨不清的中觀師啊，應向你頂禮了。因此，諦實有必須破，能夠破，若破則有功德，由於實執出生一切過失故。若有自性，則以正智堪可觀察，但以正智觀察卻不可得故，又通達彼無自性，即遮止生死的根本故。

有說『實執是所破的，諦實是非所破的，因為它是完全無有故』。說此言者，亦不了知由彼完全無，才通達彼是無，是量的破立境，因為破除實執必須通達彼實執境完全無。因此，有說：『中觀自宗若許一切法唯是分別假立，即不應許緣起為有；若許緣起為有，則成墮邊。故不應建立為有。』說此言者，即是自己處於《現觀莊嚴論》中所說的十六種邪分別之中，猶如誹

---

① 道的所破：所斷惑。

② 因的所破：實執所執之境。

謗清辨阿闍黎等諸大論師者，唯獨損害自己而已。

己二、別義分二：一、破生邊；二、破滅邊。

庚一、破生邊

問曰：許有自相生如何與緣生相違耶？

論曰：**依彼彼緣生，即非自性生；既非自性生，如何說性生。**

若依彼彼因緣所生之諸法，即非是有自性地生。問曰：為什麼？答曰：生若在因之先而有，即不待因，因之先若無生，那麼，生時亦如影像即成造作，如何是有自性生耶？雖然是無自性地生，但有唯生，現見有『色生』之名言故。問曰：彼唯生若有，則有自相地生也應有，因為一切假法是依實法而有故。答曰：彼既不是有自性地生，如何說彼是有自性地生？因為依自性地生的法，亦畢竟無有故。有說『若無有自性地生，即無有生』。作是語者，是未觀察前後文義。因為在略義中曾說『理智觀察之無生』，破滅邊中亦說『盡是無自性』故。

庚二、破滅邊

論曰：**由因盡息滅，乃說名爲盡，非有自性盡，如何說性盡。**

諸有為法的住，是依賴能住的緣，住緣若無，當成壞滅故。因此，由能住的因——燈心和油等若盡即滅，燈光亦盡而滅的息滅，乃可說名為盡和滅。盡是觀待因，並非是有自性地盡，因此如何說彼是有自性地盡。彼既非是有自性地盡，即不應建立由有自性的他性盡。

戊三、結尾

論曰：**若無少法生，即無少法滅。**

如是以正理觀察，若無少許法是由自體和他體而生，那就無有少許法是由自體和他體而滅，這就是諸瑜伽師所說的『無有少法可得』之義。

丁二、斷違教之諍分四：一、明佛說生滅是不了義；二、依生滅通達無自性之理趣；三、明有執著者不能通達真性；四、諸有勝解者通達真性之理趣。

戊一、明佛說生滅是不了義

問曰：設若沒有生滅二法，為什麼世尊說『諸行無常，是生滅法；生滅滅已，寂滅為樂』耶？若無生滅，則佛說它是得涅槃的方便則不合理。但是佛已宣說故，所以生滅是有自性。

論曰：**說生滅之道，是有所為義。**

佛陀未曾說生滅是有自性的，是為世間趣向非正士之道者，令彼樂欲修習真實性，而說此生滅之道，以能通達真實性故，所以說通達真實性的方便是有所為義。佛說生滅經雖是不了義，但是如實而言，故中觀自宗承認生滅，並且許彼生滅與空性在一事上而有故，假若不是這樣，緣起悉成諦實。

戊二、依生滅通達真性之理趣分二：一、正說；二、利益。

己一、正說

問曰：說生滅法有何所為？

論曰：**由知生知滅，知滅知無常，由知無常性，正法亦通達。**

為了遮止愚夫貪愛色欲故，世尊說生滅法。由於了知生便能了知滅，因為滅是以生為根本故。由於知滅，即了知與滅一義的無常性。由於了知住在三界無常烈火熾燄之中，故欲希求解脫三界苦惑，並且了知趣向真實性，即當證悟與佛所說的正法涅槃無異的——離戲論空性。

己二、利益

論曰：**諸於緣生法，遠離生滅相；彼等了知者，越渡見有海。**

如前所說之次第，諸具足專求真實性之勝慧的士夫，了知緣生法遠離有自性地生滅相，則不為斷常見所礙，由於斷常見是三有海，故乘通達空性之船，定當越渡斷常見的三有海。

戊三、明有執著者不能通達真性

論曰：**異生執實我，有無顛倒過；爲惑所轉者，是自心欺誑。**

如其所有業和煩惱趣向各各生處者，名為異生。由執我與五蘊無異，名為執實我者，或者由執有為是法我，執彼有為具有異生的我，名為執實我者，或者執著有為法為實有者，名為執實我者。論謂諸怖畏空性者，由於執有為有自性與畢竟無，而起實執顛倒邪分別的過失，即隨貪瞋等煩惱自在而轉者，決定不知無生，由於是自心的執著欺誑而流轉生死。

戊四、諸有勝解者通達真性之理趣分三：一、諸所作已辦者通達之理趣；二、阿闍黎自己現見之方規；三、彼之建立應理。

己一、諸所作已辦者通達之理趣

論曰：**智者於有爲，無常欺誑法，危脆空無我，是見寂滅相。**

諸智者對於空性從不認為如同險處，並且以為通達其性是諸法之勝義，及趣向涅槃之道的。於諸有為法善巧的諸智者，見有為法是寂滅而自性空相。建立彼義有五差別：有為法具有剎那剎那壞滅之本性故，名為無常；猶如幻化本來無自性，而現為有自性，名為欺誑法；不能久住而體性微弱，故名危脆；離法我之自性，故名為空；離補特伽羅我故，名為無我。

己二、阿闍黎自己現見之方規

論曰：**無處無所緣，無根無住者，無明因所生，離初中後際。**

如芭蕉無實，如乾達婆城，痴闇城無盡，諸趣如幻現。

此說阿闍黎在後得位現見情器世間所攝的諸趣是如幻顯現。問曰：如何是如幻顯現耶？答曰：有四方面建立彼義：就違緣①門建立處或所依無諦實；所緣亦非有諦實；由種子之理趣建立無根並不住；由上三緣之理趣建立無住者。問曰：諸趣若無自性，如何現有種種行相耶？答曰：雖然無自性，但有顯現的因差別，即是從無自性因所生而有顯現，是故不破顯現。為明一切法無自性故，即說遠離初有自性地生，中有自性地住，後有自性地滅。猶如芭蕉無有少許之實體故，又如乾達婆城，雖然現為諦實，若觀察時，則彼自體完全無有故。但是這也是從無明因所生。諸趣差別者，即身語隨愚痴城轉，很難從彼損自己之中，而得還滅，故云無盡，阿闍黎現見諸趣，如是顯現。

己三、彼之建立應理分二：一、以教成立；二、以理成立。

庚一、以教成立

論曰：**此梵等世間，顯現爲諦實；於聖說彼妄，除彼豈有餘。**

① 違緣：無諦實是實有的違品。

世間中能見超越根的境者，世人共許為殊勝的梵天，此等內外之世間，悉皆顯現為諦實。但世尊說『唯涅槃一法是真實殊勝，有為是虛妄欺誑之法』。故於者說彼皆是虛妄。除彼豈有餘法不成如幻？完全無有。

庚二、以理成立

論曰：**世間無明闇，隨順愛流行；與離愛智者，見如何相同。**

梵天等世間人，由無明翳闇遮蔽慧眼，隨順顛倒愛水河流而行的異生，與智者清淨慧眼，飽飲此正法甘露精華，遠離貪愛的諸正士的見，如何相同？若是相同，則有聖者應是凡夫，凡夫應成聖者的過失。

乙二、成立佛說蘊等是不了義分三：一、明講說真性之次第；二、明佛說蘊等是有需要；三、明佛說無生是了義。

丙一、明講說真性之次第分三：一、正明次第；二、觀察違越次第之過失；三、對治彼過。

丁一、正明次第

論曰：**於求眞性者，初說一切有；通諸義無貪，然後說寂滅。**

問曰：設若一切都是虛妄，世尊豈不應當唯說勝義法，何必說虛妄法耶？答曰：雖是虛妄，若有需要，則應當說；雖是真實，若無需要，則不應說。所以論說對於尋求通達真性的弟子，師長應善巧成辦衆生的義利，及從利他心出發，在最初應當說蘊處界一切法有。如佛說『婆羅門！一切法者，謂五蘊、十二處、十八界』。有也是觀待而有，非有自性。如觀待長成立短，依色等成立蘊，從燈生光明，觀待因建立果。一一果具有衆多緣故，一一緣又有無邊的因緣，法若生時必須要由衆多精勤造作，法若壞滅則無需精勤造作而自然消失。若先通達如是諸義，並且欲弃捨貪愛生死，我貪輕松微薄——無貪，然後於此補特伽羅乃應宣說寂滅甚深空性，並非先說。

丁二、觀察違越次第之過失

論曰：**不知寂滅義，但聞空性聲，不修福德業，損害彼劣夫。**

若諸聖者，於福非福業不作倒還應理。但是，諸未通達真性者，最初不知寂滅空性義，中間但聞空性之名聲，則以為空性即是『頑空』，從而便損減業果，不修福德善業，彼等卑劣士夫當受損害，因為專行不善故，名卑劣士夫。

丁三、對治彼過

論曰：**說諸業果有，衆生亦眞實；了知彼體性，然後說無生。**

為了永斷以上所說的過失，故世尊最初說諸善不善業，及苦樂異熟果報是有，以及受用果的衆生亦真實有。其次說了知彼業果體性空的道諦，然後才說由彼道諦所得的無自性生的滅諦。初二句是說苦集諦，後二句是說滅道諦。是故宣說真實性者，應當善巧次第。若以為有大利益，及有相似的利他心，最初就說空性，當犯自己所受的菩薩戒根本罪，並且也損害他人故。所以諸大車師，對顛倒次第說法者，一切時處都行遮止。就勝利來說，見道比資糧道的利益大，但不能先生見道故。又就六度來說，也應先生慧度了。至於有些怖畏空性，也是深信業果以後而生起怖畏的。如果先說空性，則有些不信業果，故不生怖畏，並且認為相信業果猶如數兔角之花紋是唐勞無功的，對於空性固然生起歡喜，但是他便認為不須作斷除不善法的苦事故。

丙二、明佛說蘊等是有需要分二：一、正說；二、引證成立。

丁一、正說

論曰：**諸佛隨需要，而說我我所，蘊處及界等，亦隨需要說。**

佛陀雖然永斷一切薩迦耶見，但是，諸佛隨順有需要的原因，作為所化眾生通達無生的方便，而說我及我所、蘊處界等，亦密意說名言中有。如是譬喻，為了作通達真性之方便。是故是由隨需要而說。

丁二、引證成立分二：一、引理成立；二、引教成立。

戊一、引理成立

論曰：**說大種色等，正屬識中攝，了知彼當離，豈非邪分別。**

經中說有因色四大種，及果色十一①等，只是在以無明為體的識前現起為有，否則不能建立為有。故大種等是正屬於識的範疇中所攝。由於了知彼無明識是無自性地生，則對於大種認為實有之執即當遠離。因此彼等豈非是不正的邪分別耶？應是邪分別。總之，四大種等是無自性，因為它是依因

① 果色十一：五根、五境及無表。

緣所生故，離開現起則不能建立外境有，否則石女兒亦應成為有的了。問曰：說的能取行相是有耶，抑無耶？若有能取行相，亦應許有所取行相，由許有緣內和緣外二分，故應許有自證分；若無能取行相，則不應許有所取行相。答曰：既然成立識了別境，則已成立唯了別義，如果為了成立了別義，而又觀察由自了別，或由他了別，則不合理，否則識亦應成色法。譬如以燈照瓶①。

戊二、引教成立

論曰：**唯涅槃眞實，是諸佛所說；謂餘非顚倒，智者誰分別。**

經中世尊說『諸比丘！唯此一法微妙真實，即此涅槃是不虛妄法』。這說明唯涅槃勝義諦唯一真實，這是諸佛所說的，是故破除以外，謂『餘蘊等非是顛倒虛妄義』，諸善巧二諦差別的智者，誰起這樣的分別？這種分別不應道理。

① 此處略去『自照亦照他』五字。

丙三、明佛說無生是了義分三：一、由無明顯現故無自性；二、隨無明起滅故無自性；三、生住滅三觀待因而有故無自性。

丁一、由無明顯現故無自性

論曰：**何時意動搖，爾時魔行境，若於此無過，有何不應理。**

何時由於非理作意，意識隨境動搖，爾時即有障礙聖者智慧命根等六種差別①。這就是無明魔的行境，因為被無明魔所自在故，若是現起無生，則於此現證無生者，無有如前所說的過失，有何不應道理耶？因為現證無生，即遠離魔境故。

丁二、隨無明起滅故無自性分二：一、明隨無明生起；二、明無明滅則還滅。

戊一、明隨無明生起

---

① 月稱釋曰：『彼魔能障礙聖者的智慧命根，也是三界大地之主，有四顛倒大臣，為貪等煩惱眷屬之所圍繞。一切眾生斥為非聖者，是趣入非妙行的隨行者。能令輪回有情增長無量故名無明』。

論曰：**世間無明緣，是佛所說故，此世謂分別，有何不應理。**

世間——五取蘊，是由無明為緣而有，故成立有無明的緣。因為佛說：『由無明為緣而有行，由行為緣而有識。』故此世間謂是唯由分別假安立，有何不應理耶？如龍樹《寶鬘論》云：『若種子本妄，所生云何真。』

戊二、明無明滅則還滅

論曰：**無明若滅時，行等亦當滅，無明妄分別，如何不了知。**

如近光明，闇則消滅，由於生起明智，無明若滅時，則諸行等亦當消滅。所以唯從無明痴闇而起虛妄分別，此義如何不能了知。因為現見無翳之眼遠離毛輪故。

丁三、生住滅三觀待因而有故無自性

論曰：**諸法因緣生，無緣則不住，無緣故即滅，如何計彼有。**

諸有為法的生，是依因緣而生，即生是觀待因而有。若無有能住的緣，則不能住，所以住也是依緣而有。若住的緣盡時，彼即無有故，則當即滅，所以滅也是依住的因盡為緣而有。因此，如何計彼有自性耶？若有自性即不可能再轉變為他事故。

乙三、觀察執蘊之過失分二：一、建立前導；二、正明過失。

丙一、建立前導分三：一、他部說有自性毫不為奇；二、自部說有自性極不合理；三、此等建立應理。

丁一、他部說有自性毫不為奇

論曰：**設若說有師，執法爲實有，安住自宗道，於彼毫不奇。**

設若數論師說有三德①，勝論師說極微是常，這些說實有的諸師，執諸法為實有者，這對他安住自己的根本宗派之道，並無相違之處，所以於彼說實有毫不為奇。因為世間沒有的事，若見到了，這倒是希奇的。但是此事是沒有的，這種沒有是符合規則故。

丁二、自部說有自性極不合理

論曰：**依止諸佛道，說一切無常，興諍執實有，彼極爲希奇。**

---

① 三德：勇、塵、闇。

凡是依止諸佛之道，許是緣起所生，說一切有為法是無常的毗婆莎師、經部師和唯識師，對於說一切法空的中觀師，妄興諍論，執一切有為法實有者，這倒是極為希奇了。此中『希奇』二字是貶語，而非讚詞。如像對不堪敬禮的而說敬禮一樣。

丁三、此等建立應理

論曰：**於此彼隨一，觀察不可得；諍論此彼實，智者誰肯說。**

承認緣起依止諸佛之道，於此色法或彼受法隨一，若以正理觀察時，少許自性亦不可得。若自性不可得，則不能為他演說，不能演說而興諍論，謂『此色法或彼受法實有，此自宗或彼他宗實有』，智者誰肯這樣說耶？因為這樣說法是不合道理的。

丙二、正明過失分四：一、明實事師離解脫道被見流所漂；二、明彼見為無義利之因；三、明執實有則不能斷除煩惱；四、明於境籠挂礙與不挂礙的差別。

丁一、明實事師離解脫道被見流所漂分三：一、明他部為見所奪；二、明自部為見所奪；三、明說空性師則與彼相反。

戊一、明他部為見所奪

論曰：**諸有不依止，執我或世間；嗚呼是被常、無常等見奪。**

數論師諸有人等，不依止因緣，而執我或者常有自性，或世間五蘊有自性，然彼等我或世間是有變耶，抑無變耶？設沒有變壞，則成說常；若變壞則成說斷。嗚呼是悲憫詞，因為彼已被常與無常、亦常亦無常、非常非無常等見所劫奪，即是為彼見等所自在故。此義或者是說有部諸師等，於如影像本無自性之五蘊而假安立我名，卻執心有自相，而建立為我，由是彼等即被見流所漂，因為心有自性，若有變壞即成斷，不變壞即成常云。師長說：於二釋中前釋為善。

戊二、自部為見所奪

論曰：**許諸法緣生，又許實有性；常等過於彼，如何不生起。**

如許諸有為法是依因緣所生，又許實有體性，因此，常見等過失於彼如何不生起？應當生起，因為許有自性的有為法，若變壞，即成斷見，不變壞，即成常見。

戊三、明說空性師則與彼相反

論曰：**許諸法緣生，猶如水中月，非眞亦非無，不由彼見奪。**

中觀師許諸法依因緣所生，猶如水中的月影，既非是真實，亦非畢竟無。彼許顯現而無自性，這就不為斷常見所奪了。因為他不許諸法少許的自性故。因此，諸依因緣所生者，則遠離自性有和畢竟無，因為許諸法如影像。如聖提婆①云：『若執果先有，造宮舍嚴具，柱等則唐捐，果先無亦爾。』這就是說，柱等若有自性，即對於彼等事不須精勤造作，會自然而有；若是畢竟無，那造作彼等事則成唐捐，並不是說，若有不須造作，若無不能造作。

丁二、明彼見為無義利之因分二：一、正說；二、遮彼見之規則。

戊一、正說

① 見《四百論》第十一品。

論曰：**許諸法實有，當起貪瞋見，受劇苦暴惡，從彼起諍端。**

若許諸法是實有者，決定當起愛自宗之貪，及打擊他宗之瞋為因的見。由於所感異熟極難忍受，故名受劇苦。由於難得出離，故名暴惡。即從彼見而興起欲鞏固自宗和消滅他宗之諍端。

戊二、遮彼見之規則分二：一、略示；二、廣說。

己一、略示

論曰：**彼爲諸見因，無彼惑不起，故若徧知者，見惑皆蠲除。**

彼執有為法實有，即是為前際和後際等諸見之因。又依止諸見，生起貪愛自己的見而興驕慢，於他起瞋，以及出生一切愚痴闇昧。上面是流轉，以下當說還滅。若不執彼有為法實有，貪瞋等惑則不生起。是故若知彼有為法自性空，而斷常見和煩惱盡皆蠲除，並令清淨。所以對通達無自性的方便，應當努力精進。

己二、廣說分二：一、明所知實際之規則；二、由心通達之規則。

庚一、明所知實際之規則分二：一、明依緣而生與無自性並不相違；

二、明由執相違當出生一切過失。

辛一、明依緣而生與無自性並不相違

論曰：**由誰了知彼，謂見緣起生；緣生即不生，一切智所說。**

第一句是問，第二句是答，第三句是明緣生之體，第四句是明說彼法者。問曰：若是由於了知無自性即斷除煩惱，那麼，由誰來了知彼無自性耶？答曰：謂現見緣起生法者。因為由於如實了知觀待法的義，即能現見。問曰：彼緣起所生，豈不唯是生嗎，如何說彼不生耶？此是互相矛盾，故不應理。答曰：我們說彼緣起生法，猶如影像，是說即不是由自性生，並不是說畢竟不生。這有何相違之處耶？是故說緣起生和不生二種的境是不同的。由於不生是說非真實生、非實有生和非自性生，緣起所生者謂是虛妄而生。任何一法，若從因緣而生，即說彼是無自性生。如經①云：『諸因緣生即不生，由於彼生無自性，故說緣生即是空，知空性者不放逸。』這是一切智

① 見《無熱龍王請問經》。

所說，故不相違。有些許緣起所生法決定是完全不生的善知識們，於此論釋，應善觀看。又有人由於破四邊生時於彼所破上不須加勝義簡別，便誤認為應成派一切時處於所破上，都不便加勝義簡別的謬論，也可由此論義而破除之。

辛二、明由執相違當出生一切過失

論曰：**爲倒知所伏，非實執爲實；執著諍論等，次第從貪生。**

由於被執諸法實有的顛倒了知之所壓伏，於緣生非諦實義而執為諦實的補特伽羅，是從貪著諸法實有而生，由於執著自宗和破除他宗，而引起的諍論和斗爭等次第，皆由貪著諸法實有而生，所以不應執著緣起與無自性是相違的。

庚二、由心通達之規則分二：一、正說；二、彼說應理。

辛一、正說

論曰：**彼諸聖者等，無宗無諍端；諸聖既無宗，他宗云何有。**

由具通達中觀離戲論的功德的諸聖者等，若執自宗實有，則為成立自宗，須與他宗興起諍論。但是，由於以正理觀察決定無此事，故無自宗。所以諸聖者等無有諍端。問曰：彼等聖者雖無自宗，豈不見有為破他宗而造論典嗎？由有破他宗，所以也有自宗。答曰：若宗有自相，自宗或他宗當成立，但是，中觀諸師以正理觀察，無有少許的實有宗可得。既無少許宗可得，如何有破他宗耶？無有宗故，煩惱定當破除。

問曰：此《六十正理論》中說無有所立宗，如何《中論》中許有破四邊生的宗耶①？巴草譯師說：『《中論》中唯有破他的宗，《六十正理論》中是說無有所成立的宗。』菩提智說：『唯破他宗也是為破他的邪分別而安立的，非有自宗。』有說有宗是有應成宗，無宗是沒有自續宗；有說有宗是在沒有以理智觀察的顯現前有，無宗是在理智前無。有說有宗唯是名言②中有，無宗是勝義中無。別有諸師說，有宗是對他說有，無宗是對自宗說無。向湯

① 答此一問，西藏古德有不同的見解。
② 名言：世俗。

沙巴說：『應成師在觀察真性時不用自續宗，在觀察世俗時決定用自續宗。』

以上諸師所說，大致已作觀察，唯有菩提智的宗義還要加以分析。試問破他的邪分別的立宗者是有耶，或是無耶？若是無有，那麼，在他人前也沒有立宗者；如果是有，則中觀師若不立破他邪分別的宗，那麼，破實事師自宗時的宗，除實事師自己的宗外，也沒有立故。問曰：這個問題，與汝宗有唯生，沒有從自生他生之義相同。答曰：不相同，因為同時的唯他，在名言中雖是有的，而因果前後的他，在名言中則是沒有的①。

有些見《回諍論》說『然我全無宗，故我唯無過』的論文，便說完全無有。說此語者，只是依文而起的增上慢，因為自續中觀師並不是沒有見到此二句論文，但他們並未這樣許可。而有些人未見該論遠離相違之義，僅取部分文句，便許完全無有，這就難得避免，以空性獅子吼不能摧伏說實有的狐

---

① 同時的唯他，是指觀待而有的他；因果的他，是指由自性有的他。故前者在名言中是有的，而後者在名言中則是沒有的。

等之過失，還以為自己是在智者衆中。這種把計完全無有的過失，作為功德來讚嘆龍樹阿闍黎和世尊，實際是侮辱和毀謗正法及大師。又在未起無見之前，許諸法是有，而後來了解彼完全無有，這種了解究竟是無因無緣耶，或有因有緣？若是無因無緣，則在破他邪分別時何故不以無因無緣而破，為什麼還要成立他共許之因等宗。若是有因有緣，何故不許是生見的因由？因此許無宗有宗者，即是如前所說唯就理智前有無而說。《明句論》中說清辨阿闍黎也是由這個原因而成自語相違故①。

辛二、彼說應理

論曰：**若計有所住，曲惑毒蛇纏；誰之心無住，不爲彼等纏。**

或謂：若無有宗如何能斷煩惱耶？答曰：貪等煩惱任何一種之住處或因，若計為實有所得之執有時，彼即是在能住貪等煩惱行的稠林之中；能斷善根；惡見相應。曲即是曲折而住三途之毒蛇，若隨彼實執毒蛇所說之處而

① 其自語相違之因為『既許緣起，又許實有』。

行，當被彼所纏縛。誰的心通達諸法無自性，則心無所住，所以即不為彼等毒蛇所纏縛。

丁三、明執實有則不能斷除煩惱分三：一、正說；二、明彼堪可悲憫；三、明聖者與彼相反。

戊一、正說

論曰：**諸有住心者，惑毒何不生？何時住中間，亦被惑蛇纏。**

諸耽著諸法實有，有所住心者，貪欲等煩惱大毒如何不生，唯應生起。問曰：為什麼？答曰：可意則起貪，不可意則起瞋，增益諸法實有則起痴。就由這個原因，何時雖住無貪無瞋之中間，安住捨位時，亦要被痴煩惱蛇所纏縛故。

戊二、明彼堪可悲憫

論曰：**如童執實有，於影像起貪，世間愚昧故，系縛境籠中。**

何時有此痴闇生起，爾時亦如兒童①對虛妄不實之影像執為真實容貌而注目影像，與作怒咬之態而起貪愛。世間人等，於非實有而愚昧執為實有故，因此即系縛在如影像的境籠之中，作諸惡行，受大苦惱。所以此即為諸正士堪可悲憫的境故。

戊三、明聖者與彼相反

論曰：**聖者於諸法，智見如影像；於彼色等境，不墮事泥中。**

聖者的智慧眼是由於無明翳障已經清淨，故於色等諸有為法，了知猶如影像。由於智眼見已，於彼可意色等境，即不墮於生死事泥之中，而得解脫。亦如熟習名言者，了知諸法猶如影像。

丁四、明於境籠挂礙與不挂礙的差別分二：一、略示；二、廣說。

戊一、略示

論曰：**異生貪愛色，中間即離貪；徧知色體性，具勝慧解脫。**

---

①『兒童』此處比喻凡夫、愚夫。

欲界諸異生，猶如不知名言的兒童耽著影像一樣，而貪愛可意色，即沉沒於境的污泥之中。又有異生已得四靜慮和四無色的心，雖然超越欲界，但是由於未能通達真性而住中間，即遠離貪著可意色的現行。諸現證色的自性空，具足勝慧的聖者，由於永斷貪愛種子，即得解脫生死。

戊二、廣說

論曰：**執淨起貪愛，反之則離貪，已見如幻士，寂滅證涅槃。**

欲界諸眾生，執色等為淨，即起非理作意而生貪愛。色與無色界眾生，即與彼相反，由起不淨作意，則遠離現行貪欲。而諸聖者已見如幻化士夫，自性空寂，即現證涅槃。

乙四、解脫之勝利分二：一、別說；二、結尾。

丙一、別說分二：一、斷德；二、證德。

丁一、斷德

論曰：**倒想起熱惱，煩惱諸過失，通達有無體，知義即不起。**

由於對諸有為法生顛倒實執的想，則感生死痛苦而起熱惱，及貪欲等煩惱諸大過失。若了知彼緣起義的補特伽羅，即不起彼等煩惱過失。問曰：如何彼不起耶？答曰：由於通達有體法和無體法的自性不可得故，決定徧知有體和無體法自性皆空。

丁二、證德

論曰：**有住則生貪、及離貪欲者；無住諸聖者，不貪離貪非。**

若有執有為法實有的見，即是生起貪欲等之住處——因。欲界衆生從彼則生貪欲，諸修無常者雖離貪欲，但由愚痴而成住。唯現證諸法無自性，見無生煩惱住處的諸聖者，於可愛境則不貪，並且作非可愛樂想。故離貪欲，亦非由愚痴而住，因為煩惱所住的因已不存在故。

丙二、結尾

論曰：**諸思維寂滅，動搖意安靜；煩惱蛇擾亂，劇苦越有海。**

問曰：汝言當超越有海，那麼，什麼是有海耶？答曰：由貪欲等煩惱蛇，周徧擾亂而密集劇苦。誰能越渡有海耶？是諸瑜伽師先在資糧和加行位時，思維一切法自性寂滅，則能令動搖分別猶如猿猴一樣的意識亦得安靜，並且能息滅諸心心所的趣轉和行動，像這樣的瑜伽師當得解脫。在思維無自性時，雖然通達如幻的空有二聚，但是，由於二現未曾寂滅，所以不是現證非異門的勝義諦①。

甲三、造論的善根回向

論曰：**以此之善根，回向諸衆生；集福智資糧，願得福智身。**

當知此頌含有回向因、所為和回向三義。以造此滅除二邊的《六十正理論》所生的三門之善根為因，願獲得最勝色身和最勝法身。由何法而得彼身耶？是在後得位時，修習施戒等福德資糧，在根本定時通達無我慧和修智慧的因——供養紙墨花等，令積集智慧資糧出生的。有何所為？即是為盡虛空際一切有情。問曰：由作何事？答曰：聞思極其圓滿究竟後，積集無餘色身的因——福德資糧，和法身的因——智慧資糧。有許在佛果位時身與一切智

---

① 空性，是非異門勝義諦，理智比量所量的谷芽非實有，是異門真勝義諦。但是不能說異門勝義諦非勝義諦。

慧，唯是在他面前安立而有，非是由佛自相續所攝。彼等所說非是善說。因為在十地最後心本是由自相續所攝，而在彼十地最後心的第二剎那，相好莊嚴之身，並非間斷或往他相續之中。或者當成立彼相續中也不許可完全無有的宗。

問曰：諸說法者的顯現，由於無自顯現，故唯有他顯現。答曰：若是這樣，則念我入根本定時也無自顯現，因此根本定也是唯他顯現了，則單說『後得位他顯現』即不合理。是故，彼等說者，是不了解：由於自顯現上一切有為顯現盡皆寂滅和自相續中有智慧並不相違。問曰：現證一切法與不許無顯現豈不相違嗎？答曰：不相違，因為在異生位，現量的所量境尚且不一定是顯現，何況在聖者位！問曰：不是彼有親的所證與能證，和兼帶的所證與能證嗎？答曰：親證離戲論，而障盡即所有的一切垢也就兼帶地斷盡了。因此，有些以為佛陀若有自顯現，即未斷盡無明。佛陀雖無自顯現，但與現證一切所知法全不相違。彼等以為相違者，是錯誤地認為，若是現證，必定有顯現。

正理自在聖龍樹，緣起離邊教海中；
隨行正理以慧棒，能取百味酥精華。
依達眞性善知識，安住具種空性種；
聞思此教之舌根，取此眞實勝甘露。
安住無上勝乘道，越渡久遠疑惑處；
從正士語河流來，是勤大甘露語庫。
實執三有大海來，善渡斷常邊見河；
欲至正見平原地，應入此教大船中。
噫嘻暇得賢種姓，逢說勝道善師友；
正信實際甚深義，獲得如理思維時。
願我於一切生中，依具百德善知識；
凈意受持三學道，如理思維無懈怠。
外被火坑所圍繞，能碎骨肉成灰塵；
鐵房猛火燃燒住，誹謗正士願不作。

欲成智者謗智者，欲具律儀說他過；
欲成賢士尋他失，如此惡友願不逢。
如是以此白凈善，願有邊執諸衆生；
現證緣起中觀義，速獲無緣法身位。

此《六十正理論釋》摧毀一切邪說，是從具足無緣智慧和無量大悲，特別是衆人共許證得緣起諸法猶如水中月影的一切智吉祥上師仁達瓦，和他的上首弟子護持三學如愛眼珠，特別是對於我這個平常衆生，不忍我隨過失轉，具足大悲心的一切智賢慧名稱①大師前，聽聞教授獲不退轉信心者盛寶②由於精進戒律受持三藏的諸大善知識的勸請，及受持四教③的僧幢大師給以紙墨順緣的幫助，在躍阿蘭若中作此論釋。願由作此釋的善根，回向

---

① 賢慧名稱『宗喀巴。
② 盛寶：甲操杰。
③『四教』是指精通《中論》、《現觀莊嚴論》、《律經論》和《俱舍論》，經過辯論考試後取得的學位名。

證悟無倒中觀正見的甚深教義。

譯後記：一九六二年十一月二日譯於中國佛學院。

勝義諦一科，釋中没有標出，是否刻版有誤，尚待研究。

一九八五、一九八六年重校於北京。

附錄

中觀宗二諦略義

觀空法師

我們閱讀佛經時，見到有些經中說生滅等有，有些經中又說生滅等無，因而容易產生一種疑問就是：有無二者原互相矛盾的，而佛為大智慧人，決不會有自語相違的過失，究竟要如何會通，才能把它統一起來呢？關於這個問題，在經論中已作正確的答復，如《中論·觀四諦品》中說：

諸佛依二諦，為衆生說法，一以世俗諦，二第一義諦。

此頌顯示諸佛說法是隨衆生智慧大小不同，所說之法亦異，但說有、說無，皆就二諦體性分別而說，並不是在某一種體性上既說它為有、又說它為無，而是就世俗諦說生滅等有，就勝義諦說生滅等無，因此說有說無皆無自語相違的過失。此義在《大智度論》中亦說：

佛法中有二諦，一者世諦，二者第一義諦；為世諦故說有衆生，為第一義諦故說衆生無所有。

此中『有』字是指『緣起有』不是指『自性有』，『無』與『無所有』是說『自性無』不是說『完全無』，文字雖同，含義各異，因此對於經論中所說『有』與『無』的含義，應當依據經論的原意分析清楚，否則難免差之毫釐，謬以千里之誤。

諸佛既依二諦說法，但二諦的體性如何，為什麼要了解二諦，又用什麼方法來了解二諦呢？在印度佛教中有部、經部、唯識、中觀四宗對二諦的看法略有差別，就是中觀宗的應成、自續二派亦有不同的見解，這也是佛學分宗研究的主要原因之一。宗喀巴大師依據佛護、月稱二位論師的教授造《中論疏》一部，其中關於二諦的闡述，尤為精要。現在即從該疏中略錄梗概來解答這幾個問題。

一、略釋二諦

1、二諦是在什麼上面分析的？

二諦是在一切法上分析的，一切法就是二諦的所依，不是在　切法外別有二諦，除了二諦也就沒有一切法。什麼叫做『法』呢？梵語『達磨』，漢譯為『法』，它有『任持自體』的意義，譬如水能保持濕性，火能保持熱性等等，因此水火等事物就叫做法。法的範圍很大，即從微塵乃至涅槃等一切有為無為都叫做法，由於它們能夠任持各各的自體。要之，凡是有的都叫做法，如色聲等；凡是沒有的都不能叫做法，如龜毛、兔角等，由於龜身本無毛，兔頭亦無角故。而二諦都是有的，因此說它是在一切法上分析的。

2、釋世俗諦：

先談世俗諦的名義。

世俗諦的『世』字在梵文有『壞滅』義，由於諸有為法都有壞滅的相。『俗』字：一、有不知或不明義，即由『真實義愚』之力，不知或不明了諸法真實義；二、有『障覆』義，謂由無明力障覆諸法真實義；三、有『互依』義，有為諸法都是彼此相依而有，即由此義亦可了知諸有為法既是互依，就不是從單獨存在的『自性』而有；四、有『詮表』義，即指世間名言，它能詮表諸法性相故，此處『名言』二字通指能詮、所詮、能知、所知等一切有體相的法而言，不僅是指能緣的『名言心』而已。所以世俗諦亦稱『名言諦』。

世俗諦的『世俗』是指『增益無明』，因為它對於本來不是『由自性有』的色聲等法而增益執為是『由自性有』。若不是增益無明的心就不認為諸法是由自性有。換句話說，對不是『實有』的諸法，認為是『實有』者唯是無明煩惱增益執著，並不是在色等法上具有這種實有的東西。如《入中本頌》中說：

痴障性故名世俗，假法由彼現為諦；能仁說名世俗諦，所有假法唯世俗。

《入中釋論》解釋：

此色心等，由有支所攝染污無明增上之力安立世俗諦，若已斷染污無明，已見諸法如影像等的聲聞、獨覺、菩薩之前，唯是假法，全無諦實，以無實執故。因此① 惟是欺誑凡夫，於聖者前則如幻事，是緣起性，見唯世俗。

此段是說由無明煩惱之力，妄執世俗諦為實有，並非說諸已斷染污無明的聲聞、獨覺、菩薩面前全無世俗諦。

上面所說世俗諦的『世俗』是『增益無明』，亦是『實執』，它所執的境是名言中沒有的，而『世俗諦』則須是『名言中有』。因此安立色心等法為『世俗中有』的『世俗』不是指染污無明，而是指世俗心，即緣青色等的心，簡非『真實義智』。名言中有的『名言』即指『名言量』或『名言識』和『名言心』，亦即簡別不是『勝義智』。因為『勝義智』和『真實義智』都是緣勝義諦的心。由此可知，世俗諦的『世俗』與世俗中有的『世俗』二者的含義不同。

世俗諦的『諦』字，是真實義，凡夫由染污無明執諸法為真實有。諸已

① 此處略去『色心等法本非實有而現似實有者』等幾字。

斷染污無明的聖者由於沒有『實執世俗』，在他們的智慧面前，諸有為法不現為真實而是虛妄，但不是說諸有為法不是世俗諦。因此經論中說在已斷無明之聖者的智慧面前，諸有為法是『唯世俗』，因為在他們的智慧面前不是諦實而唯是虛妄。此『唯世俗』之『世俗』二字是虛妄義，既非指無明，亦不指世俗心。又『唯』字亦只簡別不是諦實只表明是虛妄而已，並未說諸有為法不是世俗諦。由於色心等法，在具有無明之凡夫的心量面前，仍現為『由自性有』。因此『唯世俗』的世俗，與『世俗諦』的世俗和『世俗中有』的世俗的含義又有差別。

這樣看來，世俗諦的『諦』義，只是在『無明世俗』面前諦實，不是在『名言中』諦實，否則就與中觀『應成派』所說『在名言中亦不許「由自性有」』之義相違。又本宗破實有與成立非實有，既然都作為『名言中有』，則在名言中若要立實有即不應理。因此彼染污無明所執『由自性有』的境，既不是『名言中有』，亦不是『勝義中有』，它在二諦之中都不能安立，只是不合事理的一種顛倒執著而已。

有人問曰：法與補特伽羅二者都是在『實執世俗』面前諦實，那麼，法我和補特伽羅我應是世俗諦，汝說色心等法，是在『實執世俗』面前諦實故。答曰：如果我說凡是在『實執世俗』面前諦實的都是世俗諦，那麼，你問的有理，但是我並沒有那樣說，只說世俗諦是在世俗面前諦實，這不等於說凡在世俗面前諦實的都是世俗諦。因此執為『由自性有』的我和法，都不是世俗諦，由於它是沒有的，一切法中沒有這樣一種法，而二諦都須要在一切法上安立，且都是有的。

要之，此宗許名言量所緣的境是世俗諦的定義。虛妄法、盡所有性、不了義和名言諦等是世俗諦的異名。

次談世俗諦的體性。

色心等法都有勝義諦和世俗諦二種體性：即見真實義智所緣的體為勝義諦體；見虛妄境識所緣的體為世俗諦體。例如谷芽有見真實義的理智所緣的谷芽體和見虛妄境的名言識所緣的谷芽體，前者是谷芽的勝義諦體，後者是谷芽的世俗諦體。《入中本頌》中說：

由於諸法見真妄，故得諸法二種體；說見真境即真諦，所見虛妄名俗諦。

《入中釋》亦說：

內外諸法之體性有二，謂世俗與勝義。此即說明諸法各有二體，其中勝義諦體是見真實義智所緣之體性；世俗諦體是見虛妄境識所緣之體性。

谷芽的體上既具有二諦之體而其體各別，只指由於勝義諦體是理智所緣，世俗諦體是名言識所緣來說，並不是說在谷芽的法性上、或者谷芽的顏色等某一種體上，而是指就理智上說它是勝義諦，指就名言識上說它是世俗諦。由於谷芽的法性是谷芽的本性故，說是它的體；谷芽的顏色和形狀等也是谷芽的一種本體故，也說是它的體。

有人說，瓶衣等就未得中觀正見的凡夫來說是世俗諦，就已得中觀正見的聖者來說是勝義諦。這種說法，不合道理。何以故？與《入中釋》所說相違故。彼論中說：

其中異生所見勝義即有相行聖者① 所見唯世俗法，其自性空即聖者之勝義。

由於聖者見真實義的理智，只能緣瓶衣等的法性，不能緣瓶衣的顏色等；凡夫見虛妄境的名言識，只能緣瓶衣的顏色等，不能緣瓶衣等的法性故。因此二諦雖然在瓶、衣等某一種法上有，但不能在瓶的顏色或瓶的法性二者之中某一種體上具有二諦的體。否則二體就沒有差別了。而二諦之間的差別是很大的，如瓶的顏色是瓶的世俗諦體，就不是瓶的勝義諦體；瓶的法性是瓶的勝義諦體，就不是瓶的世俗諦體。

復次，談世俗諦的差別。

見虛妄境的識有二：一、未被眩翳等現前迷亂因所損害的明利根識；二、被眩翳等現前迷亂因所損害的有患根識；觀待明利根識則有患根識許為顛倒識。《入中本頌》中說：

---

① 此處略去『以彼猶有所知障相無明現行故』等幾字。

妄見亦許有二種，諸明利根有患根；有患諸根所生識，待善根識許為倒。

如在心上分倒和不倒二種一樣，彼所緣境亦說有倒和不倒二種。即是未被現前迷亂因所損害的根識所取的境為不倒境，被現前迷亂因所損害的根識所取的境為倒境。《入中本頌》又說：

無患六根所取義①，即是世間之所知；唯由世間立為實，餘即世間立為倒。

損害根的因緣有二：一、在內有，即眩翳和黃眼病等，由這些因緣如其次第見虛空中有毛髮下墜和見雪山為黃顏色等；二、在外有，即明鏡和在空谷中發聲，以及夏季日光與沙灘相近地方等，由這些因緣如其次第見影像、回聲、水等故。損害意根的因緣則除上面所說之外，還有不如理的宗派見解和相似因，以及睡眠等損害的因。此處所說損害的因，是指上面所說的現前

① 義：境。

損害根識的迷亂因，不是指無始時來所有二種我執無明所熏染的損害因。又眩翳等比較無始時來所有的二種我執無明來說，它只是暫時的，不能算是長期的，因此說為現前的迷亂因。

如上所說，若有那些損害因的根識所取的世俗境安立為顛倒境；沒有那些損害因的根識所取的世俗境安立為不顛倒境，這也只就世間『名言心』而說。由於如它所現之境為有而不被世間名言心量所破的則為不顛倒，如見水為流質，知石為固體等，就世間說名為真實，非觀待聖者。若它所現之境為有而被世間名言心量所破的則為顛倒境，如見鏡中花鳥為花鳥，見陽燄為水等，就世間說亦是顛倒故。

若就聖者來說，上二種境，沒有正倒之分，由於彼二種境都是本無自性而現為有自性，不但鏡中所現花鳥不是真實的，即在未斷無明者的心前，青色等雖現似『由自性有』，而彼所現之境亦是虛妄，本來非自性有故。不僅如此，就是上面所說的二種世間心，也沒有正倒之分，就聖者來說即是顛倒，因為彼二種世間心，都於非『由自性有』的法上執為『由自性有』故。

問曰：諸有色根由有現前損害因故，諸境倒現，及意識由有睡眠等損害因故，夢中所現之人認為是人，醒時見鏡中花鳥認為是花鳥，見陽燄認為是水等境，即世間普通心亦能了知它是顛倒；但是意識有被不如理的宗派見解所損害而顛倒執著的境，彼世間普通心如何能夠了知呢？答曰：此處所說有無損害的損害，不是指『俱生顛倒執』，即無明所損害的，而是指不如理的宗派所安立的『自性』、『神我』等。世間的普通心雖不能直接了知彼『自性』、『神我』等是顛倒的，但可由非觀察真實義的名言量能夠用世間道理了知它是顛倒，它於世間名言中亦是沒有的。因此說世間心能夠了知它為顛倒，是毫無疑問的。

補特伽羅俱生我執和法俱生我執所取的境①，由於它是沒有現前損害因的根識所取的境，就世間的普通心來說雖是正確的，或真實的，但在名言中是完全沒有的，色心等法非『由自性有』故。

① 此處略去『如執色心等法由自性有』等幾字。

中觀『自續師』有許『心無正倒之分，現有正倒之分』，他說心執『由自性有』是依境現為『由自性有』而它見為『由自性有』故，非是顛倒。境所現的有些是『由自性有』而現為『由自性有』，如花鳥等，非是顛倒；有些不是『由自性有』而現為『由自性有』，如鏡中花鳥等，即是顛倒。

中觀『應成派』不許世俗諦有正倒之分，由於未斷無明，凡見為『由自性有』的心者皆為無明所重染而見的，如色心等法本非『由自性有』卻見為『由自性有』，故是顛倒。但它仍為見虛妄境的心所緣之境，故亦是世俗諦。

又見鏡中花鳥為真實花鳥的心，固是於所現境迷亂；而未斷無明者見青色等為『由自性有』的心，亦是於所現境迷亂，此二相同。若如實事師許『所量境』為實有，則與由迷亂心所安立之義即成相違，由於鏡中花鳥雖非實有，但是所量境故。唯應成派許名言識的『所量境』為虛妄，不但不成相違，並且成為相助，因為鏡中花鳥既是『所量境』，亦是虛妄法故。否則幻化境與虛妄境皆應立為『名言中有』，如執幻化牛馬為真牛馬，鏡中花鳥為真花鳥，皆應成為『名言中有』，是『所量境』故；汝許『所量境』為實有，及許實有為名言中有故。又世俗諦反成完全無了，如鏡中花鳥即成完全沒有；名言中非實有故；汝許名言中非實有，即非世俗諦故。而實不然。何以故？執鏡中花鳥為真花鳥，非『名言中有』，它為世間名言量所破故；而鏡中花鳥雖非實有，但不是完全沒有，它依明鏡及花鳥等因緣而有，亦是世俗諦。凡是世俗諦，都是有的。

3、釋勝義諦：

先談勝義諦的名義。

什麼叫做勝義諦呢？《明句》中說：

> **由彼是義①，亦是最勝，故名勝義，彼復諦實，名勝義諦。**

因此應成派許『勝』與『義』皆指所緣境而言，此勝義境在如實現證真實性智的面前不虛誑故名為諦，是勝義又非虛誑名勝義諦。別派有把『勝』指根本無漏智，把『義』指為彼智所緣之境的說法，而應成派則不許這樣說

---

① 義：境。

法。

又勝義諦的『諦』字是不虛誑的意義；由於世間人對『所具有』與『所顯現』二者相符合的事理說為不虛誑，如白顏色，它所具有的是白色，它所顯現的也是白色，這就叫做不虛誑。

又勝義諦亦由世間名言安立為有，不是『由自性有』，如《六十正理論釋》中說：

問曰：若是如此，則經中如何說涅槃是勝義諦？答曰：彼涅槃體在世俗中不虛誑故①，唯就世間名言，說彼為勝義諦。有為是虛誑法②，非勝義諦。③ 三諦，唯是有為，由於本非『由自性有』而現為『由自性有』，對諸異生作欺誑故，安立為世俗諦。

此段文是因為有人問，涅槃既是在世俗心前安立，即非勝義諦。為答此

---

① 此處略去『涅槃之體是常住無生，它所顯現亦是常住無生故』等幾字。

② 此處略去『它的體性本非「由自性有」而顯現為「由自性有」故』等幾字。

③ 此處略去『苦、集、道』三字。

問而說上文。

勝義諦的『諦』字與世俗諦的『諦』字，雖然都是不虛誑義，或諦實義，但在什麼心前諦實或不虛誑則有不同。由於世俗諦的諦義是在實執面前諦實，勝義諦的諦義是在真實義智面前諦實。例如《六十正理論釋》中所說的『彼涅槃體在世俗中不虛誑』，這是指涅槃名為勝義諦是在世俗中安立的意思，不能誤解是說它在名言中諦實。

要之，究竟理智量所緣的境是勝義諦的定義。而空性、真實義、細法無我、實際、法性、法界、真性諦、了義、真諦、無相等等，都是勝義諦的異名。

次談勝義諦的體性。

勝義諦的體性是什麼呢？《入中釋》說：

勝義，謂現見真勝義智所得之體性。此是一體，然非自性有。

此中『得』字就是彼現見真勝義智所成立的意義。彼智如何得呢？譬如有眩翳病的眼見到虛空中有毛髮下墜，而無眩翳病的眼就不見虛空中有毛髮下墜一樣；諸被無明翳所損害者見蘊等為『由自性有』，而永斷無明習氣的佛及現見真性的無漏智就不見有『微細二現』，此所見的體性就是勝義諦。如《入中本頌》中說：

如眩翳力所計，見毛髮等顛倒性；净眼所見彼體性，乃是實體此亦爾。

這四句文的意義，在《入中釋》中說：

如是患無明翳者，不見真實義而見蘊界處等自性，此是諸法世俗性。即此蘊等而諸佛世尊永離無明習氣者所見自性，則如無翳人不見毛髮，此即諸法真勝義諦。

此段文說明諸佛的現見真實義智，不見有無明翳者所見之境①，亦如無眩翳之眼不見虛空中有毛髮一樣的。一切法上都有勝義諦體，如谷芽的無自性就是谷芽的勝義諦體。其餘色心等法，莫不皆然，此義已如前面釋世俗諦的體性時所說，此處即不重復。

---

① 此處的『境』指『蘊等由自性有』。

復次談勝義諦的差別。

由於聽法的衆生有種種根性和種種意樂，佛對勝義諦也就分別演說多種。有說十六空者，如《般若經》中說：

復次善現：菩薩摩訶薩大乘相者，謂內空、外空、內外空、空空、大空、勝義空、有為空、無為空、畢竟空、無際空、無散空、本性空、一切法空、自相空、不可得空、無性空、無性自性空。

關於十六空的意義，在《入中釋》中有詳細的說明，現在僅從該論中節錄概略以釋其名如下：

內空者，謂眼耳鼻舌身意內六處皆從緣生，無有自性。外空者，謂色身香味觸法外六處皆無自性。內外空者，謂內外諸法皆無自性。空空者謂彼空性亦無自性。大空者，謂東南西北、四維上下十方，皆無自性。勝義空者，此處勝義是指涅槃，謂涅槃亦無自性。有為空者，謂欲界色界無色界的有為法無有自性。無為空者，謂無生住異滅四相的無為法，亦無自性。畢竟空者，謂常究竟及斷究竟皆不可得說名畢竟，此畢竟亦無自性名畢竟空。無際空者，無際謂初中後三際皆不可得，彼無自性，名無際空。無散空者，散即可放、可弃、可捨，無散謂無可放、無可弃、無可捨，彼無可放，無可弃，無可捨之法，亦無自性名無散空。本性空者，謂諸法的法性亦是無自性。一切法空者，謂有為無為一切法皆從緣起本無自性。自相空者，謂色之變礙相，受之領納相等皆無自性。不可得空者，謂過去、現在、未來三世都不可得，彼亦無自性名不可得空。無性自性空者，無性謂諸法從因緣生無和合性，自性謂非實有性，彼之空性即無性自性空。

佛隨衆生根器，亦說四空。如《般若經》中說：

復次善現：有性由有性空，無性由無性空，自性由自性空，他性由他性空。四空中有性空者，有性謂五蘊法，彼無自性名有性空。無性空者，無性謂無為法，彼無自性名無性空。自性空者，自性謂本性，非聲聞等之所作故，彼無自性名自性空。他性空者，他性謂一切法空性，彼無自性名他性空。

又佛世尊為欲度脱諸衆生說二無我，即補特伽羅無我，及法無我。補特伽羅是依五蘊和合法上假名安立的，非『由自性有』，故云補特伽羅無我。法謂一切法，彼亦是依緣安立，本無自性，故云法無我。此處無我即無自性義，是細無我；無常、一、自在等義的我是粗無我義。

4、二諦的數決定。

《六十正理論釋》和《入中釋》中都說苦、集、道三諦為世俗諦，滅諦是勝義諦。《明句》亦說：

> 能詮、所詮，能知、所知等一切名言皆名世俗諦。

此即說明凡是名言識所緣的境皆是世俗諦；真實義智所緣的境是勝義諦。二諦攝盡一切法，由於無論何法，如果不是虛妄境就是不虛妄境，更無第三種境。因此就境、行、果三者之中的境來說，二諦這個數目是決定的。

5、諦名詞異釋。

諸經論中所譯二諦名稱略有不同。有譯世俗諦、第一義諦的；亦有譯世俗諦、勝義諦的；以及真諦、俗諦；覆俗諦、勝義諦；覆諦、真諦；等等。它的譯名雖多，但是它的體只有二種，即世俗諦體和勝義諦體。

二、爲什麼要了解二諦

1、不知二諦不能了解經義。

二諦道理，一定要徹底了解，如果未能徹底了解，那就對於佛所說甚深緣起的真義不能如理了解。如《中論·觀四諦品》中說：

若人不能知，二諦之分別，則於深佛法，不知真實義。

由此看來，若欲了知佛法真實義，須先了知緣生、緣立的俗妄之法，如水中月，雖然不如它所顯現那樣真實，但能成辦一切因果作用。因此自性本空、緣起如幻義是能遠離『自性有邊』和『斷滅無邊』的殊勝中道真理，應當徹底了解。

諸修行者若見性空緣起真性，則見苦集滅道四諦之真性。如經云：

世尊，四聖諦應如何通達？世尊告曰：曼殊室利：誰見諸行無生即是知苦；誰見諸法無生即是斷集；誰見諸法寂滅即是證滅；誰見諸法無生即是修道。

《中論·觀四諦品》亦說：

若有人能見，甚深緣起義，彼即見苦集，以及滅道法。

2、佛說二諦的旨趣。

或曰：諸修行者為了求得解脫，須要通達勝義諦，那就只須說勝義諦，為什麼還要說世俗諦呢？《中論·觀四諦品》中答曰：

若不依俗諦，不得第一義；不得第一義，則不得涅槃。

《入中釋》亦說：

以世俗諦是悟入勝義諦之方便。

如果不依能詮、所詮，能知、所知等世俗名言，就不能說明勝義諦的道理，既不能說明，又何能聞、思、修、證呢？未證勝義，一定不能得涅槃；為了要得涅槃，先須現證勝義和通達勝義。而通達勝義諦，又須依仗世俗諦；如人渡水，須要依靠船筏一樣的。

3、誤解二諦的過患。

二諦義理，不易明了，如果不細心研究，在理解佛法上就難免不犯錯誤。正確理解在勝義中不增益諸法為『由自性有』，同時也要正確理解到在世俗中不能損減因果等法為『完全無』。反之不如此正確理解，誤認為既無自性則一切因果作用皆無；或誤認為諸法若有，又如何是自性空呢？把『自性空』與『緣起有』看成是互相矛盾的。不知『空』義即指『無自性』義，而誤解『空』義的人認為是『完全無』的意思。經論中處處提出有此邪見而起的惡行，會招致感受苦果。亦如有人不知道捕蛇的方法而去捕捉毒蛇，勢必為蛇所傷，無益反損。因此，《中論·觀四諦品》中說：

可能正觀空，鈍根則自害；如不善咒術，不善捉毒蛇。

4、通達二諦的利益。

衆生流轉三界的主因為『無明』，無明就是對於本非『由自性有』的補特伽羅和法，而誤認為是『由自性有』的一種執著。由此無明而起『非理作意』，對於可意境等發生貪等煩惱，由貪等煩惱而造不善等業，以至流轉三界，追溯根源，皆由無明所致。若能通達二諦，則知一切法緣起如幻本無自性，因此不起煩惱，就不造業，也不受果。如《中論·觀十二因緣品》中說：

無明若滅者，則諸行不起；為滅無明故，智者修真實。

三、通達二諦的方法

通達二諦須依了義經不依不了義經。什麼叫做『了義經』呢？了義就是義已究竟、已決定和無須再引別的經典來解釋它的意義，這種經典叫做了義經。什麼叫做『不了義經』呢？不了義就是義未究竟、未決定和須再引別的經典來解釋它的意義，這種經典叫做不了義經。又了義經和不了義經中所說明的主要不同點在哪里呢？如《無盡慧經》中說：

何等名為了義契經，何等名為不了義契經？若有安立顯示世俗，此等即名不了義契經；若有安立顯示勝義，此等即名了義契經。

怎樣是顯示世俗諦和勝義諦的呢？《無盡慧經》中又說：

若有由其種種名言宣說有我、有情、命者、養者、士夫、補特伽羅、意生、儒童、作者、受者，無主宰中顯示主宰，此等名為不了義經。若有顯示空性、無相、無願、無作、無生、不生、無有情、無命者、無補特伽羅、無主宰等諸解脱門，此等是名了義契經。

此即說名依了義經，不依不了義經。此段文舉例說明某種經中若說有我、有補特伽羅、有作者和有有情等義者，即是顯示世俗諦的；某些經中若說空、無自性、無我和無生等義者，即是顯示勝義諦的。

歷代解釋了義及不了義經的大德很多，其中應依何人的教授才能徹底通達了義經呢？曰：當依龍樹大師的教授。因為龍樹是佛親口授記為正確解釋佛經義理的人，如《楞伽經》中說：

南天竺國中，大名德比丘，厥名為龍樹，能破有無宗。世間中顯我，無上大乘法，得初歡喜地，往生極樂國。

佛既授記龍樹大師為能破『自性有』和『斷滅無』二邊，而如理顯示無上中道法義者，那麼依他的教授，解了義經而求通達真實義的智慧即是最殊勝的方法。

聖龍樹菩薩的六部論

法尊法師

這里說的六部論，就是《中觀論》、《精研論》、《回諍論》、《七十空性論》、《六十正理論》、《寶鬘論》。龍樹菩薩造論方面本來很廣泛。有世間性的，如《般若百論》等，廣說人世間立身處世的道理與說明菩薩處世利生的方便；如《方便百論》等，則闡述醫理、明菩薩濟世治病的方法。這都是五明中的共同學處。有讚頌性的，如《出世讚》、《法界讚》、《三身讚》、《般若波羅蜜多讚》等，廣述三寶的微妙功德，令衆生界未信者信，信者增長。有屬密法的，如集密的生起次第、圓滿次第等等。在顯教方面又有解釋大乘經文的，如《大智度論》、《十住毗婆沙》、《稻秆經釋》等；有解釋大乘經義的。

這里又有兩種方式：一種是博引各種大乘經中相應文句來成立甚深中道了義的，即《集經論》，其中廣引《十萬頌般若經》、《菩薩藏經》、《三摩地王經》等無量大乘經文，用以成立緣起性空甚深中道，是為如來一代時教中的究竟了義；另一種是用種種破立道理，成立緣起性空甚深了義的，即現在所要說的六部理論。

這六部論又可分為兩類：一類是以宣說遠離有無二邊之緣起真實義為主的，有四部論；一類是以宣說要用不墮有無二邊之中道方能解脫生死為主的，有二部論。現在僅就六部論簡介如下。

先談四部論。

一、《中觀論》

正破人法自性。被破的對象是計諸法有自性者所立人法有自性的宗旨。《中觀論》是廣破他們所立宗義，以闡顯人法無自性成立自己的宗旨。人法無自性，即是緣起性空義。故《中觀論》的主要宗旨是：廣明緣起性空甚深了義，附帶闡明在解脫生死或成大菩提方面，都須首先要通達此甚深了義，然後才能達到解脫、菩提的目的。

二、《精研論》

它是廣破異計立量、所量等十六句義。這十六句義，是印度當時最流行的一種異學用以成立自己主張的能立方法論。用十六句義成立人法皆有自性，是當時在學術界方面很有影響的一派。龍樹菩薩造《中觀論》是廣破異學所立宗義的。指出他們提出在論理方法上來堅持自己的宗義說．諸辯論者，都共許此十六句義，既有此能立方法，則亦必有其所立的人法自性。龍樹菩薩因之更造此《精研論》，針對異學的十六句義，一一抉擇破其自性，指出十六句義，也唯是從分別假立的東西，沒有一種是實有自性的。能立的十六句義既都無自性，更不可能成立人法為有自性。故此論專是從破人法自性的能立方法論方面作為中心的。

三、《回諍論》

它是《中觀論·初品》的餘論。《中觀論》揭出『如諸法自性，不在諸緣中』的論點而廣破諸法有自性時，異學提出了攻難云：『若謂一切法，都無有自性，汝語亦無性，不能遮自性』。龍樹菩薩為解答異學的這種攻難，故又造了《回諍論》，說明語言也是緣起法，也是自性空。並指出語言雖是空無自性，然有能立、所立，能破、所破的作用。龍樹菩薩在成立一切法皆無自性的宗派里①，它的能量、所量等的破立作用，皆極合理，皆能成立；唯在計諸法有自性的宗派里，它的能量、所量等一切作用，皆說不通，皆不得成立。《中觀論》中也曾在總的方面說：『以有空義故，一切法得成；若無空義者，一切則不成。』這正是說明無自性中的一切作用皆得成立的道理，但還沒有詳細地指出能立、能破作用皆應道理的理由。因之，被人誤解為：中觀自宗都無所立。本論特別說明了語言雖無自性，而有能立、能破的作用，對這點作出極為應理的說法後，指出異學的異執更沒有立足的餘地了。

四、《七十空性論》

是《中觀論·第七品》的餘論。《中觀論·第七品》說：『如幻亦如夢，

① 即龍樹自宗。

如乾達婆城，所說生住滅，其相亦如是』。此偈是指有為法之三有為相，如幻如夢，皆無自性。異學對此難云：若破生住滅有自性者，則佛經說『有生住滅三有為相』，不應道理。龍樹菩薩為解答異學的這種攻難，故又造這部《七十空性論》來說明佛說有生住滅等種種諸法，都是依着世間名言而說的，並不是因為它的本身別有自性而說它為有的。因此論說『生住滅有無，以及劣等勝，佛依世間說，非是依真實』。這說明，佛不但對三有為相，並且有時說『有』說『無』，有時說『劣』說『等』說『勝』等等種種差別，也都是依着世間名言而說的，不是依着它別有真實有自性而說的。這就解答了異學的『佛既說有生住滅，則生住滅應有自性；倘生住滅沒有自性，則佛不應說有生住滅』的攻難。

又此論在廣破生住滅等自性之後，又云：『此法一切法，皆是自性空，故佛說諸法，皆從因緣起，勝義唯如是。然佛薄伽梵，依世間名言，施設一切法』。這就說明，諸法的真理勝義，就是緣起性空。至於生、住、滅、有、無、劣、等、勝等等一切差別相，皆是依世間名言假立的，並不是因為它有那麼一種自性才說它是某相的。

雖然《中觀論》也有『諸佛依二諦，為衆生說法：一以世俗諦，二第一義諦』，也說自性空為勝義諦，生住滅等為世俗諦法，然沒有像《七十空性論》中那樣詳細地說明並確切地指出世俗諦法是『名言中有』，而『名言中有』也就是『唯由名言安立為有』的意思。《中觀論》對世俗諦法，究竟是怎樣安立為有的，還使人不大容易明白。雖然對於自性不空的宗派，給指出了許多正理上的過失，而成立了一切法皆無自性。所遺憾的是對於生住滅等種種差別，皆由名言增上安立為有的意義只有具體而微地說了一點，由之對於唯由名言安立為有的道理上和一切破立作用方面，這一極關切要的理論還沒有充分發揮。《七十空性論》即闡明了這些道理，以補《中觀論》之不足。所以這部論是《中觀論》的餘論。

另兩部論是『要以不墮有無二邊之中道，方能解脫生死』為中心的論著。

五、《六十正理論》

論中提出『有故不解脫，無不離三有』的問題，指出墮在有或無二邊的人，是不能解脫的。也提出『知有事無事①，智者得解脫』，這說明唯聖者由無倒地了知有事和無事的真理，才能解脫了三有。這也就說明解脫三有，是必須了達有事和無事的真理的了。但什麼是有事無事的真理呢？也就是以通達有事無事皆無自性為中心的論點。因為有事無事，也是互相依待而有的。互相依待而有的東西，顯然沒有獨立的自性，指出無自性義，就是有事無事的真理。異學難云：有事指生死，無事指涅槃，既說生死涅槃為有，則說它兩者都無自性，不應道理。龍樹菩薩的解答是：佛說生死涅槃為有者，是隨順凡夫名言識的行相而說的，不是依着聖人親見諸法真理的智慧而說的。因為聖人的見真理的智慧，是見諸法無自性的空理，並不見有無等事，所見空理上是不可能安立生死涅槃為有為無的。故佛說某法為有為無時，皆

① 有事指生死，無事指涅槃。

是依世間名言識而說的。至於說如何名為證得涅槃？龍樹菩薩說：就是由徧知三有生死，自性無生的智慧在證阿羅漢果時，現證一切煩惱永盡之滅諦，即安立為證得涅槃。並不是有個實有自性的煩惱可斷，有個實有自性的涅槃可證。若計諸法實有自性，那麼，說斷煩惱時是斷有自性的煩惱，說後蘊不生時也是實有自性的後蘊不生；那麼，說證涅槃時，也是證實有自性的涅槃。可是要知道，凡是被稱為『有自性』的東西，它應是賦予了不可以改變的定義的。若計煩惱等實有自性，則煩惱等必不可斷，也就沒有涅槃可證了。從這個理論上說有自性的煩惱斷盡而得以安立為證得涅槃是說不通的。況涅槃的本身，更不是實有自性的了。《六十正理論》這種理論，也原是小乘經中說明涅槃的義理，其餘的論文，也都是成立這個道理的支分。總的說來，這部論的主要內容就是用大乘小乘共許的教義，來說明得阿羅漢果時所證得的涅槃，就必須證得勝義諦真理。若未證得勝義諦真理，也就絕對不能證得涅槃。

六、《寶鬘論》

論文先說明生人天善趣之因為深信因果的信心。再用此信心為基礎，養成能修斷煩惱、證解脫智慧的法器。什麼是能證解脫的智慧呢？也就是了知勝義中無我和無我所①。由了知勝義中無我、我所，進一步即能了知五蘊皆無自性。由此智慧，方能斷盡俱生我執，由於我執斷故，其餘的貪瞋慢疑等煩惱也都隨着斷了。由斷煩惱故，也就解脫了生死。相反的，若未能斷盡對於諸蘊的實執，也就斷不了俱生我執。由於我執未斷故，其他的煩惱也可以隨之而起，也就不能解脫生死。這就說明了解脫生死，也必須通達遠離有無二邊真理之中道。論中也說到由無見而墮惡趣，由有見而流轉善趣。故欲解脫善惡二趣，必須了知不依有無二邊之真實義。什麼是真實義呢？謂當了知補特伽羅是依六界和合假立的，與彼六界的若一性、若異性，俱不可得，俱不成實。既與六界一性、異性俱不成實，則知彼補特伽羅都無自性，不是實有。進一步對於六界、五蘊等法，也都用一、異的道理觀察，也能了知六

---

① 勝義中無我、我所，等於說我我所勝義無，也等於說我我所無自性。

界、五蘊等法都是無自性、非實有的。這人法無自性，即是不依有無二邊的真實義；要由通達此真實義的中道，方能解脫善惡二趣的生死。

總起來看，《六十正理論》和《寶鬘論》，雖也破除人法的自性而顯示緣起真理，但它們主要的說明是：解脫生死，必須有了知不依二邊真理的中道。緣起真理，只是屬於說明中心問題時的支分了。

《中觀論》和《七十空性論》，雖也說要由通達真實義之道，滅除無明，滅除一切有支而解脫生死。但它主要的說明是：緣起真實義，抉擇無自性境，不是以成立通達彼真實義之智為證解脫之因為主的。認為抉擇緣起真實義比較成立彼智為證解脫之因更為不易。認為若能徹底了達緣起真實義之境者，則易了知自己之能通達智，即是解脫生死之唯一正因。

又《中觀論》和《精研論》，是由廣破敵者的所立宗和能立因，而顯示自宗緣起性空的真實義理。有人懷疑中觀宗中偏於破，因此，也懷疑到中觀宗的立破作用皆不應有，既不能破斥他宗，也就不能成立自宗。《回諍論》就為解答這種誤解，說明自宗既有能破，也有能立，破立作用並且極為合理。它提出了以能破能立所抉擇的緣起無自性義，即是勝義諦；由世間名言增上安立為有的生住滅等種種差別，即是世俗諦。《七十空性論》就是廣明這二諦的道理。由此也可了知唯在名言假立的名言義中，一切破立作用才極合理，絕不是在有自性的主張中，能找到有合理的破立作用。

通達如上所說的二諦道理，非僅成佛，即解脫生死亦必不容少。《六十正理論》和《寶鬘論》就是廣闡這種道理。

宗喀巴大師說，這六部論是求解脫和求成佛人的指路明燈，也是看清哪是正道和哪是歧途的慧眼。六部論中尤以《中觀論》最為殊勝，論中指示出了正理的門徑，闡顯緣起性空甚深了義，是研究中觀的根本經典著作。

編輯說明

聖龍樹菩薩，古印度佛教大師，對佛教，尤其是大乘佛教的弘揚做出了極其重要而又非常廣大的貢獻，在漢地被推許為大乘諸宗之祖，在藏地也被認為是大乘中觀宗和密宗的祖師。關於他出生和入滅的年代，有許多種不同的說法，其中有幾種說法認為他住世的時間很長久，長久到了不可思議的程度，學者們一般並不認為這些說法可信，但也沒有作出統一的結論。現在可以肯定的講法是他的出世不應早於公元一世紀，而其去世也不會遲於公元三世紀，其主要活動期應在公元一百五十年至二百五十年之間。據說他出生在南印度毗達婆國，屬婆羅門種姓，幼年時曾學習婆羅門教的『五明』，其後，皈依佛教，並從龍宮中請出了自從釋尊當年宣講之後就未再現於娑婆世間的大乘經典，系統地闡述並確立了大乘佛教中觀宗的理論，深受南印度安達羅王朝的引正王的推崇，晚年住在黑峰山①，另說認為他晚年也曾在阿摩羅縛底大塔西北五十公里的吉祥山住過。其著作甚多，藏文大藏經中錄有一百二十二種，被譯成漢文者至少也有二十餘種。這些著作涉及的範圍很廣，不僅有不共世間的論著，也有共於世間的論著；在不共世間論著中不僅有內明論著，也有因明、醫方明等論著；在內明論著中有屬顯教的，也有屬密乘的；在顯教論著中既有釋大乘經文的，也有釋大乘經義的；還有書信體和讚頌性質的論著。雖然也有些論著在漢文中有保存，而藏文中無有，但無論如何這些論著在藏文中保存的要比漢文中多得多。《正理聚·龍樹六論》就是其中很重要的六部用種種破立道理，成立緣起性空甚深了義的論著之合稱。藏傳佛教中早有《正理聚·龍樹六論》之名，但實際上卻只譯有五部，即《根本般若中觀論》、《精研論》、《回諍論》、《七十空性論》和《六十正理論》，另一部相傳名為《分別緣起論》，藏傳佛教的大師們一直沒有找到，於是就把前

①　今哥斯坦河上游。

面提到的五部論合稱為《龍樹五論》，也叫《五正理聚》。到了宗喀巴大師的時代，宗大師認為《中觀寶鬘論》見地與修行並重，既講了破除人法的自性而顯示的緣起真理，也說明了解脫生死、求佛菩提過程中，所應修行的途徑，是龍樹菩薩的重要論著，就把它與前面提到的『五正理聚』列在一起，這才形成了今天我們常說的『龍樹六論』。這六部論的主要內容，法尊法師有重要的開示，那就是《龍樹菩薩的六部論》這篇文章，我們已把它印在了前面，此處就不多談了。

此六論中，除《精研論》和《七十空性論》外，原本都有過漢譯，那就是鳩摩羅什法師譯的《中論》、陳·真諦法師譯的《寶行王正論》、元魏·毗目智仙和瞿曇流支法師譯的《回諍論》以及宋·施護法師譯的《六十如理頌》，關於《中論》，還有過三個不同的古印度注家的釋本也早就譯成了漢文。我們此次之所沒有更多地采用這些譯本，主要是考慮到以下幾點：

第一，『龍樹六論』本就是藏傳佛教系統中的名詞，在漢傳佛教中一向並無此說，因此，此次我們也就主要采用了從藏文中翻譯出的幾個譯本。

第二，在漢傳佛教中雖然原本就有陳·真諦法師譯的《寶行干正論》和宋·施護法師譯的《六十如理頌》，但一來缺乏注解，二來與藏文本差別較大，更重要的則在於我們此次采用的法尊法師、仁光法師、任杰老師等的譯本，從譯者角度講，傳承是沒有斷失的，是清淨的，而在漢傳佛教中，自真諦法師和施護法師後的傳承就難以尋查了。

第三，還有一個最直接的原因，那就是我們如果采用漢傳佛教中的譯本，則往往會遇到與藏傳佛教中的釋文難以對接的情況。這一點，早在數十年前，著名藏學家湯鄉銘先生就指出過了。

上面已經基本上把我們編輯此書的情況講清楚了，現在還有幾個需要說明的問題，那就是：

一、《中論本頌》漢、藏二譯差別也較大，但至今為止，我們仍沒有找到當年任杰老師在觀空法師指導下翻譯出的藏文《中論根本般若論頌》的漢譯本，所以此次我們仍采用了鳩摩羅什法師的譯本。就是鳩摩羅什法師的譯本也有幾個不同的本子，現在常見的主要有房山石經本、《藏要》本、金陵刻經處本和日本大正藏本，我們按照任杰老師的教授，采用房山石經本作為底本。

二、《精研論》的題目，在法尊法師初譯時和菩提學會的印本中都被寫成《精研經釋》，在近、現代其他一些佛教學者的論著中，則多被寫成《廣破經論》或《廣破論》。我們此次編輯本書時，認為這種提法容易被人誤解為龍樹菩薩先造了《精研經》然後再對它進行解釋。衆所周知，佛經只有佛陀才可以宣講，其他諸大菩薩只能造論，不能造經。不是佛陀所宣講的『經』，只能是偽經。考藏文大藏經目錄可知，本論在藏文中有二，一曰《精研論》，即是我們印的《精研論》中黑體的部分；二曰《精研論釋》，即是我們此次印的《精研論》的全部。在此情況下，在請示了任杰老師之後，我們依照《現代佛學》中《龍樹菩薩的六部論》一文的講法，將此論的題目定為《精研論》。

三、《七十空性論》，我們此次得到了兩個底本，一是菩提學會的印本，另一是《現代佛學》上刊載的《七十空性論科攝》。兩個本子在文字上有一定的差別，我們看到菩提學會本印行在前，且在其上法尊法師有『此據藏文論藏中智軍譯龍猛菩薩自釋本而譯，其中頌文與後童勝、盛稱、經然諸大師之譯本稍有出入，容暇重校』的字樣，考慮到文字不同之處可能是譯者自己作的修改，就采用了以《現代佛學》本為主，兩本不同之處於注釋中加以說明的方法排印。

正如宗大師所說，這六部論，是求解脫和求成佛人的指路明燈，也是看清正道與歧途的慧眼，見地與修證並重。對於佛法的弘傳和衆生的解脫，都極為重要。自一九六二年任杰老師譯完最後一部《六十正理論並釋》至今已近四十年，自一九八六年任杰老師依藏文重勘《中觀寶鬘論頌並釋》和《六十正理論頌並釋》至今也有十餘年了，像這樣的龍樹六論全本的出版、印刷、流通，在漢地還是第一次。而此次的出版，與五臺山大塔院寺的方丈寂度上師和全寺常住的襄助、倡印是絕對分不開的，與原譯者群中碩果僅存的任杰老人嚴格而細致的指導更是絕對分不開的。由此，我們深感佛法難聞，善知識出現世間甚為稀有、難值難遇、至極重要，專此勸請所有見聞此書的大德們，共同發願，祈求三寶加被，龍天佑護，諸善知識長久住世，敷演正法，教導衆生。

另外，由於種種原因，特別是資料所限，本書在選擇底本和其他一些問題上，很可能存在着種種缺憾。為此，我們特別呼吁十方大德、專家學者，能夠對書中殘謬之處，不吝賜教，予以幫助和指正！

栗拙山

一九九七年六月

鳴謝

在此書的編輯出版過程中，全體工作人員，在任杰老師的教授下，以虔誠的宗教精神和嚴謹的工作態度，勤勤懇懇，不計任何得失利益，一字必求其真，一句必求其確，尤其是呂興國、趙岳、張蒼、胡宏、張浩、張玲、王心齋以及其他許多居士，不辭辛勞地承擔了許多錄入、排版、校對等工作，特此向他們致以崇高的敬意與謝意！

另外，為了圓成此事，五臺山大塔院寺全寺常住及其他不少居士、學者大力襄助，出資贊助，特此一并致謝！

國家圖書館出版品預行編目資料

龍樹六論：正理聚及其注釋／聖龍樹菩薩造論；漢藏諸大論師釋譯. -- 初版. -- 新北市：華夏出版有限公司, 2024.06

面； 公分. --（圓明書房；062）

ISBN 978-626-7393-54-3（平裝）

1.CST：龍樹（Nayavjuna, 150-250）

2.CST：學術思想 3.CST：佛教哲學

220.12 113004623

圓明書房 062

龍樹六論：正理聚及其注釋

造　　論　聖龍樹菩薩
釋　　譯　漢藏諸大論師
出　　版　華夏出版有限公司
　　　　　220 新北市板橋區縣民大道 3 段 93 巷 30 弄 25 號 1 樓
　　　　　電話：02-32343788　傳真：02-22234544
　　　　　E-mail：pftwsdom@ms7.hinet.net
印　　刷　百通科技股份有限公司
　　　　　電話：02-86926066　傳真：02-86926016
總 經 銷　貿騰發賣股份有限公司
　　　　　新北市 235 中和區立德街 136 號 6 樓
　　　　　電話：02-82275988　傳真：02-82275989
　　　　　網址：www.namode.com
版　　次　2024 年 6 月初版一刷
特　　價　新臺幣 900 元（缺頁或破損的書，請寄回更換）

ISBN：978-626-7393-54-3